浙江智库 ZHEJIANG THINK TANK

浙江省区域国别
与国际传播研究智库联盟

浙江省对外区域
国别合作发展丛书

主 编 周 倩 王 珩
副主编 刘鸿武

浙江省参与共建"一带一路"

西非国家卷（2013—2023）

王 严 编著

Zhejiang University Press
浙江大学出版社
·杭州·

图书在版编目（CIP）数据

　　浙江省参与共建"一带一路". 西非国家卷：2013
—2023 / 王严编著. -- 杭州：浙江大学出版社，2025.
6. --（浙江省对外区域国别合作发展丛书 / 周倩，王珩
主编）. -- ISBN 978-7-308-26391-7

　　Ⅰ. F127.55；F143.054

　　中国国家版本馆CIP数据核字第2025A1S871号

浙江省参与共建"一带一路"：西非国家卷（2013—2023）

王　严　编著

丛书策划	包灵灵　董　唯
责任编辑	仝　林
责任校对	方艺潼
封面设计	周　灵
出版发行	浙江大学出版社
	（杭州市天目山路148号　邮政编码310007）
	（网址：http://www.zjupress.com）
排　　版	杭州林智广告有限公司
印　　刷	杭州钱江彩色印务有限公司
开　　本	710mm×1000mm　1/16
印　　张	13.25
字　　数	230千
版 印 次	2025年6月第1版　2025年6月第1次印刷
书　　号	ISBN 978-7-308-26391-7
定　　价	68.00元

前言
PREFACE

　　2013—2023 年是浙江省全方位参与共建"一带一路"的金色十年，非洲是"一带一路"的重要组成部分。浙江省是中非经贸合作的高地，为了能更好地呈现浙江省全方位参与共建"一带一路"所取得的成就和存在的短板，在浙江省哲学社会科学规划委员会工作办公室的支持下，浙江省区域国别与国际传播研究智库联盟组织编纂了"浙江省对外区域国别合作发展丛书"，我很荣幸能参与其中，并负责西非国家卷的撰写。

　　1975 年 5 月 28 日，贝宁、多哥、佛得角、冈比亚、几内亚、几内亚比绍、加纳、科特迪瓦、利比里亚、马里、毛里塔尼亚、尼日尔、尼日利亚、塞拉利昂、塞内加尔与布基纳法索 16 个国家成立了西共体。2000 年，毛里塔尼亚退出了西共体，西共体成员国由 16 个变成了 15 个。这 15 个国家就是非洲发展银行所定义的西非国家。2024 年 1 月 28 日，布基纳法索、马里与尼日尔宣布退出西共体，西共体成员国由 15 个变成 12 个。本书的研究时间范围是 2013—2023 年，在这一时间段内，这三个国家还是西共体成员国。为了尽可能全面系统性地展现浙江省与西非国家合作的概貌，除特别说明之外，本书中的西非国家指的是西共体成立之初的 16 个国家。

　　《浙江省参与共建"一带一路"：西非国家卷（2013—2023）》是一部关于浙江省与西非国家合作参与共建"一带一路"的著作。本书对 2013—2023 年浙江省与西非国家的合作进行了回顾与总结，以深化浙江省与西非国家共建"一带一路"为导向，紧扣经贸合作这一主线，以数字经济合作、基础设施合作、高等教育合作与文化合作为抓手，综合全面立体式地展现了浙江省与西非国家共建"一带一路"的历程与成效。本书以数据、案例等形式展现了浙江省政府、企业、高校以及个人等不同行为体参与共建"一带一路"的历程与成效，并基于既有的合作基础提出了深化浙江省与西非国家合作的建议。

　　浙江师范大学非洲研究院刘鸿武教授、王珩教授、周倩教授、中国社会科学院西亚非洲研究所的李智彪研究员对本书给予了多方面的支持与指导，在此表示衷心的感谢。我的在读硕士研究生叶凡、褚依凡、吕祥静、卢品文在本书的写作过程中做了大量数据收集、资料整理等工作，在此表示感谢。

　　本书的责任编辑仝林女士和浙江师范大学非洲研究院智库办公室的唐诗倩女士，为本书的顺利出版做了大量的支持与服务工作，在此表示衷心的感谢。

　　今后，我愿继续在本书的基础上，追踪观察浙江省与西非国家的发展合作。

王　严

2025 年 6 月

浙江师范大学非洲研究院

目　录

总报告

领域篇

国别篇

总报告

浙江省与西非国家全面合作的回顾与展望

一、西非国家总体发展形势

西非在非洲的政治、经济与安全上具有十分重要的战略地位。其一，西非北连北非，南接中部非洲，横跨撒哈拉沙漠，西濒大西洋，西南扼守几内亚湾要道。其二，西共体是非洲大陆成员国最多的次区域组织。其三，西非是非洲生产总值最高的地区。2022 年，西非生产总值占非洲生产总值的 27.3%，北非占 26.7%，南部非洲占 22.6%，东非占 17.5%，中部非洲占 5.9%。①其四，西非地区自然资源丰富。矿产资源主要有石油、铝土矿、黄金、铁矿石以及煤等。其五，西非对非洲历史进程做出了重要贡献。加纳、马里、桑海三大帝国是中世纪非洲文明的代表，利比里亚是非洲最古老的共和国，加纳是撒哈拉沙漠以南非洲第一个独立的国家，其独立鼓舞了其他非洲国家的独立。在加纳独立的影响下，几内亚是第一个获得独立的法语非洲国家。

（一）西非国家拥有丰富的资源禀赋

其一，西非国家自然资源种类丰富。西非国家自然资源种类丰富（详见表 1），既有原木、渔业等可再生资源，又有钻石、黄金、铁矿石、原油、铀、铝土矿、锰、钛与铁矿石等不可再生的矿产资源。其中，塞拉利昂、利比里亚与科特迪瓦以钻石储量丰富而著称，加纳黄金储量丰富②，几内亚、塞拉利昂与利

---

① African Development Bank Group. West Africa Economic Outlook 2023: Mobilizing Private Sector Financing for Climate and Green Growth. (2024-01-30)[2024-10-18]. https://fokabs.com/wp-content/uploads/2024/05/AfDB-WREO-2023-1.pdf.

② Jalloh, Mohamed. Natural Resources Endowment and Economic Growth: The West African Experience. *Journal of Natural Resources and Development*, 2013(3): 68.

比里亚的铝土矿储量丰富。塞内加尔、马里、几内亚比绍与多哥磷酸盐资源丰富。[1]尼日利亚、尼日尔、科特迪瓦、贝宁与加纳是西非的五大石油出口国。

表 1　西非国家自然资源种类 [2]

国家	自然资源种类
尼日利亚	石油、天然气、锡、煤、铁矿石
加纳	黄金、石油、锰、铝土矿、钻石、贱金属、褐煤
冈比亚	钛、锆石、金红石、褐铁矿
利比里亚	原木、钻石、黄金、金红石、铬、铁矿石、铝土矿
多哥	石灰岩、磷酸盐
马里	黄金、锰、铝土矿、镍、锡、磷酸盐、锂
塞内加尔	渔业、磷酸盐
贝宁	黄金、石油
尼日尔	铀、锡、煤、磷酸盐、黄金、石油
几内亚比绍	铝土矿、磷酸盐、石油
毛里塔尼亚	铁矿石、磷酸盐、铜、石膏
佛得角	火山灰
科特迪瓦	钻石、铁矿石、锰、石油
塞拉利昂	钻石、黄金、铝土矿、金红石、铁矿石
几内亚	铝土矿、铜、铀、钴、铅、锌
布基纳法索	黄金、锌、铜、锰、锑、磷酸盐、石灰石、大理石、铁矿石、高岭土、滑石、花岗岩、铝土矿

其二，西非国家某些矿产资源储量位居世界前列。从矿产资源的储藏量上看，几内亚的铝土矿储量占世界的 50%。[3]尼日利亚是非洲第一大产油国，也是世界第十大产油国。尼日利亚还是非洲天然气储量最多的国家，是世界第五大天然气出口国。根据尼日利亚上游石油管理委员会（Nigerian Upstream Petroleum Regulatory Commission, NUPRC）相关数据，尼日利亚天然气储量为 209.26 万亿立方英尺（TCF）。[4]从矿产资源的估值上看，西非国家的化石燃料

[1] Jalloh, Mohamed. Natural Resources Endowment and Economic Growth: The West African Experience. *Journal of Natural Resources and Development*, 2013(3): 67.

[2] Musibau, Hammed Oluwaseyi, Shittu, Waliu Olawale & Yanotti, Maria. Natural Resources Endowment: What more does West Africa need in order to grow? *Resources Policy*, 2022(77). https://www.sciencedirect.com/science/article/pii/S0301420722001179.

[3] Jalloh, Mohamed. Natural Resources Endowment and Economic Growth: The West African Experience. *Journal of Natural Resources and Development*, 2013(3): 68.

[4] Nigeria, soil and Gas Reserves Soar: NUPC Unveils Impressive Figure. (2024-04-16)[2024-05-25]. https://www.nuprc.gov.ng/nigerias-oil-and-gas-reserves-soar-nuprc-unveils-impressive-figures/.

估值占非洲大陆化石燃料估值的半壁江山。据估算，2018 年，非洲大陆的非可再生资源估值达到 189 万亿美元，化石燃料估值为 1.05 万亿美元，其中，西非国家的化石燃料估值为 6000.51 亿美元，占非洲大陆化石燃料估值的 51%。[①]

其三，西非国家还有大量未勘探的矿产资源。西非国家，尤其是布基纳法索与科特迪瓦两国蕴藏有大量待勘探的矿产资源。这两个国家位于比里姆绿岩黄金带（Brimian Greenstone Gold Belt），它是世界上最具前景但尚未开发的金矿带。[②]

其四，西非国家拥有丰富的森林和野生动物资源。几内亚森林是非洲八个"全球生物多样性热点地区"之一。西非的尼日利亚、尼日尔与加纳位列非洲十大最佳自然资源国家之列。塞内加尔与布基纳法索因位于苏达诺–萨赫勒地带（Sudano-Sahelian Zone）而拥有大象、长颈鹿、狮子、猎豹、羚羊、犀牛、河马和其他大型哺乳动物与数百种鸟类资源。[③]

（二）西非国家的人口优势

其一，西非国家人口约占非洲人口的三分之一。联合国数据显示，2020 年西非国家人口达到 4.02 亿人，约占非洲大陆总人口的 30%。[④]

其二，西非国家将是非洲人口增长最迅速的地区之一。2022 年，西非国家平均人口增长率为 2.5%，生育率为 4.9%。[⑤]预计到 2050 年，非洲人口将达到 246575.5 万人，比 2022 年增加了 75%；尼日尔人口将达到 6704.3 万人，比 2022 年增加了 156%；马里人口将达到 4744 万人，比 2022 年增加了 110%；毛里塔尼亚人口将达到 891.5 万人，比 2022 年增加了 88%；布基纳法索人口将

① African Development Bank Group. West Africa Economic Outlook 2023: Mobilizing Private Sector Financing for Climate and Green Growth. (2024-01-30)[2024-10-18]. https://fokabs.com/wp-content/uploads/2024/05/AfDB-WREO-2023-1.pdf.

② African Development Bank Group. West Africa Economic Outlook 2023: Mobilizing Private Sector Financing for Climate and Green Growth. (2024-01-30)[2024-10-18]. https://fokabs.com/wp-content/uploads/2024/05/AfDB-WREO-2023-1.pdf.

③ African Development Bank Group. West Africa Economic Outlook 2023: Mobilizing Private Sector Financing for Climate and Green Growth. (2024-01-30)[2024-10-18]. https://fokabs.com/wp-content/uploads/2024/05/AfDB-WREO-2023-1.pdf.

④ African Development Bank Group. West African Regional Integration Strategy Paper 2020—2025 (Edited Version). (2020-12-24)[2024-10-18]. https://www.afdb.org/en/documents/west-africa-regional-integration-strategy-paper-2020-2025-0.

⑤ African Development Bank Group. West Africa Economic Outlook 2023: Mobilizing Private Sector Financing for Climate and Green Growth. (2024-01-30)[2024-10-18]. https://fokabs.com/wp-content/uploads/2024/05/AfDB-WREO-2023-1.pdf.

达到 4054.2 万人，比 2022 年增加了 79%。预计到 2050 年，世界人口将达到 968744 万人，比 2022 年增加了 22%；印度人口将达到 166847.5 万人，比 2022 年增加了 18%；美国人口将达到 37508.5 万人，比 2022 年增加了 11%；中国人口将下降到 131694.6 万人，比 2022 年减少了 8%。[①]

（三）西非国家的多元性

西非国家的多元性表现在以下几个方面。

其一，语言的多元性。西非有 700 多种语言，是世界上语言最多样化的地区之一。[②]从语言上看，在西非国家中，既有法语国家，又有英语国家，还有葡语国家。

其二，地理的多元性。西非既有沿海国家（贝宁、科特迪瓦、加纳、几内亚、几内亚比绍、冈比亚、利比里亚、尼日利亚、塞内加尔、塞拉利昂和多哥），又有海岛国家（佛得角），还有内陆国家（布基纳法索、马里与尼日尔）。

其三，经济结构、规模与表现的多元性。从经济结构上看，西非国家既有诸如尼日利亚、加纳、马里这样的资源密集型经济体，又有诸如佛得角、多哥、塞内加尔、几内亚比绍、贝宁、冈比亚与科特迪瓦这样的非资源密集型经济体，其中，佛得角是依赖旅游业的经济体。根据非洲发展银行（African Development Bank, AFDB）2020 年的分类，从经济上看，在西非国家中，佛得角、科特迪瓦、加纳、尼日利亚与塞内加尔 5 国是中低收入国家，其他国家是低收入国家。尼日利亚是西非最大的经济体，约占西非生产总值的 70%—75%，科特迪瓦、加纳与塞内加尔 3 国约占西非生产总值的 20%。其他 11 个国家（不包括毛里塔尼亚）仅占西非生产总值的 5%。[③]

其四，地区组织众多。除西共体外，大多数西非国家都加入了不同的地区组织，这凸显了地区利益和合作领域的多样性。贝宁、布基纳法索、科特迪瓦、几内亚比绍、马里、尼日尔、塞内加尔与多哥 8 个国家组成了西非经济货币联盟（Union Economique et Monétaire Ouest-Africaine, UEMOA），这 8 个国

---

① United States Institute of Peace. *Senior Study Group for the Sahel, Final Report and Recommendations*. Washington: United States Institute of Peace, 2024: 22.

② Toyin, Falola. *A History of West Africa*. New York: Routledge, 2024: 477.

③ African Development Bank Group. West African Regional Integration Strategy Paper 2020—2025 (Edited Version). (2020-12-24)[2024-10-18]. https://www.afdb.org/en/documents/west-africa-regional-integration-strategy-paper-2020-2025-0.

家使用统一的货币——西非法郎。塞拉利昂、利比里亚、几内亚和科特迪瓦 4 国组成了马诺河联盟（Mano River Union, MRU）。毛里塔尼亚则属于阿拉伯马格里布联盟（Arab Maghreb Union, AMU）。

（四）充满活力的经济

其一，经济保持平稳增长。除了 2020 年受到新冠疫情的影响出现负增长外，在 2019—2022 年的其他年份，西非国家的经济均以 3.5% 以上的速度增长。2019 年、2021 年、2022 年，西非国家的经济增长速度分别为 3.5%、4.4%、3.8%。[①]2022 年，非洲经济平均增长速度为 3.8%。西非在非洲五大区域中排名第四，中部非洲以 5% 的经济增长率，位居非洲经济增长最快的地区，东非以 4.4% 的增长率位居第二，北非以 4.1% 的增长率位居第三，西非以 3.8% 的增长率位居第四，南部非洲以 2.7% 的增长率成为非洲经济增长最缓慢的地区。[②]

其二，吸引外国直接投资的热土。2021 年，西非国家的外国直接投资达到 138 亿美元，相较于 2020 年的 84 亿美元增长了 48%。2021 年流入西非的外国直接投资占流入整个非洲的外国直接投资（830 亿美元）的 16%，在非洲五大区域中位居第二，仅次于同年流入南部非洲的外国直接投资所占的比例（50%）。[③]具体到国别而言，尼日利亚、加纳与塞内加尔是吸引外国直接投资较多的西非国家。2021 年，因石油与天然气投资热，尼日利亚的外国直接投资相较于 2020 年翻了一番，达到 48 亿美元。同样地，采掘业的投资也拉动了加纳外国直接投资的增长。2021 年，加纳的外国直接投资增长了 39%，达到 26 亿美元。美国纽蒙特矿业公司（Newmont Corporation）在加纳投资了价值 8.5 亿美元的金矿开采设施。摩洛哥的非洲水泥厂（Ciment d'Afrique, CIMAF）在加纳投资了价值 4.36 亿美元的水泥厂。2021 年，流入塞内加尔、科特迪瓦、尼日尔、马里与冈比亚的外国直接投资额分别为 22 亿美元、14 亿美元、7.54

---

① African Development Bank Group. West Africa Economic Outlook 2023: Mobilizing Private Sector Financing for Climate and Green Growth. (2024-01-30)[2024-10-18]. https://fokabs.com/wp-content/uploads/2024/05/AfDB-WREO-2023-1.pdf.

② African Development Bank Group. West Africa Economic Outlook 2023: Mobilizing Private Sector Financing for Climate and Green Growth. (2024-01-30)[2024-10-18]. https://fokabs.com/wp-content/uploads/2024/05/AfDB-WREO-2023-1.pdf.

③ African Development Bank Group. West Africa Economic Outlook 2023: Mobilizing Private Sector Financing for Climate and Green Growth. (2024-01-30)[2024-10-18]. https://fokabs.com/wp-content/uploads/2024/05/AfDB-WREO-2023-1.pdf.

亿美元、6.6 亿美元、2.52 亿美元。2021 年，流入尼日利亚、加纳、塞内加尔与科特迪瓦 4 国的外国直接投资占流入西非国家的外国直接投资的 80%。[①]

其三，服务业驱动的经济发展。在西非国家经济结构中，服务业占比最大。2022 年，服务业约占西非生产总值的 46%，工业只占 29.1%，农业占 24.6%。除了利比里亚、马里与塞拉利昂 3 国外，服务业均是西非国家的主导经济部门。[②] 在 21 世纪初的 20 年中，西非的生产结构进一步向服务业倾斜。2002 年，农业占生产总值的比重为 35.7%，而服务业占 40.7%，工业占 23.6%（其中制造业占 12.3%）。到 2019 年，农业比重下降到 22.6% 左右，服务业比重上升到 54.5%，工业比重基本保持在 23.3%（其中制造业比重下降到 10.3%）。[③]2022 年，服务业部门对西非生产总值的增长贡献了约 84% 的份额，即 3.8% 增长中的 3.2% 的增长是依赖服务业拉动的。[④] 这主要是由于金融服务、电信、娱乐服务和零售贸易的重要性日益增加。

二、浙江省与西非国家发展合作整体概况

2013—2023 年，浙江省与西非国家经贸往来频繁，浙江省作为全国对非合作重点省份，在促进"非洲好物"进入浙江以及推进跨境电商、直播电商进入西非等方面做出了很多有益的尝试，浙江省与西非国家数字经济合作初显成效。浙江省发挥自身在资金、技术与设备方面的优势，与西非国家开展了电力、公路、饮水三项基础设施合作。人文交流是促进地方友好交往的重要桥梁与纽带，浙江省通过高等教育合作、智库交流、体育交流、文化产业合作等形式与西非国家展开人文交流合作。

---

① African Development Bank Group. West Africa Economic Outlook 2023: Mobilizing Private Sector Financing for Climate and Green Growth. (2024-01-30)[2024-10-18]. https://fokabs.com/wp-content/uploads/2024/05/AfDB-WREO-2023-1.pdf.

② African Development Bank Group. West Africa Economic Outlook 2023: Mobilizing Private Sector Financing for Climate and Green Growth. (2024-01-30)[2024-10-18]. https://fokabs.com/wp-content/uploads/2024/05/AfDB-WREO-2023-1.pdf.

③ African Development Bank Group. West African Regional Integration Strategy Paper 2020—2025 (Edited Version). (2020-12-24)[2024-10-18]. https://www.afdb.org/en/documents/west-africa-regional-integration-strategy-paper-2020-2025-0.

④ African Development Bank Group. West Africa Economic Outlook 2023: Mobilizing Private Sector Financing for Climate and Green Growth. (2024-01-30)[2024-10-18]. https://fokabs.com/wp-content/uploads/2024/05/AfDB-WREO-2023-1.pdf.

（一）浙江省与西非国家的贸易合作

浙江省是中非经贸合作的高地，浙江省与西非国家的经贸往来十分频繁。[①]

1.浙江省与西非国家进出口贸易总额及其占中国与西非国家进出口贸易总额比例

2013—2023 年，浙江省与西非国家的进出口贸易总额从 2013 年的 78.07 亿美元增长到 2023 年的 162.53 亿美元，增长了 108.18%，详见表 2。浙江省与西非国家的进出口贸易总额占中国与西非国家进出口贸易总额的比例，从 2013 年的 21.95% 下降到 2016 年的 10.86%，后增加到 2023 年的 21.45%，详见表 3，经历了减少再增加的过程。

表 2　2013—2023 年浙江省与西非国家进出口贸易总额及其同比增长情况

年份	浙江省与西非国家进出口贸易总额 / 亿美元	同比增长 / %
2013	78.07	64.05
2014	74.85	-4.12
2015	73.43	-1.90
2016	68.50	-6.71
2017	72.81	6.29
2018	82.20	12.90
2019	97.34	18.42
2020	104.67	7.53
2021	133.27	27.32
2022	149.44	12.13
2023	162.53	8.76

数据来源：作者根据国研网统计数据查询分析平台（https://www.drcnet.com.cn/）相关数据整理。

表 3　2013—2023 年浙江省与西非国家进出口贸易总额及其占中国与西非国家进出口贸易总额比例

年份	浙江省与西非国家进出口贸易总额 / 亿美元	占中国与西非国家进出口贸易总额比例 / %
2013	78.07	21.95
2014	74.85	17.93
2015	73.43	19.87

① 浙江省人民政府. 2023 中国（浙江）中非经贸论坛暨中非文化合作交流月启幕.（2023-11-09）[2024-01-22]. https://www.zj.gov.cn/art/2023/11/9/art_1554467_60181028.html.

续表

年份	浙江省与西非国家进出口贸易总额/亿美元	占中国与西非国家进出口贸易总额比例/%
2016	68.50	10.86
2017	72.81	19.71
2018	82.20	20.16
2019	97.34	19.80
2020	104.67	20.96
2021	133.27	20.96
2022	149.44	21.63
2023	162.53	21.45

数据来源：作者根据国研网统计数据查询分析平台（https://www.drcnet.com.cn/）相关数据整理。

2.浙江省与西非各国进出口贸易总额及其占中国与西非各国进出口贸易总额比例

从 2023 年浙江省与西非各国进出口贸易总额占中国与西非各国进出口贸易总额的比例来看，浙江省与佛得角的进出口贸易总额占比最多，为 47.91%，占中佛双边贸易总额的近 50%。浙江省与毛里塔尼亚的进出口贸易总额占中毛双边贸易总额的 30.49%，与塞内加尔的进出口贸易总额占中塞双边贸易总额的 30.99%。浙江省与冈比亚、利比里亚、多哥的进出口贸易总额占中国与这些国家双边贸易总额的 25% 以上。浙江省与贝宁、几内亚比绍、科特迪瓦、尼日利亚、塞拉利昂的进出口贸易总额占中国与这四国双边贸易总额的 20%—25%。浙江省与加纳、马里、布基纳法索的进出口贸易总额占中国与这三个国家双边贸易总额的 10%—20%。浙江省与几内亚、尼日尔的进出口贸易总额占中国与这两个国家双边贸易总额的不足 10%，详见表 4。

表 4　2023 年浙江省与西非各国进出口贸易总额及其占中国与西非各国进出口贸易总额比例

国家	与浙江省进出口贸易总额/亿美元	与中国进出口贸易总额/亿美元	与浙江省进出口贸易总额占与中国进出口贸易总额的比例/%
贝宁	4.17	17.28	24.13
佛得角	0.49	1.03	47.91
冈比亚	1.35	5.20	25.96
加纳	20.79	110.40	18.83
几内亚	6.04	90.50	6.67
几内亚比绍	0.15	0.63	24.34
科特迪瓦	10.74	52.80	20.34

续表

国家	与浙江省进出口贸易总额 / 亿美元	与中国进出口贸易总额 / 亿美元	与浙江省进出口贸易总额占与中国进出口贸易总额的比例 / %
利比里亚	27.89	99.20	28.11
马里	1.23	8.80	13.98
毛里塔尼亚	6.86	22.50	30.49
尼日尔	0.50	6.36	7.86
尼日利亚	50.82	225.6	22.53
塞内加尔	17.26	55.70	30.99
塞拉利昂	3.46	16.30	21.23
多哥	9.96	39.49	25.22
布基纳法索	0.82	5.94	13.77

数据来源：作者根据国研网统计数据查询分析平台（https://www.drcnet.com.cn/）相关数据整理。

3.浙江省与西非国家的商品贸易结构

第一，浙江省向西非国家出口的商品及其国别分布情况。2023年，浙江省向西非国家出口总额为152.75亿美元。浙江省向西非国家出口的纺织原料及纺织制品金额最多，为34.49亿美元；机电产品金额次之，达到30.59亿美元；金属及其制品的出口额为20.32亿美元；塑料及其制品、橡胶及其制品的出口额为11.81亿美元；车辆、航空器、船舶及其有关运输设备的出口额为7.32亿美元；化学工业及其相关工业产品的出口额为4.48亿美元。从出口商品占出口总额的比例上看，纺织原料及纺织制品的占比最多，高达22.58%；机电产品出口次之，达到20.03%，金属及其制品的占比为13.30%，这三类产品的出口比例占到56.18%，超过浙江省对西非国家出口总额的一半。

第二，浙江省从西非国家进口的商品及其国别分布情况。2023年，浙江省自西非国家进口总额为9.77亿美元。浙江省从西非国家进口的主要商品有：矿产品；橡胶；植物产品；腰果；木及木制品、木炭；棉花、生皮及皮革等初级产品。其中，矿产品的进口额占比最大，为58.85%，橡胶进口额次之，为15.15%，植物产品占比7.37%，腰果占比2.15%，木及木制品、木炭占比1.33%。

（二）浙江省与西非国家的数字经济合作

浙江省作为全国对非合作重点省份，在促进"非洲好物"营销进入浙江以及推进跨境电商、直播电商进入西非等方面做出了很多有益的尝试，且取得了不错的成绩。

其一，浙江省与西非国家贸易引入数字平台。2020 年 11 月，由浙江省商务厅主办的浙非贸易云上行——浙江出口网上交易会非洲系列站在杭州举办了开幕仪式。2020 年 6 月，金华出口网上交易会举办了为期 5 天的非洲站消费品专场。来自尼日利亚等 10 多个非洲国家的 50 余家采购商、46 家金华供应商，以视频会议的方式展开商贸对接。①2014—2023 年，由浙江省人民政府主办的中国国际电子商务博览会作为中非贸易的重要平台，累计吸引参展企业超 8400 家，服务采购商超 96 万人次，已成为电商领域引领趋势发展、传递权威声音的重要平台，在推动贸易数字化转型，新业态新模式发展等方面发挥了重要作用。②

其二，浙江省企业在西非国家合作建立智能仓储基地。尼日利亚莱基自贸区开发公司与心众合（杭州）实业有限公司在 2019 年 1 月 7 日正式签署了"智能仓储基地"投资协议。心众合（杭州）实业有限公司将在尼日利亚建立一个关于工业品及相关设备的智能仓储基地，并为中国智能制造配套企业及非洲客户搭建一个集线上线下于一体的跨境电商平台。

其三，浙江省企业积极参与西非国家数字经济发展。浙江盘石信息技术股份有限公司在尼日利亚建立了分公司，与当地电信运营商和企业建立了牢固的战略合作关系。杭州集酷信息技术有限公司在尼日利亚设立商品营销服务中心及物流配送中心，日订单超 2 万余单，用户复购量达到 30% 以上，成为非洲最具规模的跨境电商。③浙江省邮电工程建设有限公司中标中国援建毛里塔尼亚城市安全与监控系统项目。

（三）浙江省与西非国家的基础设施合作

基础设施是拉动经济发展的重要推手，是区域一体化的重要保障。为了拉动西非地区的经济发展，浙江省发挥自身在资金、技术与设备方面的优势，与西非国家开展了电力、公路、饮水三项基础设施合作。具体如下。

---

① 浙江一带一路网. 以"丝路电商"扩展"一带一路"经贸合作，"非洲好物网购节"在浙江启动.（2022-05-06）[2024-01-17]. https://zjydyl.zj.gov.cn/art/2022/5/6/art_1229691724_34507.html.

② 浙江一带一路网. 2023 中国国际电子商务博览会开幕.（2023-06-16）[2024-01-17]. https://zjydyl.zj.gov.cn/art/2023/6/16/art_1229691738_39900.html.

③ 浙江一带一路网."一带一路"激活"非洲机遇"杭企迎风发展推动全球布局.（2018-11-07）[2024-01-17]. https://zjydyl.zj.gov.cn/art/2018/11/7/art_1229691729_36753.html.

其一，电力基础设施合作。宁波中策动力机电集团有限公司在塞内加尔、加纳、尼日利亚建有陆用电站。[①]2019年，由浙富控股集团股份有限公司与中国葛洲坝集团股份有限公司组成的葛洲坝–浙富联营体承建的尼日尔坎大吉水电公司开业，葛洲坝–浙富联营体为尼日尔坎大吉水电站厂房设备供货安装项目的中标单位，合同总金额为7.94亿元。[②]

此外，浙江杭州锅炉集团股份有限公司（现为西子清洁能源装备制造股份有限公司）、杭州海兴电力科技股份有限公司、浙江金轮机电实业有限公司、正泰电气股份有限公司（以下简称"正泰电气"）以及巨邦集团有限公司等浙江公司向西非国家出口电力设备。

其二，公路基础设施合作。浙江交工集团股份有限公司、杭州之江市政建设有限公司等浙江建筑行业佼佼者，在西非修建了尼日尔马拉迪106KM项目、马拉迪城区道路项目、塞内加尔公路局SZM项目、莱基自贸区N5路项目、奥贡州大桥工程与莱基道路工程等公路基础设施项目。

其三，饮水项目合作。截至2023年底，中地海外水务有限公司（以下简称"中地海外水务"）已经在尼日利亚、塞内加尔开展了6项饮水项目。这些项目不仅缓解了西非的饮水问题，尤其是农村地区的饮水问题，还为当地人创造了就业机会。

（四）浙江省与西非国家的高等教育合作

浙江省与西非国家的高等教育合作主要有以下几种方式。

其一，浙江高校在西非国家高校设立孔子学院。加纳大学孔子学院成立于2013年5月，由浙江工业大学和加纳大学合作共建。截至2023年，该孔子学院拥有8个汉语教学点、4个特色汉语班和1个汉语言文化中心，于2015年12月获"全球示范孔子学院"荣誉称号。2021年，浙江工业大学与教育部中外语言交流合作中心合作共建加纳中文教育研究中心，承担加纳中文教育实践和研究以及中外语言交流合作领域的任务和项目，促进中国与加纳的文化交流合作。

其二，浙江高校与西非国家高校共建丝路学院。为深入服务共建"一带一

① 宁波中策动力机电集团有限公司. 陆用电站市场. [2023-03-27]. https://www.ningdong.com/products/case?lang=cn.
② 【会员风采】葛洲坝-浙富联营体中标尼日尔坎大吉水电站项目.（2020-08-06）[2024-01-26]. https://www.sohu.com/a/411767713_120141145.

路"，浙江省于 2016 年提出了建设"一带一路'丝路学院'"的设想。温州大学与加纳共和国教育部、丝路协创中心在 2017 年 12 月签署了共建温州大学加纳丝路学院谅解备忘录，成为浙江省首个在非洲创办海外分校的高校。

其三，西非国家留学生来浙江留学。浙江大学、宁波大学、中国美术学院、浙江师范大学、浙江理工大学、浙江工业大学、浙江科技大学、杭州师范大学、温州医科大学 9 所大学是中国政府奖学金生的接收院校。

其四，浙江省与西非国家开展职业教育合作。浙江省借助于自身在制造业方面的优势，积极推动浙江省高校与西非国家高校之间的职业教育合作。浙江省与西非国家的职业教育合作主要有以下 5 项内容：为西非国家学生提供职业培训、开发西非国家的职业技术课程、向西非国家输出职业标准、"未来非洲—中非职业教育合作计划"下浙江省与西非国家的职业技术教育合作、浙江省承担对西非国家的援外培训任务。

（五）浙江省与西非国家的文化交流合作

浙江与非洲，友谊深厚绵长，文化交流不断。人文交流是促进地方友好交往的重要桥梁与纽带。浙江省与西非国家的文化交流合作主要有以下 5 种方式。

其一，举办展览，促进互相了解。西非木雕享誉世界。马里的多贡族、布基纳法索的博博族均以面具木雕而著称。木雕是浙江的传统工艺品种之一，东阳木雕更是在国内外享有盛誉。浙江省通过邀请西非国家画家、木雕家来浙江创作，并举办画展、木雕展，促进浙江省与西非国家的相互了解。

其二，举行文化培训，促进文化交流。"对非人力资源培训"是推动对外文化传播、文化交流与文化贸易的创新方式。在浙江省参加刺绣、竹编、陶艺、画家客座交流、木雕等培训及创作交流的西非艺术家们，均反响良好，为中非文化交流与相助拓宽了渠道和内容。①

其三，开展文化产业合作，带动西非国家的文化繁荣。浙江省利用自身在出版、影视行业的发展优势，与西非国家开展文化产业合作，带动西非地区的文化繁荣。在出版合作方面，浙江科学技术出版社与西非国家的出版社合作，浙江教育出版社与撒哈拉出版社合作出版小学教材，浙江工商大学出版社翻译

---

① 浙江省文化馆.文化和旅游部对非培训基地"巧倕坊——2023 中国和非洲木雕艺术家创作交流"项目在东阳启动.（2023-10-20）[2024-01-08]. https://www.zjart.com/zjspc/news_detail/402436.

出版西非作家作品。西非电影业在非洲相对发达。尼日利亚电影业被称为瑙莱坞或尼莱坞，与美国的好莱坞、印度的宝莱坞号称世界三大电影产业。布基纳法索也是非洲电影大国，首都瓦加杜古享有"非洲影都"的盛名。瓦加杜古泛非影视节享誉非洲，近年也加入了"一带一路"电影节联盟，是中布、中非文化合作的践行者和推动者。浙江省是中国的影视大省，并依靠影视带动了旅游业的发展。浙江横店影视产业实验区是经国家广电总局批准，正式挂牌建立的全国第一个国家级影视产业实验区。中国（浙江）影视产业国际合作区又是国家文化出口基地之一。浙江省与西非在影视合作方面具有良好的合作条件。浙江省与西非的影视合作主要表现在将浙江影视推广到西非地区。

其四，以智库交流为媒介，促进人力资源合作。浙江师范大学是一所以教师教育为特色的综合性省属重点大学。非洲研究是浙江师范大学省重点高校建设的品牌学科。浙江师范大学非洲研究院设有的涉及西非研究的智库单位主要有法语非洲研究中心与尼日利亚研究中心，并长期聘任马里籍、尼日利亚籍以及塞拉利昂籍学者担任其研究员。该大学通过智库学者之间的访问交流，邀请西非国家智库学者、媒体记者参加由浙江师范大学举办的中非智库合作论坛等方式促进浙江省与西非国家的智库交流。宁波职业技术学院依托中非（贝宁）职业技术教育学院为贝宁提供了高质量的培训，助力中贝人力资源合作。

其五，以体育交流合作，促进民心相通。浙江省的杭州、宁波、安吉、江山、奉化、柯桥等地区举办乒乓球、羽毛球与长跑项目的友谊赛，邀请西非国家运动员参加，以赛事促进浙江省与西非国家的体育交流。浙江省还联合培养体育人才、互派体育团体，以体育交流为媒介，促进民心相通。

三、浙江省与西非国家未来发展的前景展望

浙江省与西非国家在绿色合作、数字经济、教育以及文创产业方面有较大的合作空间。

（一）浙江省与西非国家绿色合作前景广阔

浙江省与西非国家都处于绿色发展转型的关键阶段。对可持续发展目标的追求、对绿水青山就是金山银山理念的秉持，推动浙江省与西非国家朝着更加清洁、绿色、低碳的方向携手前行。

其一，浙江省与西非国家绿色发展同向而行。"进一步发挥浙江的生态优

势，创建生态省，打造'绿色浙江'"是浙江省"八八战略"的重要内容之一。绿水青山就是金山银山，是浙江绿色发展的风向标。绿色发展也是西非国家所追求的发展目的。截至 2019 年，西共体所有成员国签署并批准了《联合国气候变化框架公约》下的《巴黎协定》，并向该公约提交了国家自主贡献（Nationally Determined Contributions, NDCs），加入了减缓和适应气候变化的全球合作努力。[①] 为了释放西非国家的可再生能源潜力，满足日益增长的电力需求，西共体国家元首和政府首脑局（Authority of Heads of State and Government of ECOWAS）在 2013 年通过了《西共体可再生能源政策》（ECOWAS Renewable Energy Policy, EREP），其目标是到 2020 年时，将可再生能源在该地区电力结构中的份额提高到 35%，到 2030 年时，提高到 48%。[②]

其二，浙江省与西非国家绿色发展优势互补。浙江省在绿色发展方面拥有先进技术和丰富经验，围绕绿色低碳共富，通过生态文明制度体系的完善、山水林田湖草沙一体化保护治理的高效推进、生产生活方式绿色化的持续推进，在生态产品价值实现机制的建立健全上，探索走出了一条生态美、产业绿、百姓富的绿色发展道路。

西非国家在绿色发展方面拥有潜力。西非国家蕴藏丰富的矿产资源以及太阳能、风能、水电等可再生资源。西非地区因拥有大量的森林和可耕地，成为仅次于南部非洲、中部非洲的非洲第三大自然资源最丰富的地区。由于缺乏技术与资金，这些资源尚未被开发，尚未转化成拉动西非经济发展的引擎。西非拥有大量可耕地，拥有尼日尔河这样的大河，在尼日利亚南部、利比里亚、科特迪瓦、多哥、塞拉利昂与加纳南部分布有大片的森林。因毗邻世界第二大洋——大西洋，西非地区渔业与其他海洋资源丰富。[③]

西非国家在过去几年，虽然实现了经济的连续增长，但这种增长是以牺牲环境为代价的。如科特迪瓦是法语非洲第一大经济体，也是世界上森林砍伐率

① OECD. *Sustainable Investment Policy Perspectives in the Economic Community of West African States(ECOWAS)*. Paris: OECD Publishing, 2024: 73.

② International Renewable Energy Agency. West Africa Clean Energy Corridor (WACEC). [2024-04-08]. https://www.irena.org/Energy-Transition/Country-engagement/Regional-Initiatives/West-Africa-Clean-Energy-Corridor.

③ African Development Bank Group. West Africa Economic Outlook 2023: Mobilizing Private Sector Financing for Climate and Green Growth. (2024-01-30)[2024-10-18]. https://fokabs.com/wp-content/uploads/2024/05/AfDB-WREO-2023-1.pdf.

最高的国家。①西非是水土流失最严重的地区之一，2021 年西非水土流失面积占非洲大陆水土流失面积的 51%。②尼日利亚虽然天然气资源丰富，但是在石油生产过程中将伴生天然气放空燃烧。2021 年，尼日利亚在全球天然气燃除十大国家中排名第七。③

其三，浙江省与西非国家合作推动绿色转型。浙江省与西非国家绿色合作前景广阔，未来可以从以下几个方面着手。首先，开展浙江省与西非国家地方政府间的环境与气候合作。如浙江省可以与加纳、尼日利亚、科特迪瓦等国竹资源丰富的地方政府开展绿色合作，探索竹林保护与竹产业开发、深加工之路。其次，浙江省与西非国家打造高质量的绿色低碳发展模式。浙江省工业门类齐全，产业链强大，具有突出的产能优势和资金优势。西非国家太阳能、水能、风能资源丰富，又有发展绿色经济的矿产资源，浙江省与西非国家可以积极探索在光伏产业、新能源、碳汇市场等领域合作。再次，浙江省与西非国家加强绿色贸易合作。通过技术创新，优化双边贸易结构，大力发展高质量、高技术、高附加值的绿色产品贸易，加强节能环保产品和服务进出口。

（二）浙江省与西非国家数字经济合作方兴未艾

西非国家正受到全球数字转型的影响：越来越多的人使用互联网，电子商务和网上交易兴起，网上交流和娱乐飞速发展。西非国家希望通过数字技术，发展经济，实现可持续增长。西共体是联合国 "在信息通信技术领域促进知识社会进步的非洲领导力"（African Leadership in ICT for Knowledge Society Advancement）项目的主要伙伴之一。据估算，移动通信产业对西非生产总值的贡献率大约为 700 亿美元。尼日利亚被认为是非洲最大的 ICT 市场国，拥有 82% 的电信用户和 29% 的互联网使用率。④数字化所倡导的经济增长前景在西

① African Development Bank Group. West African Regional Integration Strategy Paper 2020—2025 (Edited Version). (2020-12-24)[2024-10-18]. https://www.afdb.org/en/documents/west-africa-regional-integration-strategy-paper-2020-2025-0.
② African Development Bank Group. West Africa Economic Outlook 2023: Mobilizing Private Sector Financing for Climate and Green Growth. (2024-01-30)[2024-10-18]. https://fokabs.com/wp-content/uploads/2024/05/AfDB-WREO-2023-1.pdf.
③ African Development Bank Group. West Africa Economic Outlook 2023: Mobilizing Private Sector Financing for Climate and Green Growth. (2024-01-30)[2024-10-18]. https://fokabs.com/wp-content/uploads/2024/05/AfDB-WREO-2023-1.pdf.
④ West Africa Telecommunications Regulators Assembly. [2024-04-11]. https://watra.org/the-digital-economy-outlook-sustainability-for-bridging-west-african-communities/.

非将具有重大意义，西非对非正规经济部门的依赖程度更高。①

浙江省是数字经济发展先行省，数字经济增加值占GDP比重位居全国省区第一，产业数字化指数全国第一，数字化综合发展水平全国第一。为了发展数字经济，浙江省提出了数字经济创新提质"一号发展工程"，提出到2027年，力争数字经济增加值和核心产业增加值突破7万亿元和1.6万亿元，实现"双倍增"。培育具有全国影响力的产业互联网平台30家，平台经济网络交易额达10万亿元。建成5G基站30万个以上，到2027年建成行业产业大脑50个、未来工厂100家、智能工厂（数字化车间）1200家，实现工业企业数字化改造全覆盖、重点细分行业中小企业数字化改造全覆盖、百亿元以上产业集群工业互联网平台全覆盖，建成未来市场50家、未来农场100个。②浙江省数字经济发展的成就与数字经济创新提质为双方数字经济合作奠定了坚实的基础。浙江省与西非国家的数字经济合作可以从以下几个方面展开。

其一，共建数字基础设施。数字经济的发展离不开通信卫星、信号基站、高速宽带、数据存储等大规模基础设施建设。连接性是西非发展数字经济的一个主要挑战。截至2023年，西非国家移动宽带服务的普及率仍不足40%，主要原因是零售价格过高形成了使用障碍。基础设施不足——特别是国际网络连接和具有韧性的光纤骨干网络缺失——仍然是满足日益增长的数据和在线服务需求的主要障碍。③因缺乏光纤等基础设施，西非国家的数字服务收费比较高，影响了数字经济的发展。2020年，从低使用率手机套餐价格（70分钟，20条短信）占人均国民收入的比例来看，尼日利亚最低，只有2.4%，加纳3%，科特迪瓦3.9%，贝宁4.2%，尼日尔最高，达到32.1%。④西非国家致力于发展数字基础设施，如到2023年，尼日利亚和加纳将通过政府和私营部门的合作，采用和整合5G宽带普及和无线服务。

此外，数字经济的发展还需要解决商品的末端配送问题。波士顿咨询集团（Boston Consulting Group）的数据显示，在西非国家网上订购的商品中，有

① Toyin, Falola. *A History of West Africa*. New York: Routledge, 2024: 487.
② 浙江省经济和信息化厅.省经信厅在全省数字经济创新提质"一号发展工程"大会上作汇报. (2023-04-04)[2024-04-11]. https://jxt.zj.gov.cn/art/2023/4/4/art_1657977_58930284.html.
③ World Bank Group. Accelerating Digital Transformation in West Africa. (2023-12-01)[2024-04-11]. https://www.worldbank.org/en/news/press-release/2023/12/01/accelerating-digital-transformation-in-west-africa.
④ West Africa Telecommunications Regulators Assembly. Strategic Plan 2022—2025 for the West Africa Telecommunications Regulators Assembly. (2022-08-26)[2024-05-12]. https://watra.org/wp-content/uploads/2024/03/9.-EN_WATRA-strategic-plan-2022-2025.pdf

30%—40%因为找不到收货人而被退回。①

其二，加强数字技术合作。截至2021年，西非已拥有142个科技园区——这些区域性技术枢纽正孕育着非洲新一代创新型企业的诞生与成长。科特迪瓦的"IT与生物技术村"、覆盖该地区多国的Jokkolabs孵化器等机构都是典型代表。②

其三，加强数字经济人才培养。数字经济的发展，需要人工智能、物联网、大数据、云计算、数字化管理、智能制造、工业互联网、虚拟现实、区块链、集成电路等数字技术工程应用领域的人才。浙江省与西非国家的数字经济人才培养合作可以从以下几方面考虑：首先，浙江省高校可以为西非国家培养数字经济人才。浙江省高校在计算机、电子信息等领域的人才培养优势显著，形成了以企业为主体、院校作支撑、政府作补充的数字经济领域"一试双证"的试点范围。③其次，浙江优质数字企业可以为西非国家的数字教育提供必要的数字教学设备。再次，浙江省职业院校可以结合西非各国数字经济发展的实际需要，为西非国家数字人才的培养制定职业标准与企业人才标准，助力西非数字经济人才的标准化、批量化发展。

其四，加强智慧城市建设合作。浙江省在智慧城市建设方面具有一定的优势与经验。浙江省与西非国家的智慧城市建设合作可以从以下几方面入手：首先，浙江省数字经济龙头企业可以为西非国家智慧城市的建设提供必要的设备。如浙江省邮电工程建设有限公司中标中国援建毛里塔尼亚城市与监控系统项目，为毛里塔尼亚城市建立警用集群通信系统和视频监控系统。其次，推进电子政务建设合作。浙江省上线的浙江政务服务网，提高了交通、医疗、教育等与公民个人密切相关的事项办理效率，真正实现了"最多跑一趟"。浙江省与西非国家可以在智慧政务、智慧交通、智慧医疗、智慧社区、智慧园区等领域实现创新发展，提高城市运行效率，改善公共服务水平。再次，西非国家还面临着恐怖袭击、绑架、人口贩卖、边境走私等非传统安全威胁，利用数字经

---

① Titilayo, Adewumi. Through the Looking Glass: An Optimist's View of West Africa's Ten-Year Prospects. (2021-06-18)[2024-04-11]. https://www.africa.com/through-the-looking-glass-an-optimists-view-of-west-africas-ten-year-prospects/.

② Titilayo, Adewumi. Through the Looking Glass: An Optimist's View of West Africa's Ten-Year Prospects. (2021-06-18)[2024-04-11]. https://www.africa.com/through-the-looking-glass-an-optimists-view-of-west-africas-ten-year-prospects/.

③ 杭州电子科技大学. 浙江省人社厅领导莅临继续教育学院研讨数字技能人才培养新思路新模式. (2024-04-10)[2024-04-11]. https://www.hdu.edu.cn/news/2024/0410/c7517a263360/pagem.htm.

济在"平安浙江"建设方面的经验，可以为平安西非的创建保驾护航。

（三）浙江省与西非国家教育合作大有可为

其一，通过教育合作，释放西非国家的劳动力红利。西非是世界上较贫穷的地区之一，青年人口占人口的比例最高。在西非 4.2 亿人口中，24 岁以下的青年人口占总人口的 65%。[①]在西非国家中，青年的失业率最高。根据非洲发展银行的数据，西非青年（15—24 岁）的失业率几乎是 25 岁以上人口失业率的 2 倍。在塞内加尔，63% 的失业人口年龄在 15—34 岁，其中 20—29 岁年龄组（20—24 岁为 18.8%，25—29 岁为 16.3%）和大学毕业生的失业率尤其高，受过两年高等教育青年的失业率高达 22.8%。在加纳，青年失业率约为 9%。这与普遍的就业不足密切相关，年轻的毕业生多在非正规部门的小企业工作。在尼日利亚，青年（15—24 岁）失业率为 36.5%。[②]浙江省高校、企业可以与西非高校、智库合作创办技术培训学校，提高西非青年的技能，增加其就业机会。此外，在西非地区经营商业的浙江私人企业也可以通过与职业培训学校合作，定向培养，以便在当地找到所需的技能人才。

其二，通过教育合作，增加西非国家产品附加值。西非国家对自然资源的利用率比较低，如几内亚比绍、佛得角、冈比亚、利比里亚、塞拉利昂与多哥的农业、林业和渔业的附加值较低，这说明这些国家和整个西非的自然资源利用效率低下。2021 年，西非国家的农业、林业与渔业的附加值由高到低分别为：尼日利亚 103 美元、加纳 15.3 美元、科特迪瓦 13.9 美元、马里 6.8 美元、尼日尔 5.4 美元、贝宁 5 美元、塞内加尔和几内亚 4.2 美元、布基纳法索 3.4 美元、塞拉利昂 2.3 美元、多哥 1.6 美元、利比里亚 1.3 美元、冈比亚 0.5 美元、佛得角 0 美元、几内亚比绍 0 美元，远远低于 332.2 美元的撒哈拉以南非洲的平均农业、林业与渔业附加值。[③]

食品、工业产品和服务，特别是旅游业的经济多样化以及创造附加价值将改善脆弱的经济，并为迅速增长的人口创造就业机会。浙江省可以与西非国家通过产教融合式的教育合作，增加西非产品的附加值。

---

① OECD. *Africa's Development Dynamics 2021: Digital Transformation for Quality Jobs*. Paris: OECD, 2021: 220.
② OECD. *Africa's Development Dynamics 2021: Digital Transformation for Quality Jobs*. Paris: OECD, 2021: 223.
③ African Development Bank Group. West Africa Economic Outlook 2023: Mobilizing Private Sector Financing for Climate and Green Growth. (2024-01-30)[2024-10-18]. https://fokabs.com/wp-content/uploads/2024/05/AfDB-WREO-2023-1.pdf.

其三，通过教育合作，提高西非国家的粮食产量。西非依赖从世界其他国家进口谷物。非洲国家的平均谷物依赖比[①]为 23.9%。其中，佛得角的谷物依赖比为 95.8%、塞内加尔为 57.4%、利比里亚为 56%、冈比亚为 51.6%、贝宁为 50.1%、塞拉利昂为 40.4%、科特迪瓦为 38.3%、加纳为 34.5%、几内亚为 29.3%、多哥为 22.6%、尼日利亚为 19%、布基纳法索为 11.1%、马里为 5.6%、尼日尔为 5.3%。[②]

自 2015 年以来，西非的粮食安全状况一直在恶化。营养不良人口的比例从 2018 年的 10.6% 上升到 2020 年的 14.2%，达到 5730 万人。[③]尽管东非是非洲营养不良人口最多的地区，但是西非地区却是 2018—2021 年，营养不良人口增长最快的地区，增长了 42.2%（北非增长了 32.8%，中部非洲增长了 31.4%，南部非洲增长了 28.6%，东非增长了 21.5%）。2021 年，西非营养不良人口占了非洲营养不良人口总数的 20.6%，东非则占 49.05%。[④]

（四）浙江省与西非国家文创产业合作潜力无限

西非国家的非物质文化遗产丰富，拥有享誉全球的艺术家。通过开发文化资源，形成文创产业，可以拉动西非经济的发展。文创产业日益成为经济发展的有力工具，是社会生活和社会凝聚力的重要组成部分，也是社会变革和创新的驱动力。浙江省可以与西非国家合作，挖掘西非国家文创产业的潜力。

其一，加强浙江省与西非国家文化艺术领域的交流与合作，发挥地方在推进中非文明交流互鉴中的作用。近年来，浙江省通过传统戏曲、交响音乐会、音乐剧、文化宣传短片、邀请西非文艺创作者来浙江交流创作等形式，促进了双方的文化艺术交流。浙江与西非戏剧资源丰富，双方可以联合举办戏剧节。

其二，深入推进浙江省与西非国家在会展领域的交流与合作。浙江省对外贸易的强劲实力与会展业的蓬勃发展密切相关。杭州连续多年荣获"中国最

[①] 该指标衡量的是一个国家谷物供应的国内生产程度。

[②] African Development Bank Group. West Africa Economic Outlook 2023: Mobilizing Private Sector Financing for Climate and Green Growth. (2024-01-30)[2024-10-18]. https://fokabs.com/wp-content/uploads/2024/05/AfDB-WREO-2023-1.pdf.

[③] African Development Bank Group. West Africa Economic Outlook 2023: Mobilizing Private Sector Financing for Climate and Green Growth. (2024-01-30)[2024-10-18]. https://fokabs.com/wp-content/uploads/2024/05/AfDB-WREO-2023-1.pdf.

[④] African Development Bank Group. West Africa Economic Outlook 2023: Mobilizing Private Sector Financing for Climate and Green Growth. (2024-01-30)[2024-10-18]. https://fokabs.com/wp-content/uploads/2024/05/AfDB-WREO-2023-1.pdf.

具竞争力会展城市""最佳会议目的地""中国十大影响力会展城市"等荣誉。2022年2月，杭州在《全球最具竞争力会议目的地城市》排行中，居全球100个会议目的地城市中的第33位。杭州西湖国际博览会、杭州世界休闲博览会、杭州云栖大会、中国国际丝绸博览会等展会项目已连续举办5届以上，已形成较高国内外知名度。杭州深化对外交流合作，形成了中国国际茶叶博览会、中国国际动漫节等国际化展览品牌，其中3个展会成功取得国际展览联盟（UFI）认证，实现了该认证零的突破。[①]由宁波的浙江天时国际经济技术合作有限公司投资的贝宁（西非）中国商品展已经连续举办了13届，在西非具有一定的影响力。未来，双方可探索会展业的数字化转型，以提升服务效率和质量。浙江省在贸易、产业、旅游、技术、文化等领域的产业基础比较好，西非国家市场潜力巨大，双方可以合作举办更多展览。

其三，加强浙江省与西非国家在影视、文艺演出的交流与合作。浙江省可以与西非国家共同举办浙江西非国家影视节，为双方影视合作搭建平台。双方可以共同参与合作拍摄影视作品，浙江省影视作品可以走进西非，也可以引进西非的影视作品，邀请西非艺人来浙江演出等。

其四，深入推进浙江省与西非国家的旅游业交流与合作。西非地区旅游资源丰富，浙江省的旅游业发达，尤其是自然景观旅游。双方应携手共同开发西非的旅游市场。浙江省应加强与西非国家旅游业的交流与合作，加强西非旅游产品的设计与研发，在创意的加持下，拓展西非本土旅游产品的价值链。此外，浙江省还可以与西非国家加强旅游管理人才的培养合作。

领域篇

浙江省与西非国家经贸合作报告

浙江省是中非经贸合作的高地，2023 年，浙江省与西非国家的进出口贸易总额为 162.53 亿美元，占中国与西非国家进出口贸易总额的 21.45%。

一、西非国家的国际贸易结构

在国际贸易结构中，西非国家出口的主要商品是未经加工的农产品与矿产品。2020 年，除了个别国家外，西非国家出口的主要商品是燃料、矿物和金属、农业原材料以及食品等初级产品。尼日利亚的燃料出口占其商品出口比重的 88.70%，塞内加尔的燃料出口占其商品出口比重的 16.00%，尼日尔的燃料出口占其商品出口比重的 14.70%。矿物和金属的出口分别占毛里塔尼亚和尼日尔商品出口比重的 42.20% 和 23.00%。贝宁的农业原材料（主要是棉花）出口占其商品出口比重的 64.64%。冈比亚的食品出口占其商品出口比重的 88.30%，佛得角的食品出口占其商品出口比重的 67.60%，塞内加尔的食品出口占其商品出口比重的 31.30%，毛里塔尼亚的食品出口占其商品出口比重的 29.10%，多哥的食品出口占其商品出口比重的 25.60%。详见表 1。

表 1　2020 年部分西非国家国际贸易出口商品明细及其占出口商品比重

国家	出口商品明细及其占出口商品比重 / %				
	燃料	矿物和金属	农业原材料	食品	制成品
贝宁	0	0.10	64.64	25.10	10.20
佛得角	-	0	0	67.60	32.10
冈比亚	0	7.50	0.52	88.30	3.70
毛里塔尼亚	0.30	42.40	0.01	29.10	2.10
尼日尔	14.70	23.00	0.15	5.80	5.80
尼日利亚	88.70	0.30	0.16	3.00	7.90

续表

国家	出口商品明细及其占出口商品比重 / %				
	燃料	矿物和金属	农业原材料	食品	制成品
塞内加尔	16.00	6.80	1.37	31.30	25.80
多哥	2.40	12.50	8.63	25.60	50.90
布基纳法索	0.30	2.70	6.03	6.80	2.80

数据来源：作者根据"国家数据"网站（https://data.stats.gov.cn/adv.htm?m=advquery&cn=G0104）相关数据整理。

西非国家的工业普遍比较落后，对于制成品、食品的进口依赖程度比较高。在西非国家中，多哥对于制成品的进口依赖度最高，达到 69.30%。西非国家粮食不能实现自给，食品极度依赖进口。其中贝宁的食品进口占其进口商品比重最大，达到 32.80%。冈比亚、毛里塔尼亚、尼日尔 3 国对食品的进口均占其进口商品比重的近 30%。详见表 2。

表 2　2020 年部分西非国家国际贸易进口商品明细及其占进口商品比重

国家	进口商品明细及其占进口商品比重 / %				
	燃料	矿物和金属	农业原材料	食品	制成品
贝宁	18.60	0.60	1.20	32.80	46.80
佛得角	32.60	0.40	0.90	14.40	47.00
冈比亚	14.20	1.60	0.50	28.80	54.90
毛里塔尼亚	28.90	0.50	0.30	29.70	40.50
尼日尔	3.80	1.20	0.90	29.80	64.20
尼日利亚	15.30	1.20	0.80	14.60	68.10
塞内加尔	23.20	1.40	1.50	24.00	49.50
多哥	10.90	0.90	1.30	17.60	69.30
布基纳法索	26.60	0.50	0.50	11.60	60.80

数据来源：作者根据"国家数据"网站（https://data.stats.gov.cn/adv.htm?m=advquery&cn=G0104）相关数据整理。

二、浙江省与西非国家经贸合作

截至 2023 年，中国与西非国家中的贝宁、多哥、佛得角、冈比亚、几内亚、加纳、马里、尼日尔、尼日利亚、塞拉利昂 10 国建立了双边经贸联委会机制。此外，中国还与西共体设立了双边经贸联委会。

从进出口贸易总额来看，2013—2023 年，中国与西非国家的进出口贸易总额在 2023 年达到最高值，为 757.67 亿美元。从同比增长比例来看，2016 年，中国与西非国家的进出口贸易总额增幅最大，达到 70.64%，2017 年，中国与西非国家的进出口贸易总额下降比例最大，达到 41.41%。详见表 3。

表 3　2013—2023 年中国与西非国家进出口贸易总额及其同比增长情况

年份	进出口贸易总额 / 亿美元	同比增长 / %
2013	355.64	9.11
2014	417.37	17.36
2015	369.47	-11.48
2016	630.48	70.64
2017	369.41	-41.41
2018	407.78	10.39
2019	491.54	20.54
2020	499.27	1.57
2021	635.87	27.36
2022	676.00	6.30
2023	757.67	12.08

数据来源：作者根据国研网统计数据查询分析平台（https://www.drcnet.com.cn/）相关数据整理。

　　2023 年，中国与西非国家进出口贸易总额为 757.67 亿美元，占中非进出口贸易总额（2819.77 亿美元）的 26.87%。具体到国别而言，2023 年，中国与佛得角、冈比亚、加纳、几内亚、几内亚比绍、科特迪瓦、利比里亚、马里、毛里塔尼亚、塞内加尔、塞拉利昂、多哥 12 国的贸易呈正增长，与贝宁、尼日尔、尼日利亚和布基纳法索 4 国的贸易均出现负增长。在正增长的国家中，中国与几内亚的贸易总额增幅最大，达到 34.19%，与塞内加尔、马里、利比里亚 3 国的贸易总额增幅均在 30% 以上，与科特迪瓦、塞拉利昂、多哥 3 国的贸易总额增幅均在 20% 以上，与佛得角、加纳、几内亚比绍 3 国的贸易总额增幅均在 10% 以上，与冈比亚、毛里塔尼亚 2 国的贸易总额增幅均在 5% 以上。在负增长的 4 个国家中，2023 年中国与尼日尔的双边贸易总额下降幅度最大，达到 35.89%，中国与尼日利亚的进出口贸易总额下降了 3.30%，与贝宁的进出口贸易总额下降了 9.39%，与布基纳法索的进出口贸易总额下降了 1.66%。详见表 4。

表 4　2022 和 2023 年中国与西非各国进出口贸易总额及 2023 年同比增长情况

国家	2022 年进出口贸易总额 / 亿美元	2023 年进出口贸易总额 / 亿美元	2023 年同比增长 /%
贝宁	19.07	17.28	-9.39
佛得角	0.90	1.03	14.4

续表

国家	2022 年进出口贸易总额 / 亿美元	2023 年进出口贸易总额 / 亿美元	2023 年同比增长 /%
冈比亚	4.87	5.14	5.54
加纳	100.03	110.46	10.16
几内亚	67.45	90.51	34.19
几内亚比绍	0.55	0.63	14.55
科特迪瓦	43.63	52.75	20.90
利比里亚	75.18	99.19	31.94
马里	6.64	8.81	32.68
毛里塔尼亚	20.93	22.47	7.36
尼日尔	9.92	6.36	-35.89
尼日利亚	233.16	225.47	-3.30
塞内加尔	41.90	55.69	32.91
塞拉利昂	13.15	16.47	25.25
多哥	32.55	39.45	21.20
布基纳法索	6.04	5.94	-1.66
共计	676.00	757.67	12.08

数据来源：作者根据国研网统计数据查询分析平台（https://www.drcnet.com.cn/）相关数据整理。

（一）浙江省与西非国家经贸合作的主要机制

1.在西非国家设立境外经贸合作区

截至 2023 年，浙江省在西非国家共建立了 3 个省级境外经贸合作区。详见表 5。

表 5　浙江省在西非国家设立的省级境外经贸合作区

园区名称	园区所属国家	实施企业
越美（尼日利亚）纺织工业园	尼日利亚	越美集团有限公司
尼日利亚宁波工业园区	尼日利亚	宁波中策动力机电集团有限公司
贝宁中国经济贸易发展中心	贝宁	浙江天时国际经济技术合作有限公司

数据来源：作者根据"走出去导航"网站（https://www.investgo.cn/2018/channel/hqz.shtml）上的资料整理而成。"走出去导航"网站上只有前两个园区，贝宁中国经济贸易发展中心为作者根据其他公开资料加上的。

（1）越美（尼日利亚）纺织工业园

该工业园 2007 年 7 月份正式破土动工，2008 年成立，由诸暨越美集团投资近 6000 万美元建成，占地 800 亩，建筑面积达到 28 万平方米，是中国境外第一个纺织工业园，更是尼日利亚最大的纺织园区。①

（2）尼日利亚宁波工业园区

2008 年，中策（西非）有限公司成立，中策与尼日利亚李氏集团合作，共同建设尼日利亚宁波工业园区，是宁波企业在非洲建立的第一个工业园区。园区位于尼日利亚奥贡州，占地 600 万平方米，交通便利，距拉各斯阿帕帕港（Apapa Port）及廷坎港（Tincan Port）约 50 千米。②

（3）贝宁中国经济贸易发展中心

贝宁中国经济贸易发展中心是中贝两国的政府合作项目，于 2008 年投用。这是中国在非洲设立的第 11 个国家级合作中心，也是第一个由民营企业运营的国家中心。③贝宁中国经济贸易发展中心建成后由浙江天时公司经营、管理和维护 50 年，期满后其经营、管理和维护工作将移交贝宁政府。贝宁中国经济贸易发展中心是一座综合性的商贸大厦。在贝宁中国经济贸易发展中心，中国商人通过"常年展+海外仓"模式，将国内厂家展厅直接搬至贝宁，供贝宁当地商人选购洽谈，实现双方市场资源对接，极大节省了采购成本，缓解了当地批发商的资金压力，降低了当地创业的门槛。该中心充分利用其所在地优势，将国内市场和西非市场进行对接，实现了双方的资源共享。与此同时，贝宁还通过搭建三大平台，即"融资平台、贸易平台、投资平台"的模式，为当地进口企业提供融资以及咨询服务，并积极推广贝宁以及周边国家优质农产品，提高农民收入，改善农民生活水平。截至 2023 年，该中心已为 1017 家中贝（中非）企业提供咨询服务，为 30 多家中国企业在贝宁投资提供法律、财务、员工管理等方面的协助，通过牵线搭桥累计推动贝宁农产品出口达 10 万吨，金额达 2 亿美元。④

该中心还在宁波市多个部门的帮助下，与贝宁进行教育资源对接，促成宁波职业技术学院与贝宁 CERCO 学院合作成立中非（贝宁）职业技术教育学院，并在贝宁科托努市正式挂牌。截至 2020 年，该中心已派遣 5 批 19 人次为贝宁

---

① 走进非洲，浙商迎六大利好.（2014-05-12）[2024-01-23]. https://zcom.zj.gov.cn/art/2014/5/12/art_1384592_12922742.html.
② 宁波中策动力机电集团的非洲战略：三步抢得先机.（2014-06-20）[2024-01-25]. http://zt.cnnb.com.cn/system/2014/06/20/008092819.shtml.
③ 贝宁有个宁波"大后方".（2023-09-02）[2024-01-23]. https://www.ningbo.gov.cn/art/2023/9/2/art_1229099769_59468369.html.
④ 贝宁有个宁波"大后方".（2023-09-02）[2024-01-23]. https://www.ningbo.gov.cn/art/2023/9/2/art_1229099769_59468369.html.

CERCO学院学生培训，累计培训学生300人次，提高了贝宁当地职业教育水平，增加了贝宁职业教育学生的就业率。"贝宁中心通过在当地经营、培养当地团队，为贝宁以及周边国家经济发展提供了可复制的案例模式。"[1]宁波市商务局相关负责人介绍，只要国情允许、条件成熟，这种类型的贸易发展中心可以在非洲其他国家复制推广，助力中非贸易发展更充分更自由。

此外，贝宁中国经济贸易发展中心每年都定期举办贝宁（西非）中国商品展。贝宁（西非）中国商品展创办于2008年，截至2023年，共举办了13届，该商品展已经成为中贝经贸合作的一个缩影，为中贝两国企业家相知、交流、合作提供了机会。

2.定期举办贸易与投资说明会

2014年8月8日，湖州市贸促会（湖州市国际商会）成功举办尼日利亚贸易与投资说明会。会上，尼日利亚驻上海总领事馆总领事阿尤·欧特普拉（Ayo Otepola）详细介绍了尼日利亚贸易与投资政策，尼制造业、纺织服装、农业、矿产等传统行业面临的机遇与挑战，尼产业需求以及对投资企业的优惠政策等。欧特普拉就湖州企业如何在尼日利亚进行贸易与投资等问题与参会的20多家企业进行了交流。湖州市企业就尼日利亚的治安状况、办事流程、法律保障、资金管制、税收等方面的问题向欧特普拉进行了详细咨询，欧特普拉一一作了详尽的解答。通过互动交流，与会企业对尼日利亚的投资和贸易环境有了比较深入的了解，表示将寻找合适的机会前往尼日利亚进行进一步的考察。[2]

2022中国（台州）"一带一路"跨国采购对接会在台州路桥区举办。为进一步拓展台州中小微企业出口通道，助力境外采购商快速精准对接台州企业和市场，推进产业集群和市场集群联动融合发展，台州市特举办了本次"一带一路"跨国采购对接会，在路桥区举办的首场活动主要以塑料制品和机电五金两个台州特色产业集群企业为主。尼日利亚主销日常塑料品的公司老板弗朗西斯参加了此次采购会，并认为"'台州制造'产品质量好、价格划算，台州企业交货也非常及时"[3]。

---

① 蔡晓馨，季容龄.北仑"贝宁中国经贸发展中心"获评省级境外经贸合作区.（2020-03-20）[2024-01-23]. https://www.bl.gov.cn/art/2020/3/10/art_1229044479_44296037.html.

② 中国国际贸易促进委员会浙江省委员会.湖州市贸促会成功举办尼日利亚贸易与投资说明会.（2014-08-12）[2023-11-16]. http://www.ccpitzj.gov.cn/art/2014/8/12/art_1229557693_18090.html.

③ 浙江一带一路网.50多个国家和地区的客商跨国直采，合作共赢.（2022-11-24）[2024-01-17]. https://zjydyl.zj.gov.cn/art/2022/11/24/art_1229691721_35411.html.

2019 年 9 月 5—6 日，2019 中国（衢州）非洲国际贸易投资洽谈会（以下简称"衢州中非洽谈会"）在衢州市成功举办。津巴布韦、尼日利亚、南非、塞内加尔等 17 个非洲国家的 53 名使领馆官员、商协会代表、客商，衢州市各县（市、区）分管领导、贸促系统负责人、相关部门领导、268 名企业负责人参会。本次衢州中非洽谈会以"深化经贸大合作、共建美丽大花园"为主题，268 名衢州企业负责人与 41 名非洲客商在数字经济产业、机械制造、化工、五金建材、太阳能、纺织服装产业合作方面进行了深度洽谈。衢州市贸促会（衢州市国际商会）分别与世界自由贸易区联合会、南非中国商会签订了《贸易投资促进合作协议》，围绕促进双方工商界合作达成了一系列共识。据统计，该洽谈会共达成机械制造、纺织服装、五金电子、食品、消防器材等方面的贸易意向 28 个，达成技能培训、技术研发、赴非投资等意向 10 余个，意向金额达5160 余万美元，为深化衢州与非洲的交流与合作奠定了良好的基础。①

3. 与西非国家建立其他经贸合作机制

浙江省与西非国家开展经贸合作的其他机制主要有：与西非国家机构签署贸易投资促进合作协议，在西非地区设立境外投资商会。

（1）签署贸易投资促进合作协议

2017 年 6 月 12 日，经舟山市外侨办促成，舟山市贸促会（舟山市国际商会）与尼日利亚拉各斯华助中心在舟山签订贸易投资促进合作协议，舟山市正式在尼日利亚设立贸促联络处，为舟山企业在西非发展和海外舟商回归舟山投资创业提供帮助。②

（2）设立境外投资商会

2015 年，宁波第一家境外投资甬企商会——贝宁宁波商会正式成立，商会将依托在贝宁投资或开展贸易的会员企业，服务广大宁波企业，扩大与贝宁及西非的经贸合作。贝宁宁波商会首批会员单位包括贝宁中国经济贸易发展中心、宁波华和服装有限公司、宁波锦胜海达进出口有限公司等 17 家企业，涉及平台、服装、机电、建筑、贸易等领域。商会成立后的主要使命是团结驻贝宁波企业，实现信息共享，树立"走出去"甬企良好形象；起好桥梁和纽带作

---

① 浙江一带一路网. 衢州中非洽谈会达成意向合作 5160 余万美元.（2019-09-12）[2024-01-17]. https://zjydyl.zj.gov.cn/art/2019/9/12/art_1229691738_25932.html.

② 《浙江外事侨务年鉴》编纂委员会. 浙江外事侨务年鉴 2017. 杭州：浙江大学出版社，2018：292.

用，推动宁波和贝宁间的经贸往来和企业间交流；引导企业在贝规范合法经营、公平竞争，维护会员的合法权益。①

（二）浙江省与西非国家进出口贸易总额及其占中国与西非国家进出口贸易总额比例

浙江省是中非经贸合作的高地。2013—2023 年，浙江省与西非国家的进出口贸易总额从 2013 年的 78.07 亿美元增长到 2023 年的 162.53 亿美元，增长了 108.18%。2013 年，浙江省与西非国家的进出口贸易总额增幅达到 64.05%，此后，除 2014 年、2015 年、2016 年小幅度的下降外，其他年份都保持正增长。2013—2023 年，浙江省与西非国家的贸易总额整体上呈现出增长的趋势。详见表 6。

表 6　2013—2023 年浙江省与西非国家进出口贸易总额及其同比增长情况

年份	浙江省与西非国家进出口贸易总额 / 亿美元	同比增长 / %
2013	78.07	64.05
2014	74.85	-4.12
2015	73.43	-1.90
2016	68.50	-6.71
2017	72.81	6.29
2018	82.20	12.90
2019	97.34	18.42
2020	104.67	7.53
2021	133.27	27.32
2022	149.44	12.13
2023	162.53	8.76

数据来源：作者根据国研网统计数据查询分析平台（https://www.drcnet.com.cn/）相关数据整理。

2013—2016 年，浙江省与西非国家的进出口贸易总额占中国与西非国家进出口贸易总额的比重逐渐下降，从 2013 年的 21.95% 下降至 2016 年的 10.86%。自 2017 年起，除 2019 年、2023 年略微下降外，浙江省与西非国家进出口贸易总额占中国与西非国家进出口贸易总额的比例逐渐上升，从 2017 年的 19.71% 上升至 2022 年的 21.63%。详见表 7。

---

① 浙江省商务厅.我市首个境外商会贝宁宁波商会成立.（2014-12-22）[2024-01-23]. http://zcom.zj.gov.cn/art/2014/12/22/art_1384592_12925736.html.

表 7　2013—2023 年浙江省与西非国家进出口贸易总额
及其占中国与西非国家进出口贸易总额比例情况

年份	浙江省与西非国家进出口贸易总额 / 亿美元	占中国与西非国家进出口贸易总额比例 / %
2013	78.07	21.95
2014	74.85	17.93
2015	73.43	19.87
2016	68.50	10.86
2017	72.81	19.71
2018	82.20	20.16
2019	97.34	19.80
2020	104.67	20.96
2021	133.27	20.96
2022	149.44	21.63
2023	162.53	21.45

数据来源：作者根据国研网统计数据查询分析平台（https://www.drcnet.com.cn/）相关数据整理。

（三）浙江省与西非各国进出口贸易总额及其占中国与西非各国进出口贸易总额比例

从 2023 年浙江省与西非各国进出口贸易总额及其占中国与西非各国进出口贸易总额的比例上看，浙江省与佛得角的进出口贸易总额（0.49 亿美元）占中佛进出口贸易总额的 47.91%。浙江省与毛里塔尼亚的进出口贸易总额（6.86 亿美元）占中毛进出口贸易总额的 30.49%。浙江省与冈比亚、利比里亚以及多哥之间的进出口贸易总额占中国与这 3 国进出口贸易总额的 25% 以上。浙江省与贝宁、几内亚比绍、科特迪瓦、尼日利亚、塞拉利昂的进出口贸易总额占中国与这 5 国进出口贸易总额的 20% 以上。浙江省与马里、布基纳法索、加纳的进出口贸易总额占中国与这 3 国进出口贸易总额的 10%—20%。浙江省与几内亚、尼日尔的进出口贸易总额占中国与这两个国家进出口贸易总额的比例不足 10%。详见表 8。

从 2023 年浙江省与西非各国的进出口贸易总额上看，浙江省与尼日利亚的进出口贸易总额最多，达到 50.82 亿美元；利比里亚次之，为 27.89 亿美元；与加纳、塞内加尔、科特迪瓦的进出口贸易总额均突破 10 亿美元大关；与多哥的进出口贸易总额达到 9 亿多美元；与几内亚、毛里塔尼亚的进出口贸易总额达到 6 亿多美元；与贝宁的进出口贸易总额突破 4 亿美元；与塞拉利昂的贸易总额突破 3 亿美元；与冈比亚的进出口贸易总额有 1 亿多美元；与佛得角、几内亚比绍、尼日尔、布基纳法索 4 国的进出口贸易总额不足 1 亿美元。详见表 8。

表 8 2023 年浙江省及中国与西非各国进出口贸易总额

国家	与浙江省进出口贸易总额 / 亿美元	与中国进出口贸易总额 / 亿美元	与浙江省进出口贸易总额占与中国进出口贸易总额的比例 / %
贝宁	4.17	17.28	24.13
佛得角	0.49	1.03	47.91
冈比亚	1.35	5.20	25.96
加纳	20.79	110.40	18.83
几内亚	6.04	90.50	6.67
几内亚比绍	0.15	0.63	24.34
科特迪瓦	10.74	52.80	20.34
利比里亚	27.89	99.20	28.11
马里	1.23	8.80	13.98
毛里塔尼亚	6.86	22.50	30.49
尼日尔	0.50	6.36	7.86
尼日利亚	50.82	225.6	22.53
塞内加尔	17.26	55.70	30.99
塞拉利昂	3.46	16.30	21.23
多哥	9.96	39.49	25.22
布基纳法索	0.82	5.94	13.77

数据来源：作者根据国研网统计数据查询分析平台（https://www.drcnet.com.cn/）相关数据整理。

（四）浙江省与西非国家进出口贸易商品结构

2023 年，浙江省向西非国家出口的商品总额为 152.75 亿美元，自西非国家进口的商品总额为 9.77 亿美元。

1.浙江省向西非国家出口的商品及其国别分布情况

从出口金额看，浙江省向西非国家出口的纺织原料及纺织制品金额最多，达到 34.49 亿美元；机电产品金额次之，达到 30.59 亿美元；金属及其制品的出口金额达到 20.32 亿美元；塑料及其制品、橡胶及其制品的出口额为 11.81 亿美元；车辆、航空器、船舶及其有关运输设备的出口额为 7.32 亿美元；化学工业及其相关工业产品的出口额为 4.48 亿美元。从出口商品占出口总额的比例上看，纺织原料及纺织制品的占比最高，达到 22.58%；机电产品次之，达到

20.03%，金属及其制品占比为 13.30%，这三类产品的出口额占到浙江省对西非国家出口总额的 56.18%，超过浙江省对西非国家出口总额的一半。详见表 9。

表 9　2023 年浙江省向西非国家出口主要商品情况及其占出口总额比例

海关代码	产品名录	出口额 / 亿美元	占出口总额的比重 / %
T16	机电产品	30.59	20.03
T15	金属及其制品	20.32	13.30
T11	纺织原料及纺织制品	34.49	22.58
T07	塑料及其制品、橡胶及其制品	11.81	7.73
T06	化学工业及其相关工业产品	4.48	2.93
T17	车辆、航空器、船舶及有关运输设备	7.32	4.79

数据来源：作者根据国研网统计数据查询分析平台（https://www.drcnet.com.cn/）相关数据整理。

在西非国家中，由于各国的经济发展水平不同，浙江省对各国出口的商品结构也不同，具体如下。

（1）机电产品

2023 年，浙江省对西非国家机电产品的出口总额为 30.59 亿美元，占浙江省对西非国家出口总额的 20.03%。从机电产品出口的金额上看，浙江省对尼日利亚机电产品的出口额最多，达到 9.79 亿美元；利比里亚次之，为 6.35 亿美元；加纳位居第三，为 4.21 亿美元；科特迪瓦位居第四，为 1.87 亿美元；多哥位居第五，为 1.75 亿美元。浙江省出口到几内亚比绍的机电产品最少，只有 371.39 万美元，仅占浙江省对尼日利亚机电产品出口总额的 0.38%。

（2）金属及其制品

2023 年，浙江省对西非国家金属及其制品的出口总额为 20.32 亿美元，占浙江省对西非国家出口总额的 13.30%。从金属及其制品出口的金额上看，浙江省对尼日利亚的金属及其制品出口额最多，达到 6.69 亿美元；加纳次之，为 4.31 亿美元；塞内加尔位居第三，为 2.74 亿美元；多哥位居第四，为 1.27 亿美元，几内亚位居第五，为 9597.77 万美元。浙江省出口到尼日尔的金属及其制品最少，只有 193.84 万美元，仅占浙江省对尼日利亚金属及其制品出口总额的 0.29%。

（3）纺织原料及纺织制品

2023 年，浙江省对西非国家纺织原料及纺织制品的出口总额为 34.49 亿美元，占浙江省对西非国家出口总额的 22.58%。从纺织原料及纺织制品出口的金额上看，浙江省对尼日利亚的纺织原料及纺织制品出口额最多，达到 17.39 亿美元；塞内加尔次之，为 4.30 亿美元；加纳位居第三，为 3.37 亿美元；多哥位居第四，为 3.07 亿美元；毛里塔尼亚位居第五，为 1.80 亿美元。浙江省对几内亚比绍的纺织原料及纺织制品出口额最少，只有 224.94 万美元，仅占浙江省对尼日利亚纺织原料及纺织制品出口总额的 0.13%。

（4）塑料及其制品、橡胶及其制品

2023 年，浙江省对西非国家塑料及其制品、橡胶及其制品的出口总额为 11.81 亿美元，占浙江省对西非国家出口总额的 7.73%。从塑料及其制品、橡胶及其制品出口的金额上看，浙江省对尼日利亚的塑料及其制品、橡胶及其制品出口额最多，达到 4.40 亿美元；加纳次之，为 2.05 亿美元；塞内加尔位居第三，为 2.00 亿美元；科特迪瓦位居第四，为 1.04 亿美元；几内亚位居第五，为 5236.29 万美元。浙江省对几内亚比绍的塑料及其制品、橡胶及其制品出口额最少，只有 128.43 万美元，仅占浙江省对尼日利亚的塑料及其制品、橡胶及其制品出口总额的 0.29%。

（5）化学工业及其相关工业产品

2023 年，浙江省对西非国家化学工业及其相关工业产品的出口总额为 4.48 亿美元，占浙江省对西非国家出口总额的 2.93%。从化学工业及其相关工业产品出口的金额上看，浙江省对尼日利亚的化学工业及其相关工业产品出口额最多，达到 2.03 亿美元；加纳次之，为 8726.46 万美元；科特迪瓦位居第三，为 4506.54 万美元；塞内加尔第四，为 3391.72 万美元；多哥位居第五，为 1615.02 万美元。浙江省对几内亚比绍的化学工业及其相关工业产品出口额最少，只有 30.97 万美元，仅占浙江省对尼日利亚化学工业及其相关工业产品出口总额的 0.15%。

（6）车辆、航空器、船舶及有关运输设备

2023 年，浙江省对西非国家车辆、航空器、船舶及有关运输设备的出口总额为 7.32 亿美元，占浙江省对西非国家出口总额的 4.79%。从车辆、航空器、船舶及有关运输设备出口的金额上看，浙江省对利比里亚的车辆、航空器、船舶及有关运输设备出口额最多，达到 3.49 亿美元；尼日利亚次之，为 1.62 亿美元；加纳位居第三，为 5798.05 万美元；塞内加尔位居第四，为 4655.14 万美元；科特迪瓦位居第五，为 2788.35 万美元。浙江省对几内亚比绍的车辆、航空器、船舶及有关运输设备出口额最少，只有 8.69 万美元，仅占浙江省对尼日利亚车辆、航空器、船舶及有关运输设备出口总额的不到 0.05%。

2.浙江省从西非国家进口的商品及其国别分布情况

2023 年，浙江省自西非国家进口的商品总额为 9.77 亿美元。浙江省从西非国家进口的商品主要有矿产品、橡胶、植物产品、腰果、木及木制品、木炭、棉花、生皮及皮革等初级产品。其中，矿产品的进口额占进口总额的比重最大，达到 58.85%；橡胶次之，达到 15.15%；植物产品占比 7.37%；腰果占比 2.15%；木及木制品、木炭占比 1.33%。详见表 10。

表 10　2023 年浙江省从西非国家进口主要商品情况及其占浙江省从西非国家进口总额比例

海关代码	商品名录	进口额 / 亿美元	占浙江省从西非国家进口总额比例 /%
T05	矿产品	5.75	58.85
T07-4001	橡胶	1.48	15.15
T02-12	植物产品	0.72	7.37
0801	腰果	0.21	2.15
T09-44	木及木制品、木炭	0.13	1.33

数据来源：作者根据国研网统计数据查询分析平台（https://www.drcnet.com.cn/）相关数据整理。

在西非国家中，由于各国的自然禀赋不同，浙江省从各国进口的产品结构也不同，具体如下：

（1）矿产品

2023 年，浙江省从西非国家进口矿产品共计 5.75 亿美元，占 2023 年浙江省从西非国家进口商品总额的 58.85%。浙江省从贝宁、加纳、几内亚、科特迪瓦、马里、毛里塔尼亚、尼日利亚、塞内加尔和塞拉利昂 9 国进口矿产品，其中自毛里塔尼亚进口的矿产品最多，约为 1.81 亿美元；自塞拉利昂进口的矿产品次之，约为 1.57 亿美元。

（2）橡胶

2023 年，浙江省从西非国家进口橡胶共计 1.48 亿美元，占 2023 年浙江省从西非国家进口商品总额的 15.15%。浙江省主要从加纳、科特迪瓦、利比里亚、尼日利亚进口橡胶。2023 年，浙江省从上述 4 国进口的天然橡胶金额分别为 915.47 万美元、1.38 亿美元、70.36 万美元、66.83 万美元。

（3）植物产品

2023 年，浙江省从西非国家进口的植物产品（具体为：含油子仁及果实；杂项子仁及果仁；工业用或药用植物；稻草、秸秆及饲料）共计 7220.83 万美元，占 2023 年浙江省从西非国家进口商品总额的 7.37%。浙江省主要从贝宁、加纳、科特迪瓦、马里、尼日尔、尼日利亚、塞内加尔和多哥 8 个国家进口植物产品。其中，浙江省自贝宁进口大豆 20.64 万美元，自塞内加尔进口花生 1533.37 万美元，自马里、尼日尔和多哥进口油子仁及果实分别为 591.81 万美元、1194.31 万美元、1723.16 万美元，自加纳进口植物产品 10.29 万美元，自尼日利亚进口植物产品 28.94 万美元。

（4）腰果

2023 年，浙江省从西非国家进口的腰果共计 2084.57 万美元，占 2023 年浙江省从西非国家进口商品总额的 2.15%。从贝宁、加纳、科特迪瓦与多哥进口的腰果金额分别为 91.91 万美元、158.44 万美元、1655.62 万美元、178.59 万美元。

（5）木及木制品、木炭

2023 年，浙江省从西非国家进口的木及木制品、木炭共计 1322.77 万美元，占浙江省从西非国家进口商品总额的 1.33%。从贝宁、加纳、几内亚、科特迪瓦、利比里亚、尼日利亚、布基纳法索进口的木及木制品、木炭金额分别为 6.54 万美元、73.13 万美元、331.51 万美元、3.73 万美元、681.02 万美元、226.46 万美元、0.38 万美元。浙江省主要从加纳与尼日利亚两国进口木炭，进口金额分别为 2.44 万美元、29.07 万美元。

（6）棉花

2023 年，浙江省从西非国家进口棉花共计 97.69 万美元，其中自尼日利亚和布基纳法索进口棉花金额分别为 1515 美元、97.54 万美元。

（7）生皮及皮革

2023 年，浙江省从西非国家进口生皮（毛皮除外）及皮革共计 71.85 万美元，其中自毛里塔尼亚进口 29.58 万美元，自尼日利亚进口 42.27 万美元。

浙江省与西非国家数字经济合作报告

数字经济是全球经济增长日益重要的驱动力，在加速经济复苏、提高现有产业劳动生产率、培育新市场和产业新增长点、实现包容性增长和可持续增长中发挥着重要作用。

一、西非国家数字经济发展概况

2022 年，非洲的数字经济规模为 1150 亿美元，随着智能手机的普及，在互联网普及率提升的推动下，2025 年，非洲的数字经济规模将达到 7120 亿美元。[①]尼日利亚、肯尼亚、南非是电子商务发展最快的三个非洲国家。非洲 40%的电子商务企业将总部设在尼日利亚，肯尼亚则拥有较为发达的移动支付交易环境，南非的跨境电商潜力巨大。[②]

2021 年 4 月 8 日，非洲大陆自由贸易区秘书长瓦姆凯莱·梅内（Wamkele Mene）宣布，正与非洲进出口银行合作，开发泛非支付和结算平台（Pan-African Payments and Settlement System, PAPSS）。这一平台将以数字技术为依托，减轻此前非洲大陆以 42 种货币开展贸易结算的负担。梅内强调，数字平台对提升贸易效率和降低成本作用明显，有效利用数字技术将提升非洲大陆自贸区运营能力。[③]2022 年 1 月 13 日，PAPSS 在加纳的阿克拉正式启用。PAPSS 在西非货币区（West African Monetary Zone, WAMZ）6 个成员国（冈比亚、加

---

① Kene-Okafor, Tage. New Report Examines Africa's Growth in the Digital Economy and VC Investment Landscape. (2022-06-08)[2024-12-17]. https://techcrunch.com/2022/06/08/new-report-examines-africas-growth-in-the-digital-economy-and-vc-investment-landscape/.

② 中国一带一路网.中非贸易共享电商发展红利.（2020-06-16）[2024-01-17]. https://www.yidaiyilu.gov.cn/p/131767.html.

③ 中国一带一路网.撒哈拉以南非洲经济加速恢复　中非合作注入动力.（2021-04-27）[2024-01-15]. https://www.yidaiyilu.gov.cn/p/171812.html.

纳、几内亚、利比里亚、尼日利亚和塞拉利昂）开展业务，每天由贸易商、中小企业和个人发起交易，作为一种变革性解决方案，它在提高跨境支付的运营效率的同时，促进了经济一体化和贸易便利化，正在非洲大陆获得关注。事实上，越来越多的非洲央行准备加入这一平台。2023年，非洲五大跨国商业银行集团（业务覆盖近40个国家）已决定在其所有非洲分支机构中推行该平台。随着加勒比共同体地区的加入，该平台的覆盖范围已超越非洲大陆，其作为全球支付清算平台的地位得到进一步巩固。①

2019年8月6日，贝宁数字经济部长亚当·苏莱（Adam Soule）来到贝宁阿克普罗–米塞雷泰市新建的数字社区，宣布将在贝宁全境建立40个"数字社区"，为贝宁民众提供互联网在线服务。贝宁政府规划将贝宁建设成为西非数字服务平台，促进经济和社会进步，该项目是规划的具体落实。每个数字社区建设费用2100万西非法郎，由贝宁数字通讯和邮政广泛服务署负责。每个数字社区均可提供速率50兆每秒的带宽，提供企业专线、电子政务、免费无线以及培训服务。除了发展国内的数字经济外，西非国家还在积极推动西非区域内的互联互通。为了加强西非国家网络的国际连接性，促进西非国家间的互联网连接，促进西非国家数字基础设施的发展，为西非国家创造经济和社会效益，2023年4月5日，佛得角、冈比亚、几内亚、几内亚比绍、利比里亚和塞拉利昂6国与西共体委员会（ECOWAS Commission）在塞拉利昂弗里敦签署互联网发展谅解备忘录，同意筹备和开发阿米尔卡·卡布拉尔海底电缆项目（Amilcar Cabral Submarine Cable Project），承诺调动资源参与评估项目的技术、经济、财政、社会和环境可行性。②阿米尔卡·卡布拉尔海底电缆项目全长3130千米，从佛得角的普拉亚到利比里亚的蒙罗维亚，并在冈比亚、几内亚、几内亚比绍、塞拉利昂4国设立有分支单位，整个项目造价9130万美元。③

为了落实西共体旅游业十年行动计划（ECOTOUR 2019—2029），西共体地区创新建立旅游住宿机构数字平台项目，该数字平台根据西共体旅游住宿机

① PAPSS. CARICOM Central Banks Adopt PAPSS for Intra-regional Trade Transactions.（2023-10-27）[2024-03-15]. https://papss.com/media/caricom-central-banks-adopt-papss-for-intra-regional-trade-transactions/.
② 中华人民共和国驻几内亚共和国大使馆经济商务处.几内亚参与签署西非经济共同体六国互联网发展谅解备忘录.（2023-04-13）[2024-01-14]. http://gn.mofcom.gov.cn/article/jmxw/202304/20230403403540.shtml.
③ Front Page Africa. Liberia: Amilcar Cabral Submarine Cable Project to Boost Connectivity and Digital Integration Across West Africa.（2024-04-19）[2024-12-14]. https://frontpageafricaonline.com/opinion/press-release/amilcar-cabral-submarine-cable-project-to-boost-connectivity-and-digital-integration-across-west-africa/.

构分类监管标准，对区域内酒店进行分级排名，实时提供酒店和游客统计数据，增加经营透明度和公平性，降低管理部门成本，强化机构建设，增加西共体作为旅游目的地的行业竞争力。据悉，该平台还包括旅游景点、旅游业能力建设、旅游业统计数据库、旅客评论等数字空间，或将进一步推动旅游业发展，创造就业和促进经济增长。①

塞拉利昂政府和科技创新局于 2019 年制定了《创新与数字战略（2019—2029）》（以下简称"《科技战略》"），为未来 10 年科技发展提供了纲领性文件。从这份纲领性文件看，"数字化"为该《科技战略》的总体目标和核心内容，通过打造数字身份、数字经济和数字治理使塞拉利昂成为非洲第一个"智慧国家"。根据《科技战略》规划，科技发展主要聚焦数字化网络构建、人工智能政务治理、互联网建设和普及等重点领域，具体包括公民身份数字化、政府集成数据库和数据服务平台建设、互联网等基础设施引进和建设、人工智能在政务、教育、卫生和司法等方面应用等。②

二、浙江省与西非国家数字经济合作

中国与西非国家的数字经济合作主要有以下三种方式。

第一，中国企业助力西非国家数字经济发展。2018 年，北京昆仑万维科技股份有限公司旗下信息资讯平台 Opera 在收购尼日利亚一家本土金融服务企业后，孵化了 OPay。如今，OPay 已成长为尼日利亚最大的移动支付平台之一。被誉为"非洲手机之王"的中国手机品牌传音，在非洲市场占有率排名中常年位居前列。如今的传音不仅销售手机，还在打造集信息、社交、娱乐等于一体的"数字生态"，丰富着非洲当地民众的日常生活。③由中国企业创建的电商企业 Kilimall，已开发在肯尼亚、乌干达、尼日利亚的业务，注册用户接近 1000 万，日均订单数量超过 1 万单。④

---

① 中华人民共和国驻利比里亚共和国大使馆经济商务处.西非经共体地区实施酒店分类数字化平台项目落实旅游业十年行动计划.（2023-12-13）[2024-01-15]. http://lr.mofcom.gov.cn/article/jmxw/202312/20231203460572.shtml.

② 商务部国际贸易经济合作研究院，中国驻塞内加尔大使馆经济商务处，商务部对外投资和经济合作司.对外投资合作国别（地区）指南 塞拉利昂（2024 年版）.[2025-01-15]. https://www.mofcom.gov.cn/dl/gbdqzn/upload/sailaliang.pdf.

③ 新华网.特稿：中非数字经济合作助力非洲数字化转型.（2023-11-12）[2024-01-25]. http://www.xinhuanet.com/2023-11/12/c_1129971211.htm.

④ 中国一带一路网.非洲携手中国，共享电商发展红利.（2019-12-12）[2024-01-17]. https://www.yidaiyilu.gov.cn/p/112461.html.

　　第二，中国支持西非国家数字化建设。由中国提供资金与技术支持的塞内加尔国家数据中心已启用。中国进出口银行融资支持的"智慧布基纳法索"项目的建设内容包括国家骨干网、城域/接入网和平安城市等。①

　　第三，中国与塞内加尔建立电子商务合作。在 2021 年的中非合作论坛第八届部长级会议期间，中国与塞内加尔签署了《中华人民共和国商务部和塞内加尔共和国贸易和中小企业部关于电子商务合作的谅解备忘录》（以下简称"《备忘录》"）。根据《备忘录》，双方将加强政策沟通，支持企业合作，通过电子商务促进市场繁荣和优质特色产品进出口贸易，鼓励人工智能、区块链等新技术交流，探索移动支付、物流服务等领域合作，开展数字技能培训和联合研究，促进地方合作，为两国中小微企业提供更多的发展机遇和空间。②

　　在中国与西非国家数字经济合作的带动下，浙江省与西非国家的数字经济合作成效显著，具体如下：

（一）浙江省与西非国家贸易引入数字平台

　　浙江在促进"非洲好物"营销进入浙江以及推进跨境电商、直播电商进入非洲等方面做出了很多有益的尝试，且取得了不错的成绩。

　　2020 年 6 月 11 日，2020 宁波出口商品贝宁（西非）网上展正式开展，宁波 82 家供货企业进入对应的 40 个"方舱展厅"，依托即时交互视频洽谈室功能，向屏幕那头的 40 家境外采购商们推介优质产品。经过两个小时 160 余场一对一的视频洽谈，不少中国企业对西非市场多层次的需求有了初步了解。③

　　2021 年，"带你到中国"贝宁贸易服务中心投入试营业，吸引了当地数千名客户前来参观、咨询、下单，交易不断，成绩喜人。据统计，该中心开业当天客流量达到了 3000 余人次，总营业额近 800 万西非法郎（折合人民币 9.70 万元），贝宁人民对家门口的"义乌商城"给予了满满的热情。据了解，"带你到中国"贝宁贸易服务中心总面积约 360 平方米，旨在将市场前移至西非，打破贸易阻碍，实现海外直采。招商对象为拥有自主品牌，诚实守信，依法合规

① 中国一带一路网.中国进出口银行融资支持的"智慧布基纳法索"项目开工.（2021-09-07）[2024-01-18]. https://www.yidaiyilu.gov.cn/p/186306.html.
② 中华人民共和国商务部.中国和塞内加尔签署电子商务合作谅解备忘录.（2021-12-01）[2024-01-15]. http://www.mofcom.gov.cn/article/xwfb/xwbldhd/202112/20211203222694.shtml.
③ 宁波市商务局.82家供货企业推介"硬核"产品，宁波出口商品贝宁（西非）网上展举行.（2020-06-12）[2024-01-15]. http://swj.ningbo.gov.cn/art/2020/6/12/art_1229051964_47406251.html.

经营，具备稳定产品供应能力的中国特色产品生产企业、贸易商及有关机构和组织，以及物流、货代、清关、电商等从事跨境贸易的第三方服务商。[①]

2020 年 11 月 10 日，由浙江省商务厅主办的浙非贸易云上行——浙江出口网上交易会非洲系列站在杭州举办了开幕仪式。2020 浙江出口网上交易会非洲系列站吸引了 100 家来自尼日利亚、坦桑尼亚、吉布提、安哥拉、喀麦隆、几内亚、南非等非洲国家的采购商和 60 家浙江省外贸企业参加。前期通过非洲各国的宣传推广，根据浙江参展企业的产品类别，采购商与供应商进行了精准匹配，双方将借助线上平台，实现了"一对一"精准对接，为两地企业搭建交流新平台、开辟合作新路径。[②]

2020 年 6 月 30 日，为期 5 天的金华出口网上交易会非洲站消费品专场开幕。来自尼日利亚等 10 多个非洲国家的 50 余家采购商、46 家金华供应商，通过手机应用程序 zoom，以视频会议的方式展开商贸对接。网上交易会首日，已达成订单 100 多万元。主办方还邀请多名在浙江的非洲留学生，为金华产品代言。[③]

2020 年，浙江省对非贸易达到 2357 亿元，占全国对非洲贸易总额的 18.20%。2021 年开展了中非博览会和中非合作对外论坛，其中在金华举行的非洲产品电商推广季历时 3 个月，共开展了 106 场专场直播，直播成交额超 5000 万元。[④]

义乌电商博览会自 2014 年首次举办以来，截至 2023 年累计吸引参展企业超 8400 家，服务采购商超 96 万人次，已成为电商领域引领趋势发展、传递权威声音的重要平台，在推动贸易数字化转型、新业态新模式发展等方面发挥了重要作用。2023 年电商博览会以"构建新发展格局　发展高质量电商"为主题，展览面积 5 万平方米，设有数字商务、跨境电商等 8 大展区，同期举办中国国际电子商务峰会等 20 多项配套活动，吸引全球 20 多家知名电商平台、200 多

① 浙江一带一路网."带你到中国"贝宁贸易服务中心试运营.（2021-01-12）[2024-01-15]. https://zjydyl.zj.gov. cn/art/2021/1/12/art_1229691727_36465.html.
② 浙江一带一路网.浙非贸易云上行，共促命运共同体.（2020-11-11）[2024-01-16]. https://zjydyl.zj.gov.cn/ art/2020/11/11/art_1229691721_35757.html.
③ 浙江一带一路网.金华举办对非出口网上交易会.（2020-07-03）[2024-01-17]. https://zjydyl.zj.gov.cn/ art/2020/7/3/art_1229691738_25026.html.
④ 浙江一带一路网.以"丝路电商"扩展"一带一路"经贸合作，"非洲好物网购节"在浙江启动.（2022-05-06）[2024-01-17]. https://zjydyl.zj.gov.cn/art/2022/5/6/art_1229691724_34507.html.

家服务商以及 1200 多家品牌供应链企业参展。①

（二）浙江省与西非国家合作建立智能仓储基地

莱基自贸区开发公司与心众合（杭州）实业有限公司在 2018 年 12 月签署意向合作协议（MOU）基础上，于 2019 年 1 月 7 日正式签署"智能仓储基地"投资协议。心众合（杭州）实业有限公司将在尼日利亚建立一个关于工业品及相关设备的智能仓储基地，并为中国智能制造配套企业及非洲客户搭建一个集线上线下于一体的跨境电商平台。智能仓储为非洲客户在购买前提供产品参观与试用的服务，同时，非洲客户可以通过在智能仓储区的体验满意度决定是否在线上平台进行产品购买。根据投资协议，心众合（杭州）实业有限公司购买土地 1.9 万平方米，预计投资额为 100 万美元，雇用当地员工 600 余人，2020 年上半年建成投产。②

（三）西非国家数字经济中的浙江企业

1. 浙江盘石信息技术股份有限公司

作为一家在南非和非洲国家布局众多的全球互联网科技型企业，浙江盘石信息技术股份有限公司（以下简称"盘石"）在南非、埃塞俄比亚、摩洛哥、阿尔及利亚、尼日利亚、肯尼亚等非洲国家建立了分公司，与当地电信运营商和企业建立了牢固的战略合作关系。盘石旗下的美猴王电商平台已经开始帮助非洲商品进入中国市场，让中国用户更加了解非洲市场。盘石希望借此帮助南非及非洲中小企业、制造业和实体经济培养科技型人才，实现数字化生产、数字化经营、数字化管理，共享全球科技创新成果。③

2. 杭州集酷信息技术有限公司

集酷（KiKUU）电商平台来自杭州的创业企业集酷，将杭州"数字经济"探索成功的经验种子播撒到非洲这块丰沃的土地。截至 2023 年，集酷的注册用户达到 1800 万，潜在用户达到 13 亿，年销售额增长 200%，集酷在尼日利

① 浙江一带一路网. 2023 中国国际电子商务博览会开幕.（2023-06-16）[2024-01-17]. https://zjydyl.zj.gov.cn/art/2023/6/16/art_1229691738_39900.html.
② 浙江一带一路网. 心众合（杭州）实业有限公司与莱基开发署签投资协议.（2019-02-11）[2024-01-17]. https://zjydyl.zj.gov.cn/art/2019/2/11/art_1229691729_36660.html.
③ 浙江一带一路网. 浙江盘石公司开拓非洲数字市场.（2018-08-23）[2024-01-17]. https://zjydyl.zj.gov.cn/art/2018/8/23/art_1229691763_20003.html.

亚、加纳、科特迪瓦、塞内加尔 4 个西非国家设有物流配送中心，同时也能在这些国家开展本地币收款和跨境回款服务。[①]集酷选择在加纳这样的重点市场自建物流团队，购买摩托车，招聘快递人员，发展"最后一千米"配送网络。

3.浙江省邮电工程建设有限公司

该公司中标中国政府援建毛里塔尼亚城市安全与监控系统项目。该项目是邮电工程首次承揽援外 EPC 项目，属标准的平安城市类项目，实现了公司援外项目零的突破。该项目于 2021 年 4 月开工，2022 年 10 月竣工，建设内容主要包括在毛里塔尼亚首都努瓦克肖特市建设全新的警用集群通信系统、视频监控系统及统一指挥中心等。该项目竣工验收工程质量评定为优良，并被评选为中国安装协会创新发展优秀案例。[②]

---

① 集酷商户平台 . [2025-02-17]. https://seller.kikuu.com/about-us.
② 中华人民共和国驻毛里塔尼亚伊斯兰共和国大使馆.李伯军大使与加兹瓦尼总统共同出席中国援毛里塔尼亚城市安全与监控系统项目竣工仪式.（2022-12-07）[2023-03-12]. http://mr.china-embassy.gov.cn/chn/sgzyhd/202212/t20221207_10986768.htm.

浙江省与西非国家基础设施合作报告

基础设施是拉动经济发展的重要推手，是区域一体化的重要保障。为了拉动西非国家的经济发展，浙江省发挥自身在资金、技术与设备方面的优势，与西非国家开展了电力、公路交通、水利三项基础设施合作。

一、西非国家基础设施发展现状

西非国家面临着巨大的基础设施赤字，缺乏区域铁路系统，公路走廊欠发达，导致了地区贸易发展不足。据 2019 年的《非洲基础设施发展指数》（African Infrastructure Development Index, AIDI）显示，西非国家的基础设施平均得分仅为 20.17 分，低于非洲大陆 27.50 分的平均得分。[1] 萨赫勒国家（塞内加尔、毛里塔尼亚、马里、尼日尔、布基纳法索、乍得）的基础设施发展水平要远远落后于非洲其他地区。例如，萨赫勒国家的人均发电装机容量为 35 瓦，仅为撒哈拉沙漠以南非洲国家平均水平（不包括南非）的三分之一；在电信基础设施方面，撒哈拉沙漠以南非洲国家已经取得了显著进步，水平与印度相当，但萨赫勒地区仍然处于落后状态。[2] 西非电力联营（West Africa Power Pool）区域电网仅覆盖了该地区 15 个国家（不包括毛里塔尼亚）中的 9 个。[3]

[1] African Development Bank Group. West African Regional Integration Strategy Paper 2020—2025 (Edited Version). (2020-12-24)[2024-10-18]. https://www.afdb.org/en/documents/west-africa-regional-integration-strategy-paper-2020-2025-0.

[2] International Energy Agency. [2024-11-18]. https://iea.blob.core.windows.net/assets/e41015b1-4399-4635-a95a-d6769d0f319a/CleanEnergyTransitionsintheSahel.pdf.

[3] African Development Bank Group. West African Regional Integration Strategy Paper 2020—2025 (Edited Version). (2020-12-24)[2024-10-18]. https://www.afdb.org/en/documents/west-africa-regional-integration-strategy-paper-2020-2025-0.

（一）西非国家电力基础设施发展现状

2019 年，西共体国家的电力普及率约为 35%。为了解决电力短缺的问题，"西共体正在实施《西共体发电与传输计划 2012—2025》（ECOWAS Generation and Transmission Masterplan 2012–2025），该计划预计投入资金约为 264 亿美元"。[①]

萨赫勒国家的人均发电装机容量为 35 瓦，仅为撒哈拉沙漠以南非洲国家平均水平的三分之一，是全球平均水平的 4%。这种差距对当地贫困人口影响尤为显著，萨赫勒地区三分之二的人口没有用上电，且区域内部差异很大——塞内加尔的电力普及率高达 70%，远高于其他萨赫勒国家。[②]2000 年以来萨赫勒地区的电力普及情况详见图 1。

2019 年，萨赫勒地区的发电总量为 1350 亿千瓦时。该地区电力行业以燃油发电为主——占总发电量的 75%，这也导致电价居高不下。可再生能源发电占比 20%，其中水力发电是可再生能源的主要来源，占区域总发电量的 12%，在马里这一比例更是达到近 40%。太阳能光伏和风能发电虽在数年前几乎空白，如今合计贡献了约 5% 的发电量，在毛里塔尼亚甚至达到 15%。自 2015 年以来，随着该地区多个太阳能电站并网发电，光伏发电量每年翻番。但与此同时，燃煤发电量也急剧增长，较 2010 年水平增长五倍，2019 年达到近 10 亿千瓦时（占比 7%）。[③]

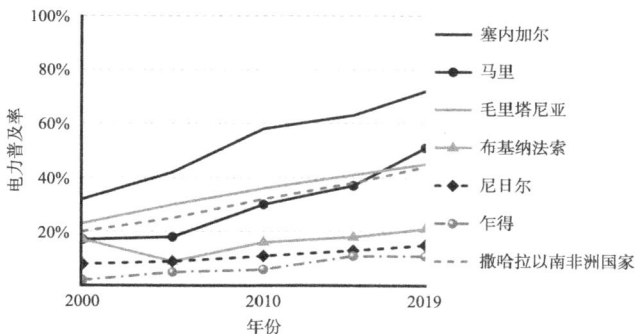

图 1　2000 年以来萨赫勒地区电力普及率[④]

① African Development Bank Group. West African Regional Integration Strategy Paper 2020—2025 (Edited Version). (2020-12-24)[2024-10-18]. https://www.afdb.org/en/documents/west-africa-regional-integration-strategy-paper-2020-2025-0.

② International Energy Agency. [2024-11-18]. https://iea.blob.core.windows.net/assets/e41015b1-4399-4635-a95a-d6769d0f319a/CleanEnergyTransitionsintheSahel.pdf.

③ International Energy Agency. [2024-11-18]. https://iea.blob.core.windows.net/assets/e41015b1-4399-4635-a95a-d6769d0f319a/CleanEnergyTransitionsintheSahel.pdf.

④ International Energy Agency. Clean Energy Transitions in the Sahel. [2024-11-18]. https://iea.blob.core.windows.net/assets/e41015b1-4399-4635-a95a-d6769d0f319a/CleanEnergyTransitionsintheSahel.pdf.

在西非国家内部，电力普及率存在巨大的差距。布基纳法索是全球电气化程度最低的国家之一，全国通电率仅为 19%，而且城乡差距较大，城市的通电率达到 60%，农村的通电率只有 3%。非固体燃料的使用也非常有限，全国只有 8% 左右。[1]科特迪瓦城市的通电率达到 92%，而农村的电力供应虽然在增加，但仍只有 38%。科特迪瓦全国总体通电率只有 64%，是萨赫勒次区域电力普及率最高的国家。[2]贝宁全国通电率为 40%，但城市与农村之间存在着巨大的差距，城市地区的通电率达到 70%，农村地区只有 18%。[3]

为了促进经济的发展，为工业化提供必要的条件，布基纳法索、马里、毛里塔尼亚、尼日尔和塞内加尔等部分西非国家制定了电力普及率目标。西非部分国家的电力普及率目标详见表 1。

表 1　部分西非国家电力普及率目标

国家	电力普及率目标
布基纳法索	2030 年，城市达到 95%，农村达到 50%
马里	城市：2025 年，达到 70%；2030 年，达到 80%；2036 年，达到 90%；2025 年，达到 100% 农村：2025 年，达到 31%；2030 年，达到 50%；2036 年，达到 55%
毛里塔尼亚	2024 年，城市达到 100%，并将农村的通电率提高一倍；2030 年，农村达到 100%
尼日尔	2035 年，达到 100%
塞内加尔	2025 年，达到 100%

数据来源：International Energy Agency. Clean Energy Transitions in the Sahel. [2024-01-12]. https://www.iea.org/reports/clean-energy-transitions-in-the-sahel.

塞内加尔河流域开发组织（L'Organisation pour la mise en valeur du fleuve Sénégal，OMVS）1972 年成立，现有 4 个成员国，即塞内加尔、马里、毛里塔尼亚、几内亚，总部设在塞内加尔首都达喀尔。该组织计划到 2025 年新建 2300 千米输变电网和包括库库塘巴水电站在内的 4 座水电站，以实现最大限度利用全流域的水土资源。[4]

① Sustainable Energy for All Africa Hub. Country Data-Burkina Faso. [2023-11-20]. https://www.se4all-africa.org/seforall-in-africa/country-data/burkina-faso/.
② Sustainable Energy for All Africa Hub. Country Data-Côte d'Ivoire. [2023-11-20]. https://www.se4all-africa.org/seforall-in-africa/country-data/cote-d%e2%80%99ivoire/.
③ Sustainable Energy for All Africa Hub. Country Data-Benin. [2023-11-20]. https://www.se4all-africa.org/seforall-in-africa/country-data/benin.
④ 宋斌.中企承建几内亚库库塘巴水电站　将向塞内加尔河流域四国供电.（2019-03-14）[2024-01-13]. https://www.yidaiyilu.gov.cn/p/82582.html.

（二）西非国家公路交通基础设施发展现状

1. 公路

（1）西非国家公路概况

公路是西非国家最主要的运输方式，对西非国家的经济发展起着举足轻重的作用。公路占加纳全国总货运量的98%。公路作为主要交通方式，承担了毛里塔尼亚90%的客运和80%的货运。公路运输分别占尼日利亚国内货运量的93%和客运量的96%。[1]

尽管公路是西非国家最重要的运输方式，但是西非国家的公路运输成本略高于非洲其他地区的运输成本。西非国家每吨货物每千米的运输成本为0.08美元，南部非洲国家为0.05美元，发达国家为0.04美元。[2]

同时，西非国家的公路发展现状不尽如人意，主要表现在一级公路（沥青路面）比较少，公路密度低。如科特迪瓦的公路网是西非国家中最发达的，其公路总长近8.30万千米，占整个西非经济货币联盟道路里程的45%，其中一级公路6500千米（沥青路面），只占公路总里程的7.83%，二级公路7000千米，占公路总里程的8.43%。塞内加尔具有西非最优良的公路网，全国公路总长1.77万千米，其中柏油路6317千米，占全国公路总长的35.69%。

在西非国家内部，公路发展不均衡。尼日利亚是非洲第一大经济体，公路里程达到19.44万千米，科特迪瓦的公路里程达到8.30万千米，塞内加尔的公路里程为1.77万千米，多哥为1.20万千米。尼日利亚、科特迪瓦、塞内加尔与多哥属于西非公路状况发展相对较好的国家。毛里塔尼亚、利比里亚、塞拉利昂则属于公路状况发展相对落后的国家。西非国家公路里程详见表2。

表2　西非国家公路里程

国家	公路里程 / 万千米
贝宁	3.10
佛得角	0.23
多哥	1.20
冈比亚	0.37

[1] 数据来源：中华人民共和国外交部网站（https://www.fmprc.gov.cn）。

[2] African Development Bank Group. West African Regional Integration Strategy Paper 2020—2025 (Edited Version). (2020-12-24)[2024-10-18]. https://www.afdb.org/en/documents/west-africa-regional-integration-strategy-paper-2020-2025-0.

续表

国家	公路里程 / 万千米
加纳	6.70
几内亚	-
几内亚比绍	0.44
科特迪瓦	8.30
利比里亚	1.10
马里	8.90
毛里塔尼亚	1.10
尼日尔	2.14
尼日利亚	19.44
塞内加尔	1.77
塞拉利昂	1.20
布基纳法索	1.53

数据来源：作者根据中华人民共和国外交部网站（https://www.fmprc.gov.cn）资料整理。

（2）西非国家区域公路概况

西共体区域有一个相对发达的以 7 条主要干线为基础的区域公路网（5 条沿海通道、1 条沿海公路和 1 条跨撒哈拉商道）。但是，沿海国家没有对海上走廊，特别是内陆部分给予足够的重视。[①]西非区域内公路主要有：

西非沿海高速公路（Trans-West African Coastal Highway）。该公路是由联合国非洲经济委员会、非洲开发银行、非盟在非洲修建的"非洲横贯公路网"计划中的七号路线，西端起于塞内加尔的达喀尔，东端至尼日利亚的拉各斯，全长 4010 千米，占非洲横贯公路网计划总里程的 8.05%，由一条主线和两条支线构成。主线沿西非海岸线延伸，横贯西非的塞内加尔、冈比亚、几内亚比绍、几内亚、塞拉利昂、利比里亚、科特迪瓦、加纳、多哥、贝宁、尼日利亚等 11 个沿海国家，自西向东连接达喀尔、班珠尔、比绍、科纳克里、弗里敦、蒙罗维亚、阿比让、阿克拉、洛美、科托努、拉各斯等首都城市和重要港口。两条支线则分别由科特迪瓦的阿比让连接至马里的巴马科，以及由加纳的阿克拉和多哥的洛美连接至布基纳法索的瓦加杜古。西非沿海高速公路是非洲横贯公路网计划中的优先级项目，总投资 150 亿美元，设计标准为双向六车道高速公路，目标在于建成西非地区的道路基础和沿海贸易走廊，共分两期建设。第

---

① African Development Bank Group. West African Regional Integration Strategy Paper 2020—2025 (Edited Version). (2020-12-24)[2024-10-18]. https://www.afdb.org/en/documents/west-africa-regional-integration-strategy-paper-2020-2025-0.

一期为达喀尔–阿比让走廊，全长 3150 千米，投资 130 亿美元；第二期从阿比让至拉各斯，全长 860 千米，总投资 20 亿美元。截至 2023 年，已建成路段 3263 千米，尚未完全通车。公路建成之后，将承担西非地区矿产资源、机械设备、农产品等货物运输量的 75%，并大幅增加西非各国之间的客流量，促进西非旅游业的发展及西非各国间交流与贸易往来。[①]

2. 铁路

西非国家缺乏真正意义上的区域铁路网，现有铁路很少使用，存在 1.067 米、1.0 米与 1.435 米三种不同的轨距[②]，阻碍了进一步的铁路整合。

西非国家铁路发展滞后，主要表现如下。

首先，除了尼日利亚与加纳外，西非国家铁路总里程不超过 1000 千米。塞内加尔铁路里程只有 900 多千米，贝宁铁路里程达到 700 多千米，科特迪瓦、马里、毛里塔尼亚与布基纳法索的铁路里程只有 600 多千米，多哥与利比里亚的铁路里程只有 500 多千米，塞拉利昂铁路里程只有 200 多千米，尼日尔铁路里程不足 200 千米。冈比亚、几内亚比绍甚至没有铁路。西非国家铁路总里程详见表 3。

表 3　西非国家铁路里程

国家	铁路里程 / 千米
贝宁	758
佛得角	-
多哥	575
冈比亚	无铁路
加纳	1300
几内亚	-
几内亚比绍	无铁路
科特迪瓦	630
利比里亚	500
马里	641
毛里塔尼亚	675
尼日尔	143

① 中国大百科全书.西非沿海公路.（2023-04-25）[2024-01-18]. https://www.zgbk.com/ecph/words?SiteID=1&ID=451323.

② Lötz, W. P. N. A Diversity of Gauges-Obstacle to Intra-African Rail Transport. *South African Journal of African Affairs*, 1974, 4(1): 85.

续表

国家	铁路里程 / 千米
尼日利亚	3557
塞内加尔	906
塞拉利昂	297.50
布基纳法索	622

数据来源：作者根据中华人民共和国外交部网站（https://www.fmprc.gov.cn）资料整理。

其次，西非国家大多数铁路都是殖民时期修建的铁路，由于年久失修，这些铁路大部分只从事货物运输，如布基纳法索只有 1 条铁路，途经布基纳法索卡亚市–瓦加杜古–博博迪乌拉索–邦福拉–科特迪瓦的费尔凯塞杜古–布瓦凯–丁博克罗–阿比让，全长 1260 千米，布基纳法索境内全长 622 千米，只从事货物运输。该铁路由于年久失修，目前货运速度仅为每小时 50 千米，两国首都间运行时间长达 28 个小时。[①]多哥铁路总长 575 千米，主要线路为洛美至布里塔 276 千米，洛美至帕利梅 161 千米。由于设施陈旧，铁路运输能力较差，仅395 千米铁路能投入营运。[②]加纳铁路总长 1300 千米，但目前只有 64 千米铁路能够维持运营。[③]

最后，西非国家的铁路大多数为窄轨铁路。马里仅有一条连接库利克罗、巴马科和达喀尔的国际窄轨铁路。尼日利亚铁路总长 3557 千米，全国统一为1.067 米轨距的单轨线。塞拉利昂马兰帕铁矿到佩佩尔港轨距为 1.067 米。

3. 水运

（1）港口

西非国家的港口具有以下几个特点：

第一，西非各国海岸线长度不等，发展港口的先天条件差异性较大。在西非国家中，12 个国家有海岸线（塞内加尔、冈比亚、几内亚比绍、几内亚、塞拉利昂、利比里亚、科特迪瓦、加纳、多哥、贝宁、尼日利亚、毛里塔尼亚），1 个国家是海岛国家（佛得角），3 个国家缺乏出海口（布基纳法索、马里与尼日尔）。西非国家的海岸线总长度超过 4300 千米，各国海岸线从尼日利亚的

---

① 中华人民共和国外交部.布基纳法索国家概况. [2023-12-30]. https://www.mfa.gov.cn/web/gjhdq_676201/gj_676203/fz_677316/1206_677462/1206x0_677464/.

② 中华人民共和国外交部.多哥国家概况. [2023-12-30]. https://www.mfa.gov.cn/web/gjhdq_676201/gj_676203/fz_677316/1206_677534/1206x0_677536/.

③ 中华人民共和国外交部.加纳国家概况. [2023-12-30]. https://www.mfa.gov.cn/web/gjhdq_676201/gj_676203/fz_677316/1206_677776/1206x0_677778/.

850 千米到多哥的 56 千米不等。

第二，西非国家的港口大多数修建于殖民统治时期。西非的港口范围以及该区域更广泛的运输基础设施网络是由殖民列强塑造的，其主要目标是支持自然资源的开采和出口（例如尼日尔/达喀尔路线上的花生；尼日尔/科纳克里航线上的香蕉；尼日尔/阿比让路线上的咖啡、可可和木材；黄金海岸/海岸角航线上的棉花、可可和矿产品）。这导致在几内亚湾沿岸发展了许多具有基本设施的小港口，这些港口由公路连接起来。

第三，港口是西非国家国际贸易的重要门户，港口也是西非国家经济活动相对发达的部门。西非国家的经济活动大量集中于港口。该区域的经济活动高度集中：沿海大城市中心的经济密度超过每百平方千米 10 亿美元。但在萨赫勒地区，随着向内陆移动，经济密度迅速下降，低于 1000 万美元。西非国家的经济结构以农业和服务业为主，制造业占国内生产总值的比重保持在 10% 以下。西非国家传统上出口未经加工的农产品，石油和矿产品的出口量也在增加，同时进口其他大陆生产的制成品。西非国家与该区域以外伙伴的贸易几乎完全通过海运进行，海运平均占西非国家进口的 91%，占 2010 年和 2013 年其对非洲与其他地区出口的 94%。[①]

国际贸易对海上运输的依赖，确保了港口在经营困难的情况下仍有固定的客户和持续的收入。大多数西共体国家都是小型经济体，港口业务是其经济的重要组成部分。由于无法通过陆路进入遥远的消费市场，而且几乎没有高附加值商品的生产，因此作为连接西非经济体与世界其他地区的门户的港口，发挥了核心作用。西非国家的运输系统由两条东西走廊（达喀尔-尼亚美和阿比让-拉各斯）和六条南北轴线（如阿比让-巴马科/瓦加杜古、科托努-尼亚美）组成，这些轴线将港口与主要以首都为中心的市场连接起来。内陆国家严重依赖过境运输货物进出沿海国家的港口。[②]

尼日利亚拉各斯港是非洲五大港口之一（其余四大港口为蒙巴萨港、达累斯萨拉姆港、德班港、吉布提港）。在西非国家中，尼日利亚的港口集装箱吞

---

① World Bank. Container Terminals Concessions-Making the Most of Ports in West Africa. (2017-06-16)[2024-11-18]. https://documents1.worldbank.org/curated/en/919071469608006706/pdf/Container-Terminals-Concessions-Making-the-Most-of-Ports-in-West-Africa.pdf.

② World Bank. Container Terminals Concessions-Making the Most of Ports in West Africa. (2017-06-16)[2024-11-18]. https://documents1.worldbank.org/curated/en/919071469608006706/pdf/Container-Terminals-Concessions-Making-the-Most-of-Ports-in-West-Africa.pdf.

吐量最大，达到 162.71 万 TEU；多哥次之，达到 150.06 万 TEU；冈比亚最少，只有 7.15 万 TEU。2019 年西非国家港口集装箱吞吐量详见表 4。

表 4   2019 年西非国家港口集装箱吞吐量

国家	港口集装箱吞吐量 / 万 TEU
贝宁	51.09
佛得角	9.17
冈比亚	7.15
加纳	107.92
几内亚	24.87
几内亚比绍	2.87
科特迪瓦	99.47
利比里亚	9.15
毛里塔尼亚	8.45
尼日利亚	162.71
塞内加尔	69.57
塞拉利昂	7.84
多哥	150.06

数据来源：作者根据中国一带一路网（https://www.yidaiyilu.gov.cn）相关数据整理。

（2）内河航运

西非国家可以进行内河航运的河流主要有：尼日尔河（流经几内亚、马里、尼日尔、贝宁、尼日利亚、科特迪瓦、布基纳法索、乍得、喀麦隆 9 国）、沃尔特河（流经布基纳法索、多哥、贝宁、马里和科特迪瓦等国）、冈比亚河（流经几内亚、冈比亚）、马诺河（流经利比里亚、塞拉利昂）等。冈比亚河横贯冈比亚东西全境，是冈内陆地区的主要运输线。加纳的内河航运主要集中在沃尔特河、塔诺河与安科布拉河。几内亚比绍内河和近海航运通航里程达 1800多千米。马里内河航线总长 1.27 万千米；马里航运公司负责内河航运的经营和管理，拥有各种船只数十艘。尼日尔河横贯尼日尔境内 550 千米，有小型机动货船通行，雨季可航行较大船只。尼日利亚内河航线总长 3000 千米，承担内河航运的主要河流是贝努埃河和尼日尔河。塞拉利昂内河航线 750 千米，终年可通航的有 600 千米，部分河流每年仅 3 个月可通航。塞内加尔境内的塞内加尔河全年通航距离为 220 千米，汛期可通航 924 千米。

4.空运

西非国家的空运具有如下特点：

第一，西非国家的国际机场数量比较少。贝宁、冈比亚、塞拉利昂、佛得角和几内亚比绍全国只有 1 座国际机场。布基纳法索全国只有 2 座国际机场。多哥全国有 2 座国际机场。

第二，西非国家机场基础设施落后。贝宁的 9 座国内机场不具备夜航条件。利比里亚大多数机场设施在内战中被毁坏。

第三，西非国家本国航空业发展比较落后，大多数都由外来航空公司运营。在贝宁运营的是法国航空公司、摩洛哥皇家航空公司、南非航空公司等十几家航空公司。2001 年，多哥才成立自己的航空公司。2012 年 5 月，科特迪瓦航空公司成立。利比里亚现尚未有自己的商业航空公司，国际航空业务主要由尼日利亚航空公司、摩洛哥皇家航空公司、布鲁塞尔航空公司、肯尼亚航空公司和埃塞俄比亚航空公司经营。马里的国际航线主要由法国航空公司和比利时航空公司经营，在尼日尔经营国际航线的航空公司有法国航空公司、阿尔及利亚航空公司、埃塞俄比亚航空公司、摩洛哥皇家航空公司、土耳其航空公司、多哥 ASKY 航空公司、布基纳法索航空公司等 14 家航空公司。塞拉利昂的国际航班均由外国航空公司运营。

第四，西非一些国家航空公司因经营不善，不得不解散。2002 年成立的贝宁首家国际航空公司——贝宁非洲航空公司，因为经营不善在 2006 年解散了。受马里哗变事件和"3·22"政变影响，马里航空公司自 2012 年 6 月 11 日起开始裁员，减少飞机数量，取消部分航线。同年 12 月，马里航空公司宣布中止营业，并解聘公司核心员工。毛里塔尼亚航空公司于 2007 年倒闭。尼日利亚国有航空公司曾开设多条国内和国际航线，但由于经营不善，亏损严重，2005 年尼政府将其私有化。近年来，受巨额债务所累，塞内加尔航空公司运营困难，塞政府中止与摩洛哥皇家航空公司合作，组建新的国营航空公司，于 2010 年下半年开始运营。

二、浙江省与西非国家基础设施合作

中国与西非国家在电力和交通基础设施领域的合作成果显著，为西非国家的经济发展和民生改善提供了重要支持。在电力基础设施方面，中国通过修建发电站、变电站和电力调度中心，帮助西非国家缓解电力短缺问题。例如，中国在几内亚、尼日尔、马里等国建设了多座水电站和新能源发电站，如几内亚凯乐塔水电站和尼日尔250兆瓦风光储智慧能源园区项目。同时，中国还为西非国家修建了变电站和输变电线路，如多哥索科地变电站和尼日利亚阿比亚州至阿南布拉州330千伏输电线路，并提供了电力咨询服务，助力解决电力调度和供应问题。

在交通基础设施方面，中国通过修建公路、铁路、港口和机场，改善了西非国家的交通条件。例如，中国为多哥、加纳、科特迪瓦等国修建了多条高速公路和城市道路，如科特迪瓦铁比苏-布瓦凯高速公路和塞内加尔达喀尔快速公交系统。在铁路领域，中国承建了几内亚达圣铁路和尼日利亚东线铁路修复改造项目，促进了区域互联互通。此外，中国还承建了科特迪瓦阿比让港第二集装箱码头和加纳特马港扩建工程，并帮助贝宁、多哥、利比里亚等国建设或升级机场设施，如多哥洛美国际机场。

这些合作项目不仅改善了西非国家的基础设施条件，还为其工业化进程和经济发展注入了新动力，同时深化了中国与西非国家的友好关系，为浙江省与西非国家的基础设施合作创造了条件，浙江省与西非国家的基础设施合作情况如下。

（一）浙江省与西非国家电力基础设施合作

截至2023年，萨赫勒国家有6500多万人仍然缺少负担得起、可靠和可持续的电力。弥合这一能源获取差距将需要基于电网的战略和离网技术和解决方案的多样化组合，如太阳能灯、太阳能家庭系统和独立的微型电网。自2010年以来，全球离网解决方案已使近3.50亿人受益。据估计，拥有离网太阳能系统的直接结果是，有500万人从事了更多的经济活动，这些系统在同一时期也创造了约63亿美元的收入。加上小型离网产品（如灯笼）所节省的成本，该行业为数百万低收入家庭带来的经济效益估计超过180亿美元。[①]

截至2023年，非洲正在规划发展4000多个微型电网，占全球规划微型电网总数的一半以上。此外，非洲超过四分之一的微型电网预计将在塞内加尔开发。西非也首次在离网行业吸引了比东非更多的投资交易（西非1.42亿美元，东非7000万美元），这表明离网太阳能公司现在正在向该地区扩张和转移。2020年下

---

① International Energy Agency. Clean Energy Transitions in the Sahel. [2024-01-12].https://www.iea.org/reports/clean-energy-transitions-in-the-sahel.

半年，布基纳法索售出了 4 万多台离网太阳能产品，比 2021 年的销量高出 40%。马里离网太阳能产品销量实现了 60% 的增长，几乎同期共售出 2 万套。①

1. 浙江企业在西非国家修建发电站，缓解西非国家电力短缺局面

在西非国家修建发电站，缓解西非国家电力短缺局面的浙江企业主要有以下几家。

一是宁波中策动力机电集团有限公司（以下简称"中策"）。该公司在西非国家主要以工程承包的形式为非洲国家建造电站，并与尼日利亚李氏集团合作在该国奥贡州建设中策（西非）工业园区，在该园区内建立中策集团的电站生产线，并将引进造船企业、家电企业等各种制造型工厂。②中策在非洲有 160 座电站，占尼日利亚大中型发电机组市场份额约 4.80%。中策的业务范围从单一的设备贸易发展到设计、建造、服务的全方位对外工程承包。中策在塞内加尔、加纳、尼日利亚建有陆用电站市场。③2003 年，中策在尼日利亚卡诺州 JOGANA 工业园内建造完成的 17MW 重油电站以其在非洲经贸推广中极具典型性、可复制推广的特点，入选首届中非经贸博览会案例。④中策大功率新能源电站（塞内加尔 7X2 兆瓦重油发电站项目）入选 2021 年第二届非博会展示案例。⑤

二是浙富控股集团股份有限公司（以下简称"浙富"）。浙富的水电板块是浙富控股集团的主营业务之一。浙富水电具备常规水轮发电机组及抽水蓄能机组研发、设计、制造和技术创新的能力，向全球用户提供各种机型及不同容量等级的常规水轮发电机组、潮汐发电机组、抽水蓄能机组、泵类等产品。⑥2019 年，由浙富与中国葛洲坝集团股份有限公司组成的葛洲坝–浙富联营体承建的尼日尔坎大吉水电公司开工，葛洲坝–浙富联营体为尼日尔坎大吉水电站厂房设备供货安装项目的中标单位，合同总金额为 1.13 亿美元，折合人民币 7.94 亿元，其中，浙富合同金额约为人民币 1.90 亿元；采购合同生效后的 30 个月

① International Energy Agency. Clean Energy Transitions in the Sahel. [2024-01-12]. https://www.iea.org/reports/clean-energy-transitions-in-the-sahel.
② 中国国际贸易促进委员会宁波市委员会、中国国际商会宁波商会. 宁波崛起一批本土跨国公司.（2011-03-01）[2024-01-26]. http://www.ccpitnb.org/art/2011/3/1/art_5590_314344.html.
③ 宁波中策动力机电集团有限公司陆用电站市场. [2023-03-27]. https://www.ningdong.com/products/case?lang=cn.
④ 宁波中策动力机电集团有限公司. 尼日利亚 Jigawa 电站一期调试运行.（2014-11-26）[2024-01-26]. https://www.ningdong.com/news/newsd?id=2119.
⑤ 宁波中策动力机电集团有限公司. 中策集团非洲电站项目入选第二届非博会展示案例.（2021-09-26）[2023-03-27]. https://www.ningdong.com/news/newsd?id=2230&lang=cn.
⑥ 浙富控股官网. 浙富控股-浙富水电. [2023-03-20]. http://www.zhefu.cn/1001/1013/#st-1013.

内全部交货完成。[①]

2.西非国家使用浙江制造的电力设备

向西非国家出口的浙江电力设备企业主要有杭州锅炉集团、杭州海兴电力科技股份有限公司、正泰电气股份有限公司、巨邦集团有限公司等。

位于加纳特马市的博恩电厂一期工程安装了 4 套燃气–蒸汽联合循环机组。该厂设置的锅炉设备由杭州锅炉集团设计、制造。[②]

杭州海兴电力科技股份有限公司（以下简称"海兴"）在非洲市场已耕耘20 多载，截至 2023 年已设立东非、南非、中非法语、西非法语和西非英语等5 个地区部。海兴在西非地区设有英语区域总部与法语区域总部。海兴西非英语区域总部设在尼日利亚拉各斯，区域覆盖尼日利亚、加纳、利比里亚、塞拉利昂、冈比亚和毛里求斯等 6 个国家，主要负责智能电表、配网设备、智能配用电系统、微网发电、电力咨询与运维等业务。海兴非洲法语区域总部设在塞内加尔首都达喀尔，区域覆盖塞内加尔、喀麦隆、摩洛哥、马里、几内亚等 26个法语国家和地区，业务涵盖公司 5 大主营业务（智能表计、配用电终端、系统解决方案、运维与服务、高压电器及其他），在塞内加尔成功开展 Hexpay 业务，成为当地最大售电服务提供商。[③]

2011 年，正泰电气元件事业部获得非洲尼日利亚国家电力公司自动化订单。为其 210 个电站提供全套电力自动化保护与控制解决方案，合同总额达2500 万元人民币。[④]正泰电气尼日利亚子公司于 2021 年 10 月正式成立，旨在为尼日利亚提供快捷高效的一站式智慧能源解决方案。[⑤]此外，正泰电气还成功为布基纳法索电力公司提供变压器等多种电力设备。

2022 年 4 月 21 日，随着外部电网开关闭合，科特迪瓦阿比让码头堆场及通用工程项目主变站与市电连接，意味着主变站成功通电。该项目中所使用的分箱变压器及低压配电柜由巨邦集团提供。[⑥]

---

① 【会员风采】葛洲坝-浙富联营体中标尼日尔坎大吉水电站项目.（2020-08-06）[2024-01-26]. https://www.sohu.com/a/411767713_120141145.

② 叶小桦.非洲加纳博恩电厂余热锅炉模块吊装.重庆电力高等专科学校学报，2009，14（3）: 14.

③ 海兴电力.关于我们-全球海兴.[2023-03-20]. https://electric.hxgroup.com/about.html.

④ 正泰电气集团.正泰电气斩获自动化出口大单.（2011-03-22）[2023-03-19]. http://www.chint.net/zh/index.php/news/detail/id/992.html .

⑤ 正泰集团.正泰海外仓再下一城，尼日利亚仓开仓.（2023-02-27）[2023-03-19]. https://www.chint.com/news_detail?id=5247.

⑥ 乐清发改.巨邦电气助力科特迪瓦阿比让码头工程项目.浙江省发展和改革委员会，浙江一带一路网.（2022-05-13）[2023-03-14].http://zjydyl.zj.gov.cn/art/2022/5/13/art_1229691765_19521.html.

（二）浙江省与西非国家公路交通基础设施合作

与西非国家进行公路交通基础设施合作的浙江企业主要有浙江交工集团股份有限公司和杭州之江市政建设有限公司。

1.浙江交工集团股份有限公司

浙江交工集团股份有限公司（以下简称"浙江交工"）是浙江建筑行业"走出去"的先行者。浙江交工"走出去"历史就是从非洲开始的，可追溯至20世纪70年代——中国援建赤道几内亚总长为121千米的恩昆·蒙戈莫公路。截至2021年，浙江交工已经在赞比亚、尼日尔、安哥拉、埃塞俄比亚、刚果（布）、马拉维、喀麦隆、多哥等8个非洲国家承接了15个项目，在非洲实现了属地融合与深耕细作。[①]

尼日尔马拉迪106千米项目是浙江交工第一个试行属地化管理的海外项目：整个项目只有40多个中国人，却有400个当地人，基本是1个中国人管10个当地人。而马拉迪市政阅兵项目路段是尼日尔总统2015年度国庆阅兵的主要场地之一，项目部在短短65天时间里完成了四五个月的工程量，被当地人称为"奇迹"，并称赞中国人是神奇的"化妆师"。阅兵结束后，尼日尔总统高度赞扬了项目部，并为其颁发了"骑士勋章"。[②]

浙江交工2020年中标塞内加尔公路局SZM项目3标，标志着西非的红土地首次插上了浙江交工的旗帜，打破了浙江交工海外自主品牌项目合同额最大、落地耗时最短、距离国内最远的多项纪录。SZM项目3标段为全公路项目，位于塞内加尔南部济金绍尔，全程80千米，工期24个月，合同金额4762万美元，由非洲开发银行出资，是连接塞内加尔南北和几内亚比绍的重要通道。此项目开创了在没有在建项目和商务资源支撑下的"三类代表处"实现中标项目的先例。[③]

浙江交工设有西非代表处，以及第二分公司多哥项目部。

2.杭州之江市政建设有限公司

杭州之江市政建设有限公司（以下简称"之江市政建设"）成立于1982

① 【会员风采】浙江交工海外拓市全纪实.（2021-04-07）[2023-03-19]. https://www.sohu.com/a/411767713_120141145.
② 陈健.党旗飘扬在异国他乡——浙江国企援建非洲记事.（2016-04-07）[2023-03-12]. https://zjnews.zjol.com.cn/zjnews/201611/t20161124_2106376.shtml.
③ 走出去导航网.浙江交工国际塞内加尔新签，打破多项记录.（2020-03-12）[2023-03-12]. https://baijiahao.baidu.com/s?id=1685027806465829117&wfr=spider&for=pc.

年。公司拥有市政公用工程施工总承包一级、房屋建筑工程施工总承包二级、城市及道路照明工程专业承包三级施工资质。在国内和国外的市政道路、桥梁、公路、土方、给排水工程方面承接了大量工程项目并得以圆满完成。[①] 在尼日利亚，之江市政建设完成工程施工总价 10 亿美元。[②] 主要公路项目有莱基自贸区 N5 路、奥贡州大桥工程与莱基道路工程等。

（三）中地海外水务在西非的水利项目

中地海外水务成立于 2010 年，系中地海外集团控股子公司。公司自创建以来，为非洲所在国提供集项目前期设计咨询与支持、工程实施与维护、水工物资贸易、后期工程运营于一体的水工业完全解决方案。公司核心业务为给水工程、污水工程、市政工程及运维管理。公司在尼日利亚、埃塞俄比亚、喀麦隆、吉布提、塞内加尔、安哥拉、尼泊尔等多个国家开展业务，已累计完成工程产值超 20 亿美元，每天为非洲人民提供超 120 万方生活用水。[③] 截至 2023 年底，中地海外水务已经在尼日利亚、塞内加尔实施了 6 项水利项目，详见表 1。

表 1　中地海外水务在西非国家的项目一览

项目名称	项目所在国	项目概况
洛科贾水厂建设及运营项目	尼日利亚	2011 年 5 月竣工，日供水 6 万吨。尼日利亚时任总统古德勒克·乔纳森（Goodluck Jonathan）亲临洛科贾水厂项目现场为该项目竣工剪彩。该项目被评选为浙江省外经"十强"影响力工程。
DADINKOWA 水厂建设及运营项目	尼日利亚	该项目位于尼日利亚贡贝州境内的 DADINKOWA 镇，2007 年 2 月竣工，日供水 5 万吨。该项目不仅彻底解决了贡贝州人民长期缺水的问题，还承担各方参观、学习和培训的责任，目前已成为贡贝州标杆项目。
贡贝城区供水管网项目	尼日利亚	该项目是中地海外尼日利亚有限公司水务分公司与贡贝州政府正式签订施工合同的项目，项目工期 18 个月，合同内容为承建贡贝城区约 140 千米的配水管线。贡贝城区供水管网项目完工后，将覆盖整个贡贝城区并延伸到 30 千米外的夸姆村，彻底解决贡贝城区和夸姆村的饮水难问题。

① 之江建设 - 企业介绍 . [2023-03-12]. https://www.hzzjszjs.com/qyjs.html.
② 中国市政工程协会 . 城市建设基石　中国市政行业百城百企发展汇编 . 北京：中国城市出版社，2022：258.
③ 中地海外水务有限公司 . 公司介绍 . [2023-03-12]. http://www.cgowater.com/about.asp.

项目名称	项目所在国	项目概况
十字河流州世行系列供水项目	尼日利亚	该项目包括奥戈贾、奥布布拉、奥波马三座水厂，由世界银行、法国开发署出资，统一由世界银行管理。三座水厂输配水管线 300 余千米，除了设置集中供水点外，直接入户上万余户，有效解决了奥戈贾、奥布布拉与奥波马三个城镇及周边乡村近百万居民的清洁用水问题。
Zobe 水厂项目	尼日利亚	Zobe 水厂位于卡齐纳州境内的 Dutsin-Ma 镇，设计规模 7.5 万方 / 天。水厂建设完成后，通过 57 千米干管向卡齐纳城区供水，并辐射干管沿线乡镇。尼日利亚联邦水资源部部长和卡齐纳州州长多次亲临项目现场，对该项目的工程品质和现实意义均给予高度肯定。
乡村打井供水项目	塞内加尔	该项目作为一项供水工程，旨在解决当地农村居民的生活用水问题。所涉及的村庄大多位置较为偏僻，与采用集中供水的城市相距较远，城市管网难以延伸至此，长期以来一直没有合格的供水设施。这些村庄供水设施严重不足且落后，加之人口增长过快，生活及其他用水均严重不足，人民基本的生活条件得不到保障。 该项目拟新建供水系统所涉及的村庄遍布塞内加尔全国 14 个大区中的 12 个，分别为久尔贝勒区、法蒂克区、考拉克区、科尔达区、坦巴昆达区、捷斯区、济金绍尔区、马塔姆区、卡夫林区、卢加区、圣路易区和塞久区，共计 181 套供水系统。每套供水系统主要由水井、水塔、输配水管道及配水设施等部分组成。 此外，塞内加尔农村供水多年来一直以地下水为主，有一部分水井已建成和运行多年，超出了设计的使用年限，出现了出水量不足或根本无法出水等故障，经检查损毁严重，已无法进行修复。该项目所涉及的该种类型的水井共计 70 口，分布广泛，对这部分水井进行重建，恢复其供水能力也是该项目的任务之一。 该项目包括新建供水系统和旧井重建两部分。其中新建供水系统主要由井区工程、输配水管道工程和配水设施工程三部分组成，但是不包含除消毒外的水质处理内容。旧井重建部分主要是对部分现状水井进行重建（仅包括水井、水泵及变配电系统，不包括泵房）。

数据来源：作者根据公开资料整理。

　　2017 年 3 月 5 日，由中地海外水务建设运营的塞内加尔乡村打井供水项目正式开工。根据计划，中地海外水务将为塞内加尔的北部、中部广大农村地区新建 181 套供水系统，并修复 70 套旧井。[①] 乡村打井供水项目涉及塞内加尔 14 个大区中的 12 个。每套供水系统包括水井、水塔、输配水管道及配水设施，项目整体最高日供水规模达 8 万立方米。工程还为当地 3000 多人创造了就业机会。[②]

① 央广网."浙江中地海外水务"遍布十余个非洲国家.（2018-09-05）[2023-03-14]. http://zjydyl.zj.gov.cn/art/2018/9/5/art_1229691765_19637.html.
② "一带一路"故事汇|"幸福井"边的守井人.（2023-03-23）[2023-03-19]. http://www.cgcoc.com.cn/news/470.html.

浙江省与西非国家高等教育合作报告

教育合作是促进民心相通的重要手段之一，是拉动经贸发展的重要黏合剂。浙江省与西非国家的教育交流与合作不仅能为经贸合作提供必要的人才与技术等，还能促进浙江省与西非国家的民心相通，增进彼此之间的了解与信任，从而带动经贸发展。

一、西非国家高等教育发展现状

西非国家高等教育历史悠久，早在中世纪时期，伊斯兰学者会聚廷巴克图，在伊斯兰学校中传授逻辑学、天文学、历史学等知识。阿赫迈德·巴巴（Ahmed Baba）说过："盐来自北方，黄金来自南方，白银来自白人国家，但上帝的话语、渊博的学者和有趣的故事只能在廷巴克图找到。"[1]据此，可以看出西非国家高等教育的优良传统。

西非国家的一个普遍特征是年轻人比较多，大约占到整个人口的60%以上。迅速增长的青年人口如何才能转变成拉动西非经济发展的动力，在此过程中，需要的是为年轻人提供优质的教育和相关技能培训。高等教育，尤其是职业教育在西非国家显得尤为重要。目前，西非国家的高等教育毛入学率相对来说比较低，在20%以下。2020年，西非国家高等教育毛入学率最高的是加纳，达到18.69%，尼日尔的高等教育毛入学率最低，不到5%。2020年，西非国家高等教育毛入学率详见表1。

西非国家高等教育的发展大致经历了三个阶段：第一阶段从20世纪50年代末到70年代初。这一时期是西非高等教育发展的"黄金时期"，新独立的国

---

① 潘华琼.马里 中世纪文化名城：廷巴克图.中国投资.2017（10）：88.

家为了在知识与思想上去殖民化，将高等教育看成是最重要的公共产品，加大了对于高等教育的支持。第二阶段从 20 世纪 70 年代初到 90 年代。这一时期是西非高等教育发展的萧条期。为了走出经济危机的困境，这一时期，西非国家纷纷接受了世界银行与国际货币基金组织的经济结构调整计划。该计划的重要理念就是减少政府的公共开支，在这一理念的指导下，西非高等教育面临着拨款减少、教学设备陈旧、教师另谋出路的局面。第三阶段从 20 世纪 90 年代至今。这一阶段是西非高等教育的恢复阶段，从 20 世纪 90 年代开始，非洲各国政府开始改革高等教育政策，以使高等教育机构能够生存和创新。[①]

表 1　2020 年部分西非国家高等教育毛入学率

国家	高等教育毛入学率 /%
贝宁	11.09
佛得角	-
冈比亚	-
加纳	18.69
几内亚	5.80
几内亚比绍	-
科特迪瓦	9.91
利比里亚	-
马里	-
毛里塔尼亚	5.87
尼日尔	4.37
尼日利亚	-
塞内加尔	14.03
塞拉利昂	-
多哥	15.40
布基纳法索	7.84

数据来源：作者根据"国家数据"网站（https://data.stats.gov.cn/adv.htm?m=advquery&cn=G0104）相关数据整理。

二、浙江省与西非国家高等教育合作

中国与西非国家的高等教育合作主要有以下四种形式：第一，中国在西非国家设立孔子学院。截至 2023 年，中国在西非的利比里亚、尼日利亚、多哥、

[①]　Takyi-Amoako, Emefa. *Education in West Africa*. London: Bloomsbury Academic, 2015: 6.

贝宁、加纳、塞拉利昂、塞内加尔、佛得角与科特迪瓦9国建立了11所孔子学院，其中，在尼日利亚与加纳各建了2所孔子学院，在其他国家各建了1所孔子学院。第二，"中非高校20+20合作计划"。西非国家入选的高校及其合作的国内高校分别为：综合类的尼日利亚拉各斯大学与苏州大学；农业类的中国农业大学与几内亚法拉那高等农艺兽医大学；医药类的天津中医药大学与加纳大学。第三，西非国家派遣留学生来华。西非16国皆有留学生来华留学。第四，中国与西非合作开展职业教育。中国与西非国家的职业技术教育合作主要分为中国在西非国家设立鲁班工坊、中国为西非国家开发职业标准、未来非洲–中非职业教育合作计划下的中国与西非国家职业技术教育合作三大类。

近年来，浙江省各大院校结合自身办学优势，不断重视加强非洲研究，逐渐扩大与西非国家的高等教育合作。

（一）浙江省高校在西非国家高校设立孔子学院

由浙江工业大学与加纳大学合作共建的孔子学院成立于2013年5月，截至2023年拥有8个汉语教学点、4个特色汉语班和1个汉语言文化中心，于2015年12月获批"全球示范孔子学院"荣誉称号。2021年，浙江工业大学与教育部中外语言交流合作中心合作共建加纳中文教育研究中心，承担加纳中文教育实践和研究以及中外语言交流合作领域的任务和项目，促进中国与加纳的文化交流合作。

（二）浙江省高校与西非国家高校共建丝路学院

为深入服务共建"一带一路"倡议，浙江省于2016年提出了建设"一带一路'丝路学院'"的设想。"丝路学院"为浙江省境外办学机构的统称，在项目设计初期，鼓励"百花齐放、百家争鸣"，不拘泥于办学内容和办学形式，可涵盖人才培养、技能培训、国别研究、政策咨询、文化交流等。2017年12月，温州大学与加纳共和国教育部、丝路协创中心签署了共建温州大学加纳丝路学院谅解备忘录，成为浙江省首个在非洲创办海外分校的高校。据悉，作为教学管理的主办方，温州大学将负责为温州大学加纳丝路学院提供优质国际化教育资源，因地制宜设置教学课程，派遣温州大学教师到加纳执行教学任务等。加纳教育部承诺负责协助在加纳寻找一所优秀大学作为教学管理协作方，配合温州大学完成教学计划，同时与有关方面共同筹措办学所需各类资源。①

（三）浙江省为西非国家留学生提供奖学金

浙江省的浙江大学、宁波大学、中国美术学院、浙江师范大学、浙江理工大学、浙江工业大学、浙江科技学院、杭州师范大学、温州医科大学9所大学是中国政府奖学金来华留学生接收院校。20 世纪 80 年代，浙江师范大学就开始招收短期来华留学生。截至 2022 年，学校已累计培养 8000 余名非洲留学生。②温州大学有佛得角留学生，浙江理工大学有来自利比里亚的留学生，浙师大有马里留学生。金华职业技术大学已培养大批非洲留学生，2023 年金华职业技术大学共有 204 名留学生，其中卢旺达学生 55 名、加蓬 3 名、塞内加尔 2 名。2015 年，浙江树人学院招收来自加纳等国家的留学生学习汉语和本科专业课程。

来浙江留学的西非国家学生在促进浙江与西非国家的人文交流方面发挥了重要作用。例如疫情时期，浙江师范大学毛里塔尼亚籍留学生王杰（中文名）在新狮街道十里牌楼社区的核酸采样点当志愿者。③

来浙江留学的西非国家学生在学成归国后，对当地教育发展起到了积极的作用。塞内加尔吕菲斯克议员阿拉萨纳·恩迪乌尔曾在浙江海洋大学留学，经他牵线，2022 年底，舟山市与塞内加尔的吕菲斯克签订友好交流意向。④浙江师范大学校友皮埃尔·戈麦斯（Pierre Gomez）教授荣任冈比亚共和国高等教育、研究与科技部部长。在 2018 年 8 月至 9 月，由商务部主办、浙江师范大学承办的"发展中国家大学治理能力提升研修班"举行，戈麦斯教授以冈比亚大学文理学院院长身份参加本次研修班。⑤湖州师范学院加纳校友会在 2022 年 7 月正式成立。"这是湖州市高校首个海外校友会，校友会的建立，将进一步密切在加校友与湖州师范学院的联系，进一步架好中加合作的友谊之桥，构建更

---

① 温州市人民政府外事办公室，温州市人民政府港澳事务办公室，温州市人民对外友好协会.温大与加纳教育部签署共建丝路学院谅解备忘录.（2017-12-11）[2024-01-27]. http://fao.wenzhou.gov.cn/art/2017/12/11/art_1340359_14033543.html.

② 孙媛媛.中非教育合作的金华实践.金华日报，2022-11-17（01）.

③ 婺城区人民政府.疫情防控志愿者队伍出现"洋面孔".（2022-05-06）[2023-02-22]. http://www.wuch.gov.cn/art/2022/5/6/art_1229185355_58946512.html.

④ 舟山市人民政府外事办公室，舟山市人民政府港澳事务办公室.塞内加尔吕菲斯克市代表团访问舟山.（2023-12-05）[2024-01-11]. http://zswsb.zhoushan.gov.cn/art/2023/12/5/art_1228964809_58827428.html.

⑤ 浙师大校友戈麦斯当选冈比亚高等教育、研究与科技部部长.（2023-01-03）[2023-03-28]. http://www.zjnu.edu.cn/_t179/2023/0103/c10361a411095/page.htm.

加紧密的中非命运共同体。"据了解，加纳是湖州师范学院招收留学生数量最多的非洲国家之一，截至 2022 年已有 50 多名毕业校友。"中国与加纳在教育、文化、技术、贸易和安全等多领域有着深入合作，我们有责任继续深化这种关系。"加纳校友会会长金云表示。①

（四）浙江省与西非国家开展职业教育合作

浙江省借助于自身在制造业方面的优势，积极推动浙江省高校与西非国家高校之间的职业技术教育合作。浙江省与西非国家的职业教育合作主要涉及向西非国家学生提供职业技术培训、为西非国家学校开发职业技术专业课程、向西非国家输出职业标准、"未来非洲–中非职业教育合作计划"下浙江省与西非国家的职业技术教育合作、浙江省承办的面向西非国家的援外培训 5 项内容。

1. 向西非国家学生提供职业技术培训

2014 年，宁波职业技术学院与浙江天时国际经济技术合作有限公司校企协同合作开展贝宁海外办学探索与实践，并于 2016 年正式在贝宁科托努市成立中非（贝宁）职业技术教育学院，成为浙江省第一所"走出去"设立海外办学点的高职院校。截至 2022 年，学校已连续派遣 30 人次专业教师和管理人员赴贝教学，非方受益面达 800 余人次，为当地经济发展和中资企业海外经营提供本土人才支撑，并有效辐射西非各国，吸引了 60 余名贝宁及周边国家留学生来华学习，连续开展面向贝宁职教师资能力建设培训，学员满意度达 90% 以上。在 2022 年的首届世界职业技术教育发展大会"一带一路"合作与鲁班工坊建设发展论坛上，宁波职业技术学院"贝宁鲁班工坊"获批成为全国首批鲁班工坊运营项目。②2018 年 9 月 3 日，中非职业教育培训班开班仪式在宁波职业技术学院举行。这是世界银行首次组团来宁波开展职业教育培训。参加本次培训班的共有 38 名学员，除了世界银行 4 名官员外，还包括埃塞俄比亚 9 人，肯尼亚 8 人，坦桑尼亚 7 人，东非共同体东非大学理事会 3 人，尼日利亚 2 人，乍得 2 人，尼日尔 2 人，科特迪瓦 1 人。他们将参观宁波舟山港、宁波海

---

① 湖州市人民政府.首个高校海外校友会成立.（2022-07-06）[2024-01-27]. http://www.huzhou.gov.cn/art/2022/7/6/art_1229213482_59053783.html.

② 浙江新闻客户端.职教跨境教育怎么做？浙江这所高校鲁班工坊运营项目获批.（2022-08-22）[2023-03-21]. https://zj.zjol.com.cn/news.html?id=1913942.

天集团股份有限公司、中国（宁波）中东欧青年创业创新中心。^①

2019 年 11 月 27 日，由中国商务部主办，宁波职业技术学院承办的 2019 年贝宁职业技术教育海外培训班开班仪式在贝宁中国援建阿卡萨多职校举行，该培训班是中国政府首次在贝宁举办职教援外培训班。此次培训班为期 21 天，共有 45 名学员参加，将开设中国国情、计算机静态网页设计、计算机网络等课程。^②此外，阿里巴巴与联合国贸发会合作"互联网创业者计划"项目邀请西非国家互联网创业人员聚集杭州，看实例、学模式、品文化、找相通。^③

2. 为西非国家学校开发职业技术专业课程

在"一带一路"倡议与"中非合作论坛"机制下，浙江省职业技术院校抓住非洲国家基础设施领域专业人才缺口大的机遇，与西非国家合作，并结合西非国家的实际需求，向其开发职业技术专业课程。如浙江工业职业技术学院与尼日利亚埃邦伊州立大学（Ebonyi State University）、浙江交工国际工程有限公司共建"中国–尼日利亚丝路学院"，该学院采用产教融合的办学模式，中方、外方、企业共同为尼日利亚培养国际化技术技能人才，提供国际化技术技能培训。"中国–尼日利亚丝路学院"已为埃邦伊州立大学开设"装配式混凝土建筑构造与施工"与"REVIT建筑建模"两门专业课，并纳入埃邦伊州立大学专业人才培养方案，截至 2023 年，已有近 70 名学生完成培训，获得了结业证书。^④

3. 向西非国家输出职业标准

浙江工业职业技术学院服务冈比亚和塞拉利昂输出测绘技术员和装配式建筑工程技术员 2 项职业标准。^⑤2022 年 10 月，浙江金融职业学院成功立项由冈比亚教育部与世界教育组织联合会共同发起的"非洲国家职业标准开发项

① 浙江省发展和改革委员会，浙江一带一路网.中非职教合作再谱新乐章（宁职院首次联手世界银行举办中非教育合作论坛职业教育培训项目）.（2018-09-28）[2024-01-11]. https://zjydyl.zj.gov.cn/art/2018/9/28/art_1229691760_20361.html.
② 中华人民共和国驻贝宁共和国大使馆. 2019年贝宁职业技术教育海外培训班正式开班.（2019-11-28）[2023-02-22]. http://bj.china-embassy.gov.cn/zbgx/201912/t20191205_5634742.htm.
③ 人民日报海外网."一带一路"创业青年爱上杭州 eWTP 成数字丝绸之路基础设施.（2019-04-22）[2024-01-11]. https://m.haiwainet.cn/middle/3541351/2019/0422/content_31542130_1.html.
④ 浙江工业职业技术学院.《中国教育报》刊发我校"服务'一带一路'倡议 助推中国职教'走出去'成果".（2023-11-01）[2024-01-11]. https://www.zjipc.cn/_t11/2023/1101/c431a58480/page.htm.
⑤ 浙江工业职业技术学院.《中国教育报》刊发我校"服务'一带一路'倡议 助推中国职教'走出去'成果".（2023-11-01）[2024-01-11]. https://www.zjipc.cn/_t11/2023/1101/c431a58480/page.htm.

目——冈比亚"。①

4."未来非洲—中非职业教育合作计划"下浙江省与西非国家的职业技术教育合作

在2022年5月11日成立的中非职业教育联合会的31家发起单位中，有5家单位来自浙江省，即浙江师范大学非洲研究院、浙江机电职业技术学院、宁波职业技术学院、金华职业技术大学、杭州职业技术学院。2022年5月16日，杭州职业技术学院与尼日利亚YABA职业技术学院举行校际云互访暨职业教育发展论坛。杭州职业技术学院作为"未来非洲—中非职业教育合作计划"下14所中方试点院校之一，与尼日利亚YABA职业技术学院合作，共同培养机电类专业应用型人才。②

5.浙江省承办的面向西非国家的援外培训

浙江省的亚太小水电中心与国际小水电中心承担了对西非国家的主要援外培训任务，具体如下。

（1）亚太小水电中心承办的面向西非国家的培训

亚太地区小水电研究培训中心是中国政府和联合国开发计划署（United Nations Development Programme, UNDP）及联合国工业发展组织（United Nations Industrial Development Organization, UNIDO）合作成立的国际区域性组织，是中国小水电对外合作的重要窗口。在国际合作与交流方面，该中心积极承办援外培训项目、承担国际科技合作、建设海外技术转移中心/基地、举办国际会议以及开展多双边技术交流等，被国际社会公认为"世界小水电之家"，被商务部赞誉为"南南合作的典范"。③

亚太小水电中心先后承办的面向西非国家的研修班主要有：2013年8月23日至9月19日举行的非洲法语国家小水电技术培训班，来自贝宁、布隆迪、科摩罗、刚果（布）、刚果（金）、赤道几内亚、马达加斯加、马里、塞内加尔、多哥、突尼斯等11个非洲法语国家的20位水电领域的技术人员和官员前来参

① 浙江金融职业学院.【喜报】我校成功立项冈比亚职业标准开发项目.（2022-10-25）[2024-01-11].https://www.zfc.edu.cn/2022/1025/c2771a52388/page.htm.

② 杭州职业技术学院.我校与尼日利亚YABA职业技术学院合作签约.（2022-05-17）[2024-01-25].https://www.hzvtc.edu.cn/info/1594/18368.htm.

③ 亚太地区小水电研究培训中心（水利部农村电气化研究所）.单位概况.[2024-01-28].http://www.hrcshp.org/cn/profile.asp.

加^①；2014 年 5 月 16 日至 6 月 12 日举行的 2014 非洲法语国家农村电气化研修班，来自贝宁、科摩罗、科特迪瓦、吉布提、加蓬、几内亚内、几内亚比绍、马里、尼日尔、刚果（布）、塞内加尔、乍得、多哥等 13 个非洲法语国家的 23 位能源及农村电气化领域的官员参加^②；2015 年 11 月 5 日至 25 日举行的 2015 非洲法语国家农村电气化研修班，来自喀麦隆、科摩罗、刚果（金）、科特迪瓦、马里、摩洛哥、尼日尔、卢旺达、乍得、突尼斯等 10 个非洲法语国家的 21 位官员参加^③；2016 年 6 月 16 日至 7 月 6 日举行的非洲英语国家小水电及农村电气化研修班，来自喀麦隆、埃及、加纳、肯尼亚、马拉维、卢旺达、南苏丹、苏丹、赞比亚、津巴布韦等国的 22 名官员参加^④；2016 年 10 月 18 日至 11 月 2 日举行的亚非国家小水电与农村地区可持续发展官员研究班，来自南非、赞比亚、卢旺达、加纳、尼泊尔、南苏丹、缅甸、多哥、斯里兰卡、尼日利亚等国的 28 名官员参加^⑤；2017 年 9 月 14 日至 27 日举行的发展中国家小水电与农村社区可持续发展官员研修班，来自埃塞俄比亚、巴拿马、朝鲜、多米尼加、格林纳达、格鲁吉亚、加纳、肯尼亚、马达加斯加、尼泊尔、斯里兰卡、坦桑尼亚、委内瑞拉、乌干达、乌拉圭、赞比亚、尼日利亚、巴基斯坦、蒙古国等国的 58 名官员参加^⑥；2019 年 8 月 7 日至 8 月 27 日举行的非洲法语国家小水电及农村电气化研修班，来自科摩罗、刚果（布）、科特迪瓦、吉布提、马里、几内亚、赤道几内亚、摩洛哥等 8 个非洲法语国家的 18 位官员参加^⑦；2021 年 8 月 26 日至 9 月 7 日举行的非洲法语国家小水电及农村电气化研修班，来自阿尔及利亚、贝宁、中非共和国、刚果（金）、加蓬、马达加斯加、马里、毛里求斯、卢旺达、塞内加尔、突尼斯等 11 个非洲法语国家的 94 名学员参加^⑧；2023 年 7 月 13 日至 7 月 26 日举行的非洲法语国家小水电及农村电气化研修班，来自贝宁、布基纳法索、布

① 亚太地区小水电研究培训中心（水利部农村电气化研究所）.非洲法语国家小水电技术培训班隆重开班.（2013-08-27）[2024-01-28]. http://www.hrcshp.org/cn/onews.asp?id=1191.
② 亚太地区小水电研究培训中心（水利部农村电气化研究所）.2014年非洲法语国家农村电气化研修班隆重开班.（2014-05-20）[2024-01-28]. http://www.hrcshp.org/cn/onews.asp?id=1280.
③ 亚太地区小水电研究培训中心（水利部农村电气化研究所）.2015非洲法语国家农村电气化研修班在杭成功举办.（2015-12-01）[2024-01-28]. http://www.hrcshp.org/cn/onews.asp?id=1476.
④ 《浙江外事侨务年鉴》编纂委员会.浙江外事侨务年鉴2017.杭州：浙江大学出版社，2018：111.
⑤ 《浙江外事侨务年鉴》编纂委员会.浙江外事侨务年鉴2017.杭州：浙江大学出版社，2018：112.
⑥ 《浙江外事侨务年鉴》编纂委员会.浙江外事侨务年鉴2017.杭州：浙江大学出版社，2018：117.
⑦ 亚太地区小水电研究培训中心（水利部农村电气化研究所）.2019年非洲法语国家小水电及农村电气化研修班在我所（中心）成功举办.（2019-08-29）[2024-01-28]. http://www.hrcshp.org/cn/onews.asp?id=1767.
⑧ 亚太地区小水电研究培训中心（水利部农村电气化研究所）.非洲法语国家小水电及农村电气化研修班成功举办.（2021-09-13）[2024-01-28]. http://www.hrcshp.org/cn/onews.asp?id=1839.

隆迪、喀麦隆、中非、刚果（金）、科特迪瓦、几内亚、马达加斯加、马里、摩洛哥、尼日尔、塞内加尔、乍得、多哥、突尼斯等 16 个国家的 104 名政府官员、技术专家及企业代表通过网络线上参加。①

（2）国际小水电中心承办的面向西非国家的培训

1994 年，由联合国工业发展组织、联合国开发计划署等国际组织和中国政府共同倡议，经各成员组织间的多边协商，成立了有 60 多个国家 200 多名成员参加的国际小水电组织，其秘书处为国际小水电中心，设在中国杭州。国际小水电组织是总部设在中国的第一家国际组织。②

国际小水电中心先后承办的有西非国家参加的研究班主要有：第一，2016年 5 月 4 日，联合国工业发展组织、国际小水电中心"成片开发小水电项目"启动会在国际小水电中心召开。该项目旨在联合国工业发展组织包容和可持续工业发展框架下，国际小水电中心与联合国工业发展组织合作，向埃塞俄比亚、尼日利亚、吉尔吉斯斯坦、缅甸和秘鲁等 5 个国家提供小水电技术支持，开展可行性研究，制定投资计划等，推进小水电在上述国家成片开发。联合国工业发展组织，中国商务部、水利部，埃塞俄比亚水利、灌溉与电力部，尼日利亚水利部，吉尔吉斯斯坦经济部，喀麦隆水利与能源部等政府部门高层及 18家特邀国内水电开发和投资企业参加会议。③ 第二，2016 年 10 月 18 日至 11月 7 日，国际小水电中心组织实施商务部援外人力资源培训项目"2016 年亚非国家小水电与农村社区可持续发展官员研修班"，来自尼泊尔、缅甸、斯里兰卡、赞比亚、南非、加纳、南苏丹、卢旺达、多哥和尼日利亚等 10 个国家的28 名官员参加研修。④ 第三，2017 年 7 月 12 日至 16 日，为促进加纳可再生能源发展，在联合国开发计划署中国–加纳可再生能源技术转移项目框架下，国际小水电中心在杭州组织加纳小水电技术研讨班，来自加纳能源电力行业的 4位官员和技术人员与中方小水电专家交流研讨小水电政策及经验。研讨期间，研讨班成员还考察了浙江相关小水电站。⑤

① 亚太地区小水电研究培训中心（水利部农村电气化研究所）.非洲法语国家小水电及农村电气化研修班（线上）成功举办.（2023-08-02）[2024-01-28]. http://www.hrcshp.org/cn/onews.asp?id=1936.
② 国际小水电中心.中心概况.[2024-01-29]. http://www.icshp.org/dispArticle.Asp?ID=214.
③ 《浙江外事侨务年鉴》编纂委员会.浙江外事侨务年鉴2017.杭州：浙江大学出版社，2018：113.
④ 《浙江外事侨务年鉴》编纂委员会.浙江外事侨务年鉴2017.杭州：浙江大学出版社，2018：113.
⑤ 《浙江外事侨务年鉴》编纂委员会.浙江外事侨务年鉴2017.杭州：浙江大学出版社，2018：119.

（五）浙江省高校与西非国家高校间的友好访问

2016年11月22日至30日，浙江工业大学校代表团访问加纳大学、南非开普半岛科技大学和南非科学院高性能计算中心。①

2017年7月29日，加纳大学代表团一行7人由其校长埃比尼泽·奥乌苏（Ebenezer Owusu）率领访问浙江理工大学。双方充分肯定加纳大学孔子学院的发展成果，并表示两校将一如既往对合作建设孔子学院提供各方面支持，使加纳大学孔子学院越办越好。希望通过共建孔子学院这一契机，进一步加强两校间教师交流、学生互访及科技合作。②

2019年5月7日，尼日利亚大学校长本杰明·奥松巴（Benjamin Ozumba）教授一行访问浙师大非洲研究院，双方进行了友好交流，并就"'一带一路'背景下中-尼合作能力建设"进行研讨。③

2019年5月26日至6月3日，浙江师范大学代表团访问加纳、坦桑尼亚有关高校并出席中非法律研究中心揭牌仪式暨"一带一路"与中非法律合作研讨会，在加纳期间，代表团一行访问了加纳大学并与该校校长埃比尼泽·奥乌苏教授等进行了亲切交流。奥乌苏教授热情欢迎代表团来访，介绍了学校有关情况，并期待与浙师大开展合作。代表团介绍了浙江省和浙师大办学情况、留学生教育情况。双方特别就教师互访、孔子学院建设发展、教师培训、数学学科人才培养等方面进行了深入交流。④

---

① 《浙江外事侨务年鉴》编纂委员会.浙江外事侨务年鉴2017.杭州：浙江大学出版社，2018：152.
② 《浙江外事侨务年鉴》编纂委员会.浙江外事侨务年鉴2017.杭州：浙江大学出版社，2018：157-158.
③ 金华市人民政府外事办公室，金华市人民政府港澳办公室，金华市人民对外友好协会.尼日利亚大学校长本杰明教授一行访问非洲研究院.（2019-05-13）[2024-01-29]. http://swb.jinhua.gov.cn/art/2019/5/13/art_1229168151_58839481.html.
④ 金华市人民政府外事办公室，金华市人民政府港澳办公室，金华市人民对外友好协会.浙师大副校长潘慧炬率团访问加纳、坦桑尼亚高校.（2019-06-13）[2024-01-29]. http://swb.jinhua.gov.cn/art/2019/6/13/art_1229168149_58846252.html.

浙江省与西非国家文化交流合作报告

中国与非洲，友谊深厚绵长，文化交流不断。人文交流是促进双方友好交往的重要桥梁与纽带。近年来，浙江省不断探索建立与非洲国家的人文交流合作机制，密切加强高层往来，构建立体、互动的民心相通之桥，从而为经济等领域的可持续合作提供坚实的精神支撑。

一、西非国家文化发展状况

西非国家历史文化底蕴深厚，布基纳法索的杜鲁拉早在公元前 8 世纪就已经开始生产铁器，是非洲较早生产铁器的地区之一。马里自古以来就是南北非洲文化交流和贸易往来的要道，被称为非洲文化的摇篮。截至 2023 年，西非国家共有世界文化遗产 21 处（其中，塞内冈比亚石圈为塞内加尔与冈比亚共享），具体名录详见表 1。

在西非的世界文化遗产中，科特迪瓦北部的苏丹风格清真寺反映了苏丹风格建筑形式和当地建筑形式的融合，体现出当地建筑为应对潮湿气候而做出的适应性变化，具有鲜明特色，是跨撒哈拉贸易的重要见证。塞内冈比亚石圈的历史可以追溯至公元前 3 世纪至公元 16 世纪。冈比亚的昆塔金泰岛、科特迪瓦的大巴萨姆古城、加纳的沃尔特大阿克拉中西部地区的要塞和城堡、佛得角的大里贝拉历史中心体现了欧洲与非洲关系发展的历史。塞内加尔的巴萨里乡村的巴萨里与贝迪克文化景观、多哥的库塔马库景观、尼日利亚的苏库尔文化景观则体现了人类与自然的和谐共处。

表 1　西非国家的世界文化遗产名录

国家	世界文化遗产
塞内加尔（5 处）	巴萨里乡村：巴萨里与贝迪克文化景观（2012） 戈雷岛（1978） 圣路易岛（2000） 萨鲁姆三角洲（2011） 塞内冈比亚石圈（2006）（共享遗产）
冈比亚（2 处）	昆塔金泰岛及相关遗址（2003） 塞内冈比亚石圈（2006）（共享遗产）
马里（3 处）	杰内古城（1988） 廷巴克图（1988） 阿斯基亚之墓（2004）
布基纳法索（2 处）	古代黑色冶金遗址（2019） 洛罗佩尼遗址（2009）
佛得角（1 处）	大里贝拉历史中心（2009）
科特迪瓦（2 处）	大巴萨姆古城（2012） 科特迪瓦北部的苏丹风格清真寺（2021）
加纳（2 处）	阿散蒂传统建筑（1980） 沃尔特大阿克拉中西部地区的要塞和城堡（1979）
多哥（1 处）	库塔马库（2004）
贝宁（1 处）	阿波美皇宫（1985）
尼日尔（1 处）	阿加德兹历史城区（2013）
尼日利亚（2 处）	奥孙－奥索博圣林（2005） 苏库尔文化景观（1999）

数据来源：作者根据公开资料整理。

此外，西非国家的音乐和舞蹈对世界各地的音乐和舞蹈风格的发展具有一定的影响。从嘻哈音乐、流行音乐和电子舞曲的节奏和乐器的使用，到爵士乐、布鲁斯和摇滚音乐的起源，都深受西非音乐的影响。传统的西非舞蹈风格以其深度和丰富性影响了今天的许多舞蹈形式，从林迪舞的棱角分明的姿势到查尔斯顿舞、踢踏舞和爵士舞。[1]

二、浙江省与西非国家文化交流

中国与西非国家的文化交流内容丰富多样，涵盖了文化中心设立、文艺团

---

[1]　African People's Dance: An Excellent Future? People Dancing. [2024-09-29]. https://www.communitydance.org.uk/DB/animated-library/african-peoples-dance-an-excellent-future?ed=14043.

体互访、文化事业合作及人员培训等多个方面。首先，中国已在贝宁和尼日利亚设立了中国文化中心。2016 年 6 月，中国与塞内加尔签署了关于在塞内加尔设立中国文化中心的协定。2018 年 8 月，中国与科特迪瓦签署了关于互设文化中心的协定。其次，中非文艺团体之间的互访频繁。中国的多个艺术团体如上海文化艺术交流团、成都民族歌舞剧院艺术团等先后在西非多国进行演出，同时西非国家的艺术团体也多次来华演出，如佛得角的艾芙拉和科特迪瓦的"爱之声"木琴乐团等，这些活动加深了双方的文化理解和友谊。再次，中国在西非的文化事业基础设施建设方面也做出了贡献，如援建贝宁体育场、塞内加尔国家大剧院等项目，这些设施不仅提升了当地的文化体育设施水平，也促进了当地社会经济的发展。最后，中央文化和旅游管理干部学院承担了对西非国家文化管理人员的培训工作，通过举办各种培训班，提升了西非国家在剧院管理、非物质文化遗产保护等领域的专业能力。

在中国与西非国家文化交流的带动下，浙江省与西非国家文化交流频繁，具体体现在以下方面。

（一）举办展览，促进互相了解

1.邀请西非国家画家来浙江创作交流，并举办画展

浙江素有"美术重镇"之称，其中尤以源远流长的中国画艺术为盛。2013 年 10 月 22 日至 24 日，由文化部对外文化联络局、浙江省文化厅主办，中国美术学院、浙江自然博物馆承办，浙江画院、浙江美术馆协办的"印象浙江——非洲画家来浙江客座交流作品展"在浙江自然博物馆展出。该展览是"2013 中国文化聚焦"系列活动的重要组成部分，展出了来自南非、布隆迪、纳米比亚、利比里亚、乍得等 5 个非洲国家的 5 名受邀画家的数十幅作品。[①]

浙江实施了"2014 非洲文化聚焦"重要项目之"中非文化人士互访计划——2014 非洲画家来华客座创作"。2014 年 10 月，"漫步浙江——非洲画家来浙江客座交流作品展"在浙江自然博物馆开幕。来自加蓬、马拉维、南非、多哥等国的 4 名画家在浙江度过了一个半月，他们在这里生活、创作、交流，体验浙江的自然风光和人文风情。由文化部对外文化联络局、浙江省文化厅主办，浙江省文化馆承办的此次画展，共展出这 4 位画家的 52 幅作品。他们的

---

① 浙江省文物局.浙江文物年鉴 2014.杭州：浙江古籍出版社，2017：116.

画风迥异，给人耳目一新的感觉。除此之外，此次展出的作品除了油画，还有草编、贝壳、木头等各种不同材质的拼贴画，给人以视觉冲击。①

2. 邀请西非国家木雕家来浙江创作交流，并举办木雕展

西非木雕享誉世界。马里的多贡族、布基纳法索的博博族均以面具木雕而著称。木雕是浙江的传统工艺品种之一，其历史可以追溯到公元前 7000 年的新石器时代，东阳木雕更是在国内外享有盛誉。为了促进浙江省与西非的木雕艺术交流，浙江省举办了木雕展，并邀请包括西非艺术家在内的非洲木雕艺术家来浙江创作交流。

2015 年 5 月 18 日至 7 月 19 日，"撒哈拉的问候：非洲文物雕刻艺术"展在宁波博物馆开展。本次展览遴选了 190 件 17—19 世纪的雕刻艺术品，主要来自科特迪瓦、马里、尼日利亚、喀麦隆、南非、坦桑尼亚、刚果（金）、刚果（布）等十余个国家的百余个部族。

2018 年 6 月至 7 月，来自多哥、刚果（金）、刚果（布）、加蓬和科特迪瓦 5 个国家的 15 名艺术家在浙江进行了为期一个月的木雕创作交流。创作结束后，主、承办单位为其举办了面向公众开放的成果展，展览共展出 36 件非洲艺术家在浙期间创作的作品。创作间隙安排了游览世界文化遗产西湖、南宋御街等，此外还安排了参观东阳中国木雕博物馆以及浙江省特色小镇开化"根缘小镇"等。此外，为了让非洲艺术家更深入地了解中国传统文化，交流创作期间专门设置了系列专题讲座。②

2019 年 8 月至 9 月，来自多哥、马里、尼日尔和中非 4 个国家的 11 名艺术家在浙江进行了为期一个月的木雕创作交流。③其间还安排非洲艺术家参与体验考察活动，参访杭州市美术职业学校、中国美术学院、浙江美术馆，并进行座谈与交流；赴东阳、嵊州参观博物馆及木雕大师工作室；此外，在杭州艺创小镇搭建了展示非洲文化艺术以及售卖的平台，非洲艺术家们亲自动手制作月饼，欢度中国传统节日中秋节，走访小镇内一些文化创意企业，相互交流探讨。完成木雕创作交流后，主、承办方举办了面向公众开放的成果展，展览以

① 刘慧.文化部"2014 非洲文化聚焦"项目 非洲画家漫步浙江.（2014-10-26）[2024-01-09]. https://www.zjart.com/zjspc/media_detail/167361.
② 浙江省数字文化馆.文化和旅游部"对非培训基地"2018"非洲艺术家木雕创作交流"项目.[2024-01-09]. https://www.zjart.com/zjspc/resdb_index/28792.
③ 浙江新闻客户端.非洲艺术家来杭州干啥？木雕成果展在艺创小镇开幕.（2019-09-20）[2024-01-09]. https://www.zjart.com/zjspc/media_detail/167372.

"共同的家园"为主题，展出近 20 件非洲艺术家在浙期间创作及中非艺术家共同创作的作品。①

2019 年 9 月 19 日至 29 日，"共同的家园——2019 非洲艺术家木雕创作交流成果展"在杭州艺创小镇开幕。此次展览共展出包括中国和非洲 4 国 13 位艺术家的近 20 件作品。在交流活动即将结束之际，此次成果展旨在为中国和非洲的艺术家们提供一个展示、交流的机会与平台。展览展示了非洲艺术家在浙江期间学习、创作交流的成果，作品融合了中国元素和非洲本土特色，让普通百姓可以在家门口欣赏到来自非洲的精湛的木雕艺术。这些作品类型丰富、题材新颖多样，兼具艺术价值和观赏价值。多哥的埃亚菲·巴卡（Eyafei Baka）通过对劳动中的非洲女性的深度刻画，体现了非洲人民辛勤建设美好家园的愿景；马里艺术家哈米杜·考马尔（Hamidou Koumare）则用更为抽象的木雕向人们诉说他对传统文化的留恋；尼日尔艺术家蒙凯拉·希多（Mounkaila Seidou）用灵巧的双手打磨出尼日尔日常生产、生活中不可或缺的小舟，它在向人们诉说非洲故事的同时也是中非之间同舟共济的象征。②

（二）开展文化培训，促进西非国家文化繁荣

"对非人力资源培训"是推动对外文化传播、文化交流与文化贸易的创新方式。浙江省文化馆作为文化和旅游部首批"对非培训基地"，2013—2023 年，承接文化和旅游部不同主题、不同类别、不同层级的培训项目共 10 次。21 个非洲国家，81 位艺术家在浙江参加刺绣、竹编、陶艺、画家客座交流、木雕等培训及创作交流活动，历时 363 天，均获得良好反响，为中非文化交流与相助拓宽了渠道和内容。③

浙江历来是手工艺的传统产区，国家级非物质文化遗产数量、国家级非遗传承人数量均居全国首位。让"匠人"从幕后走到台前，抓住"匠心"这个"中国故事"的"魂"，讲述最动听的"中国故事"，让人体会故事背后的为什么。这也是浙江省文化馆作为"对非培训基地"的内核动力所在，让浙江省文

① 浙江省数字文化馆.文化和旅游部"对非培训基地"2019"非洲艺术家木雕创作交流"项目.[2024-01-09]. https://www.zjart.com/zjspc/resdb_index/28875.
② 浙江新闻客户端.非洲艺术家来杭州干啥？木雕成果展在艺创小镇开幕.（2019-09-20）[2024-01-09]. https://www.zjart.com/zjspc/media_detail/167372.
③ 浙江省文化馆.文化和旅游部对非培训基地"巧倕坊-2023 中国和非洲木雕艺术家创作交流"项目在东阳启动.（2023-10-20）[2024-01-08]. https://www.zjart.com/zjspc/news_detail/402436.

化馆的"对非培训基地"成为一个可以触摸的、有温度的、展示中国文化内核的魅力橱窗。

2021年，浙江省制定了对非交流合作三年行动计划，文旅交流合作是其重要组成部分。浙江省主要通过陶艺培训，实现与西非国家的文旅交流合作。

中国有五大名窑，其中的官窑、哥窑就在浙江。非洲学员通过一个月现场教学及观摩、体验课程，能够直观了解中国陶艺的发展历史和工艺，汲取中国传统文化的精华。西非制陶艺术历史久远。公元前500年至公元200年的诺克文化就以制陶技艺而著称，诺克赤陶雕像和头像是西非最古老的雕刻作品。

2016年6月1日至30日，协助文化部推进非洲文化培训"千人计划"，浙江省文化馆在文化部对非文化培训基地（杭州）举办第六届"非洲学员（陶艺）培训班"，来自莱索托、尼日利亚、坦桑尼亚的9名陶艺艺术家参加陶艺创作交流。本次结业展展出了非洲学员们在浙江期间学习、创作的成果。这些栩栩如生的陶艺作品，巧妙地将中国元素和非洲本土特色相融合，以这种特殊的形式反映了非洲大自然以及当地的传统民间文化。[1]

（三）开展文化产业合作，带动西非国家的文化繁荣

随着浙江省与西非国家贸易合作的繁荣、人文交流的频繁。浙江省与西非各国文化之间的交流、融合与碰撞，为浙江省与西非国家的出版合作与影视合作提供了广阔的空间。

1. 浙江省与西非国家的出版合作

截至2023年，浙江省的浙江科学技术出版社、浙江教育出版社、浙江工商大学出版社三家出版社与西非国家开展了出版合作。

浙江科学技术出版社与西非国家出版社合作出版科普读物。浙江省自1968年派出第一批援马里医疗队以来，浙江省援马里医疗队在马里对诸如锥虫病、库鲁病等热带疾病的防治过程中积累了宝贵的经验。为了防患于未然，让更多马里人掌握这些常见疾病的经验，医疗队决定把这些经验出版成书。2009年7月，由浙江科学技术出版社与马里撒哈拉出版社合作出版的《非洲常见病防治读本》法语版在马里首都巴马科首发，这是中马历史上第一次由两国出版社合作的图书。这本书出版后，在马里受到欢迎。从这本书开始，浙江出版联合集

---

① 《浙江外事侨务年鉴》编纂委员会.浙江外事侨务年鉴2017.杭州：浙江大学出版社，2018：91.

团与非洲出版界的合作一发而不可收，从《非洲常见病防治读本》系列衍生到"非洲农业技术发展丛书"，第一本《非洲农业技术发展读本》也是由撒哈拉出版社出版的。①

浙江科学技术出版社与塞拉利昂恩贾拉大学出版社（Njala University Press）合作出版的《非洲主要水产养殖品种和养殖技术（英语版）》立足塞拉利昂，面向整个非洲。全书以图文并茂的形式介绍了水产养殖业在非洲的发展概况，罗非鱼、非洲鲶鱼、鲤鱼等主要非洲养殖鱼种和养殖技术以及现代渔业加工技术。内容实用，表述通俗易懂，有很强的可读性。②浙江科学技术出版社与尼日利亚拉多克·阿金托拉科技大学出版社（Ladoke Akintola University of Technology Press）合作出版的《非洲农业发展与实用技术·尼日利亚（英文版）》一书主要介绍适合尼日利亚农业生产、农村经济急需的农作物的种植技术，包括栽培技术、肥水技术和病虫害防治技术等内容。③

浙江教育出版社与撒哈拉出版社合作出版小学教材。2013年，浙江教育出版社与非洲的马里撒哈拉出版社合作，组织数学教育专家精心翻译、本土转化，历经5年，出版法文版小学《数学》，供马里、喀麦隆以及其他法语国家和地区使用，该书荣获2019年度由中宣部中国新闻出版研究院组织评选的"输出版优秀图书奖"。④

浙江工商大学出版社翻译出版西非作家作品。浙江师范大学非洲翻译馆翻译的西非作家作品主要有：[加纳]米沙克·阿萨尔著，赖丽华译《索苏的呼唤》；[塞内加尔]玛利亚玛·芭著，汪琳译《一封如此长的信》；[塞内加尔]比拉戈·迪奥普著，朱志红译《听阿玛杜·库姆巴讲故事》；[尼日利亚]阿米娜·玛玛著，徐佩馨、许成龙译《面具之外：种族、性别和主体性》；[加纳]J. E. 卡兹尼·海福特著，陈小芳译《解放了的埃塞俄比亚》。

2.浙江省与西非国家的影视合作

西非国家的电影业在非洲相对发达。尼日利亚电影业被称为瑙莱坞或尼莱

① 马里的桑巴.中华读书报，2013-04-10（06）.
② 浙江科学技术出版社.非洲主要水产养殖品种和养殖技术（英语版）.（2022-12-08）[2024-01-29]. https://zjkj.zjcbcm.com/index.php?process=news&newsID=7571.
③ 浙江科学技术出版社.非洲农业发展与实用技术·尼日利亚（英文版）.（2022-12-08）[2024-01-29]. https://zjkj.zjcbcm.com/index.php?process=news&newsID=7575.
④ 杭州市上城区人民政府.推动中华文化"走出去"！上城区小学《数学》荣获国家级"输出版优秀图书奖".（2023-10-20）[2024-01-08]. https://www.hzsc.gov.cn/art/2021/1/21/art_1229248934_3837541.html.

坞，与美国的好莱坞、印度的宝莱坞并称世界三大电影产业。布基纳法索也是非洲电影大国，瓦加杜古享有"非洲影都"的盛名。瓦加杜古泛非影视节享誉非洲，近年也加入了"一带一路"电影节联盟，是中布、中非文化合作的践行者和推动者。浙江省是中国的影视大省，并依靠影视带动了旅游业的发展。浙江横店影视产业实验区是经国家广电总局批准，于 2004 年 4 月正式挂牌建立的全国第一个国家级影视产业实验区。是全国首个集影视创作、拍摄、制作、发行、交易于一体的国家级影视产业实验区。中国（浙江）影视产业国际合作区又是国家文化出口基地之一。浙江省与西非国家在影视合作方面具有良好的合作条件。

浙江省与西非国家的影视合作主要是浙江省的影视借助于中非视听节目推介会在西非国家推广。2021 年中非视听节目推介会在北京和塞内加尔首都达喀尔同步举办，电视剧《山海情》（法语版）等中国优秀视听节目将在塞内加尔、加蓬、刚果（金）等非洲国家电视台播出。塞内加尔文化和新闻部新闻司司长乌塞努·迪恩在致辞中表示，在文化交流的框架下举办此次推介会，尤其是中国电视剧《山海情》即将播出，有利于增进两国友谊，拉近两国人民距离，促进塞内加尔经济社会发展。《功勋》《在一起》《小欢喜》《23 号牛乃唐》等中国优秀视听节目，以及《哈拉筷子》《美食驾到》《与非洲同行》《熊猫和小跳羚》等中非合作制作节目当天在推介会上亮相。据介绍，这些节目将在塞内加尔国家电视台、加蓬国家电视台、刚果（金）国家电视台、布隆迪国家电视台、科摩罗 ORTC 电视台、摩洛哥新视野电视台、四达时代非洲数字电视平台等媒体播出。[①]其中，《山海情》由东阳正午阳光影视有限公司出品，《功勋》由东阳春羽影视文化有限公司、东阳市乐视花儿影视文化有限公司与上海广播电视台、融创未来影视文化传媒（北京）有限公司联合出品。

（四）以智库交流为媒介，促进民心相通

1.浙江省从事中国与西非国家研究的主要智库

浙江师范大学是一所以教师教育为特色的综合性省属重点大学。非洲研究是浙江师范大学省重点高校建设的品牌学科。浙江师范大学非洲研究院是在教

---

① 新华网.《山海情》等中国优秀视听节目将在非洲多国电视台播出.（2021-11-26）[2024-01-10]. http://www.xinhuanet.com/world/20211015/C99D2473F7B00001188312601D1A1528/c.html.

育部、外交部的支持下于 2007 年成立的中国高校首个综合性、实体性非洲研究院。浙江师范大学非洲研究院连续五年入选美国宾夕法尼亚大学《全球智库报告》"全球年度最佳区域研究中心（大学附属）"，还先后入选"中国社科院中国智库综合评价核心智库榜单""南京大学中国智库索引（CTTI）"中国高校智库百强 A+，在《中国智库报告（2018 年）》高校智库（特色）系统影响力排行榜第 4，在《中华智库影响力报告（2018 年）》高校智库影响力排行榜第 9 位，2021 年列居《全球智库影响力 2021》中国智库 TOP100 第 39 位、高校智库第 8 位；2022 年度 CTTI 年度高校智库百强 A+ 智库，获评 CTTI2022 年度智库建设优秀案例。国家部委这样赞誉智库服务："离不开、靠得住、可信赖。"①浙江师范大学非洲研究院设有的涉及西非国家研究的智库单位主要有法语非洲研究中心与尼日利亚研究中心，并长期聘任马里籍、尼日利亚籍以及塞拉利昂籍学者担任其研究员。截至 2023 年，聘任曾任马里驻华使馆第一参赞，曾在马里国家博物馆从事研究工作的来自马里的约罗·迪亚洛（Yoro Diallo）、来自尼日利亚的埃祖仑·迈克尔（Ehizuelen Michael）、塞拉利昂共和国外交与国际交流合作部前部长戴维·弗朗西斯（David Francis）长期担任非洲研究院的研究员。

2. 浙江省与西非国家的智库交流合作

浙江省与西非国家的智库交流合作主要表现如下：

第一，智库学者之间的访问交流。

"2014 年度教科文卫重点引智项目"获得者、尼日利亚国际问题研究所研究员伊费姆·恩卡姆·乌比（Efem Nkam Ubi）博士于 2015 年 12 月至 2016 年 2 月来浙江师范大学非洲研究院进行了为期 4 个月的访问交流，围绕"中国尼日利亚经济合作关系"这一课题与非洲研究院学者开展合作研究。访学期间，乌比博士在非洲研究院做了两场讲座：第一场题为《重建非洲：谈中国在尼日利亚基础设施发展中的合作关系及其作用》，第二场题为《尼—中经济关系与寻求市场机遇：谈如何不断深化、巩固中国与尼日利亚之间的经贸合作》。

2017 年 3 月至 4 月，浙江师范大学非洲研究院刘青海副研究员、胡美副研究员受毛里塔尼亚卫生部的邀请，在毛里塔尼亚展开为期一个月的调研访问。先后访问了毛里塔尼亚教育部、卫生部、水利部等部门。

① 非洲研究院（非洲区域国别学院）．研究院简介．[2024-01-28]. https://ias.zjnu.edu.cn/bygk/list.htm.

　　2017 年 7 月，浙江师范大学非洲研究院王学军副研究员、王严博士赴尼日利亚调研，先后访问尼日利亚国际问题研究所、拉各斯大学、阿布贾大学，与尼日利亚高校、智库就中非关系、中尼发展合作等议题展开讨论。2018 年 6 月至 7 月，浙江师范大学非洲研究院院长刘鸿武教授带队赴尼日利亚调研访问，先后调研古绍研究所、拉各斯大学、卡杜纳文献研究中心。

　　2023 年 10 月，浙江师范大学非洲研究院院长刘鸿武教授带队赴尼日利亚拉各斯、阿布贾、伊巴丹、卡诺、埃努古等地调研访问，先后与伊巴丹大学、古绍研究所、阿贾伊基金会、白墨战略教育研究院、尼日利亚大学（恩苏卡）、尼日利亚国际事务研究院、巴耶鲁大学、阿布贾艺术文化中心、阿布贾国家大清真寺等尼日利亚重要高校、智库、机构开展交流。

　　第二，西非国家智库学者、媒体记者受邀参加中非智库合作论坛和阿布贾论坛。

　　其一，参加中非智库合作论坛。中非智库论坛是中非合作论坛框架下的重要论坛之一，2011 年由浙江师范大学创建，以"民间为主、政府参与、坦诚对话、凝聚共识"为宗旨，有效促进了中非交流与互相理解，成为中国与非洲国家学术思想界和智库机构共同推进落实中非全面合作、提供维护发展中国家独立知识产品与思想智慧的重要平台。[①]

　　2013—2023 年，浙江师范大学先后举办了第三届、第四届、第五届、第六届、第七届、第八届、第九届、第十届、第十一届，共计 9 次中非智库合作论坛。邀请来自贝宁、多哥、几内亚、尼日利亚、塞内加尔、利比里亚、加纳、塞拉利昂、科特迪瓦、尼日尔、布基纳法索、马里、几内亚比绍、冈比亚 14 个西非国家的政要、智库学者、媒体记者等先后参加中非智库合作论坛。

　　其二，参加阿布贾论坛。阿布贾论坛是由浙江师范大学非洲研究院与尼日利亚古绍研究所联合举办的智库论坛。论坛自 2018 年举办第一届以来，截至 2023 年又先后举办了三届。阿布贾论坛先后邀请了尼日利亚前总统奥卢塞贡·奥巴桑乔（Olusegun Obasanjo）、加纳前总统约翰·马哈马（John Mahama）出席并发表主旨演讲。贝宁前总统博尼·亚伊（Boni Yayi），尼日尔前总统马哈曼·奥斯曼（Mahamane Ousmane）也出席了阿布贾论坛。受邀参加阿布贾

论坛并发言的嘉宾还有尼日利亚前国防部长与国家安全顾问阿里尤·穆罕默德·古绍（Aliyu Mohammed Gusau）将军（退役），尼日利亚联邦水利部前常务秘书穆萨·易卜拉欣（Musa Ibrahim），尼日利亚联邦畜牧司司长、首席兽医官、联合国粮农组织–世界动物卫生组织牛瘟联合咨询委员会主席朱奈杜·迈纳（Junaidu Maina），高山集团CEO、尼日尔官员勋章获得者穆罕默德·哈亚图–迪恩（Mohammed Hayatu-Deen），尼日利亚《卫报》有限公司前总经理与总主编埃迈克·埃泽泽（Emeka Izeze）等。

（五）以体育交流合作为载体，促进民心相通

浙江省与西非国家的体育交流合作主要表现在举办友谊赛事活动，以赛促交流、浙江省高校与西非国家的体育人才培养合作以及浙江省与西非国家的体育团体互访活动三方面。具体如下：

1.举办友谊赛事活动，以赛促交流

浙江省的杭州、宁波、安吉、江山、奉化、柯桥等地区通过举办乒乓球、羽毛球、长跑等项目的友谊赛，邀请西非国家及其他非洲国家运动员参加，以促进浙江省与西非国家的体育交流。

一是乒乓球比赛。2013—2023 年，西非国家参与了 2 场在浙江举办的乒乓球友谊赛。2014 年，宁波举办了"宁波文化广场杯""中国·宁波与非洲 12 国乒乓球友谊赛"。来自贝宁、布隆迪、喀麦隆、科特迪瓦、吉布提、加蓬、几内亚、马里、尼日尔、塞内加尔、乍得、刚果（布）等 12 个国家的 40 余名体育官员和乒乓球教练、运动员来甬参赛，宁波市乒乓球协会选派 40 余名乒乓球高水平运动员参加了比赛交流。宁波市体育局向非洲 12 国运动员赠送了运动鞋等纪念品。[①] 2017 年 8 月，来自贝宁、塞内加尔、加蓬、科特迪瓦等 12 个非洲国家的 8 支代表队 60 名乒乓球选手在奉化参加"一带一路"中非乒乓球邀请赛。[②]

二是羽毛球比赛。2015 年 9 月 25 日，"中国安吉–非洲四国羽毛球友谊赛"在安吉龙山体育中心举行，来自非洲法语国家贝宁、喀麦隆、刚果（布）、刚

---

① 中国·宁波与非洲 12 国乒乓球友谊赛举行.中国宁波网.（2014-08-10）[2024-01-10]. http://www.cnnb.com.cn/xinwen/system/2014/08/10/008134556.shtml.

② 浙江省体育局."一带一路"中非羽毛球、乒乓球邀请赛在浙江建德、奉化举行.（2017-08-20）[2024-01-10]. https://tyj.zj.gov.cn/art/2017/8/20/art_1347214_11133042.html.

果（金）四国的 27 名羽毛球运动员和科特迪瓦、马里、毛里塔尼亚、尼日尔、塞内加尔、毛里求斯 6 国的羽毛球教练员及官员共 38 人前来参赛。[①]2017 年 8 月，在建德举行的羽毛球比赛中，共有来自贝宁、刚果（金）、刚果（布）、科特迪瓦、吉布提、马里等 9 个非洲国家的 45 位运动员、教练员与中国选手展开比赛角逐。[②]2018 年 8 月 4 日，来自贝宁、布隆迪、喀麦隆、刚果（布）、刚果（金）、吉布提、马达加斯加、毛里塔尼亚、多哥、塞内加尔、科特迪瓦共 11 个国家的 49 名教练员与运动员在柯桥参加"一带一路"中国·柯桥与非洲法语国家羽毛球国际友谊赛。[③]2018 年 8 月，来自贝宁、布隆迪、喀麦隆、刚果（布）、刚果（金）、吉布提、马达加斯加、毛里塔尼亚、多哥、塞内加尔、科特迪瓦等 11 个非洲法语国家的 49 名非洲国家运动员及教练在江山市参加"一带一路"中非羽毛球国际友谊赛。[④]

三是长跑比赛。2020 年 11 月，"一带一路"国际跑酷大师赛圆满落幕，来自摩洛哥、津巴布韦、厄立特里亚与贝宁以及全国各地 50 名选手齐聚宁波天一广场，奉献了一场潮流运动与城市风貌相结合的体育盛典。[⑤]

2.浙江省高校与西非国家开展体育人才培养合作

2023 年 11 月 6 日，浙江体育职业技术学院与加纳国家青年与体育部签署合作协议，双方将在学历课程、运动训练、人才培养、国际交流等领域开展深入合作。[⑥]

3.浙江省与西非国家体育团体开展互访活动

2023 年 11 月 7 日，加纳体育部长技术顾问贝拉·贝洛·比图古（Bella Bello Bitugu）、加纳国家体育和青年部副总运营官雷克斯·夸贝纳·韦雷科–布罗比

---

① 非洲法语国家羽毛球队访问安吉.浙江省体育局.（2015-09-28）[2024-01-10]. https://tyj.zj.gov.cn/art/2015/9/28/art_1347225_9726589.html.
② 浙江省体育局."一带一路"中非羽毛球、乒乓球邀请赛在浙江建德、奉化举行.（2017-08-20）[2024-01-10]. https://tyj.zj.gov.cn/art/2017/8/20/art_1347214_11133042.html.
③ 浙江省体育局.中非羽毛球国际友谊赛在绍兴柯桥举行.（2018-08-09）[2024-01-10]. https://tyj.zj.gov.cn/art/2018/8/9/art_1347214_20183608.html.
④ 浙江省体育局."航宇杯"一带一路中非羽毛球国际友谊赛衢州江山开赛.（2018-08-13）[2024-01-10]. https://tyj.zj.gov.cn/art/2018/8/13/art_1347214_20318492.html.
⑤ 浙江省体育局.多国选手创造佳绩 2020 "一带一路"国际跑酷大师赛圆满收官.（2020-11-05）[2024-01-10]. https://tyj.zj.gov.cn/art/2020/11/5/art_1347214_59014842.html.
⑥ 浙江省体育局. 推动共建"一带一路"教育行动，构建学院国际合作新格局——浙江体育职业技术学院与加纳国家青年与体育部签署合作协议.（2021-11-26）[2024-01-10]. https://tyj.zj.gov.cn/art/2023/11/18/art_1347227_59118868.html.

（Rex Kwabena Wereko-Brobby）、加纳国家体育和青年部研究和体育部副部长霍伦·科菲·夸西加（Horen Kofi Quashigah）等一行拜访杭州亚运会组委会，杭州市政府毛根洪副秘书长会见加纳教育部和体育部代表团一行，亚组委相关领导陪同出席。[①]

---

① 访华实录4 | 加纳国家青年和体育部代表团拜访杭州亚组委 .（2023-11-22）[2024-01-20]. https://mp.weixin. qq.com/s?__biz=MzI0OTk0NzM4Mw==&mid=2247492102&idx=1&sn=dcd86f8e60fcf7718e195da696047261&c hksm=e98b179edefc9e8813358337d132bc86b864f5977e8720c79238f8273f37b83b6b65e2bd7e04&scene=27.

国别篇

浙江省与贝宁合作发展报告

贝宁，位于西非中南部，海岸线长 125 千米，拥有丰富的渔业资源和自然资源。转口贸易和农业是贝宁国民经济两大支柱。贝宁转口贸易十分活跃，到港货物 70% 转销到尼日利亚以及尼日尔、布基纳法索等内陆国家。贝宁主要出口棉花、腰果、水泥等产品，进口食品、日用消费品、化学制品等。①

近年来，中贝两国经贸合作的规模和领域不断扩大，方式更加多样化，逐步形成了进出口贸易、援外、投资、工程承包、境外加工贸易等相互促进发展的大经贸格局。2023 年，中国与贝宁双边贸易总额 17.28 亿美元，其中，中方出口额 16.3 亿美元，进口额 0.98 亿美元。②中国是贝宁第二大进口来源国，第四大出口目的地国。中国是贝宁第二大贸易伙伴。中国主要出口纺织和机电产品，进口棉花。中国企业在贝宁进行直接投资或开展境外加工贸易等活动起步较晚，但发展较快，主要涉及制糖、酒精和纺织等行业。近年来民营企业投资项目也不断增加，包括木材加工、矿泉水生产等项目。驻贝宁中资企业主要分布在工程承包、通信建设、制糖、纺织、农产品加工等领域。③

中国与贝宁于 1984 年签署了文化合作协定。中国在贝宁最大城市科托努设有"中国文化中心"，这是中国在非洲最早设立的文化中心。中国从 1978 年起向贝宁派遣医疗队。中贝 1992 年 5 月签署了互免持外交、公务、因公普通和附有公务证明的普通护照的签证协定，1993 年 11 月起生效。贝宁对持中国

---

① 中华人民共和国外交部.贝宁国家概况. [2023-11-28]. https://www.mfa.gov.cn/web/gjhdq_676201/gj_676203/fz_677316/1206_677414/1206x0_677416/.

② 数据来源：国研网统计数据查询分析平台（https://www.drcnet.com.cn/）。

③ 商务部对外投资和经济合作司，商务部国际贸易经济合作研究院，中国驻贝宁大使馆经济商务处.对外投资合作国别（地区）指南 贝宁（2024年版）. [2025-01-28]. https://www.mofcom.gov.cn/dl/gbdqzn/upload/beining.pdf.

普通护照赴贝宁的中国公民实施免签入境政策，自 2023 年 9 月 20 日起生效，免签停留期最长 30 日。①

一、浙江省与贝宁合作情况

浙江省宁波市与贝宁的交流频繁且务实，重点围绕职业教育、经贸合作和文化互访展开。2016 年，贝宁基础设施与交通部部长、经济财政部部长等政府代表团访问宁波职业技术学院，参观中国职业技术教育援外培训基地，希望深化合作，为贝宁及西非国家培养实用型技能人才。同年，贝宁市长代表团也访问宁波，进一步推动双方合作。2019 年，贝宁政府代表团在参加首届中国–中东欧国家博览会期间，专程考察宁波企业，探讨项目合作。

此外，贝宁驻华大使西蒙·皮埃尔·阿多韦兰德（Simon Pierre Adovelance）多次访问浙江，参与文化交流活动。2019 年，他参观了浙江艺术紫檀博物馆和世界温州人家园，深入了解温州文化。2021 年，他还参加了"驻华使节浙江行"活动，进一步推动贝宁与浙江在文化、经济等领域的交流与合作。这些活动不仅加深了双方的理解与友谊，也为未来合作奠定了坚实基础。

（一）浙江省与贝宁经贸合作

1.浙江省与贝宁经贸合作整体情况

2023 年，浙江省与贝宁的进出口贸易总额约为 4.17 亿美元，相较于 2022 年的 4.15 亿美元，同比增长 0.48%。2023 年，浙江省与贝宁的双边贸易总额约占中贝贸易总额（17.28 亿美元）的 24.13%。2013—2023 年，浙江省与贝宁的经贸合作整体上呈现出先增长再下降，再上升的趋势，详见表 1。

表 1　2013—2023 年浙江省与贝宁进出口贸易总额

年份	进出口贸易总额 / 亿美元
2013	10.38
2014	11.89
2015	9.35
2016	5.66
2017	4.03

---

① 中华人民共和国外交部.中国同贝宁的关系. [2023-12-21]. http://switzerlandemb.fmprc.gov.cn/web/gjhdq_676201/gj_676203/fz_677316/1206_677414/sbgx_677418/.

年份	进出口贸易总额 / 亿美元
2018	4.65
2019	5.24
2020	2.56
2021	3.43
2022	4.15
2023	4.17

数据来源：作者根据国研网（https://www.drcnet.com.cn/）相关数据整理。

2. 浙江省对贝宁的出口及其构成情况

2013—2023 年，浙江省向贝宁出口的主要商品有：钢铁；鞋靴、护腿类似品及其零件；化学纤维长丝；化学纤维纺织材料制扁条及类似品；棉花；离心泵；冷藏箱；压缩机；烤炉；家用手工用具；刀片；金属相框；金属制附件及架座；塑料及其制品，橡胶及其制品；茶叶；化学制品；等等。下文以 2023 年为例说明浙江省对贝宁的出口商品构成及占比情况。

2023 年，浙江省向贝宁出口的商品总额为 4.15 亿美元[①]，占中国向贝宁出口商品总额（16.3 亿美元）的 25.58%，占浙江省与贝宁进出口贸易总额（4.17 亿美元）的 99.52%。浙江省向贝宁出口的主要商品有：纺织原料及纺织制品；机电产品；金属及其制品；塑料及其制品，橡胶及其制品；茶叶。这五类产品共占浙江省向贝宁出口商品总额的 69.6%，具体如下。

纺织原料及纺织制品。2023 年，浙江省向贝宁出口的纺织原料及纺织制品总额为 8398.68 万美元，约占浙江省向贝宁出口商品总额的 20.24%。宁波维科控股集团股份有限公司旗下的维科精华，其主打品牌"KOYO"的高亮度大提花布品牌布料经由贝宁转销非洲各地，打破了德国同类产品在非洲高档商场的垄断地位。[②]

机电产品。2023 年，浙江省向贝宁出口的机电产品总额为 8048.99 万美元，占浙江省向贝宁出口商品总额的 19.4%。其中，锅炉、机器、机械器具及零件的出口总额为 2708.70 万美元。

---

① 这里的出口总额为各种贸易方式、捐赠物资等的总值，包括一般贸易、国家间和国际组织无偿援助和赠送的物资、补偿贸易、来料加工贸易、进料加工贸易、寄售、代销贸易、对外承包工程出口货物、出料加工贸易、以货易货等。下同。

② 从产品到工厂一条龙输出　宁波对非贸易往来开启"光纤时代". (2018-09-11) [2024-01-18]. https://zjnews.zjol.com.cn/zjnews/nbnews/201809/t20180911_8241711_ext.shtml.

金属及其制品。2023 年，浙江省向贝宁出口的金属及其制品总额为 7740.06 万美元，占浙江省向贝宁出口商品总额的 18.65%。其中，钢铁制品出口总额为 3141.81 万美元，钢铁出口总额为 2155.17 万美元。

塑料及其制品，橡胶及其制品。2023 年，浙江省向贝宁出口的塑料及其制品，橡胶及其制品总额为 3060.28 万美元，占浙江省向贝宁出口商品总额的 7.37%。其中，塑料及其制品出口总额为 2757.01 万美元，橡胶及其制品出口总额为 303.27 万美元。

茶叶。2023 年，浙江省向贝宁出口的茶叶总额为 1634.65 万美元，占浙江省向贝宁出口商品总额的 3.94%。

3. 浙江省从贝宁的进口及其构成情况

2013—2023 年，浙江省从贝宁进口的主要商品有：腰果；油棕榈；未锻轧铝；木及木制品、木炭；金属及其制品；等等。下文以 2023 年为例说明浙江省从贝宁进口的商品构成及占比情况。

2023 年，浙江省从贝宁进口的商品总额为 169.25 万美元，占中国从贝宁进口的商品总额（0.98 亿美元）的 1.72%，占浙江省与贝宁进出口贸易总额（4.15 亿美元）的 0.41%。浙江省从贝宁进口的主要商品有：腰果；铝及其制品。

腰果。2023 年，浙江省从贝宁进口的腰果总额为 91.91 万美元，占浙江省从贝宁进口总额的 54.3%。

铝及其制品。2023 年，浙江省从贝宁进口的铝及其制品总额为 34.48 万美元，占浙江省从贝宁进口总额的 20.37%。

（二）浙江省与贝宁人文交流合作

浙江省与贝宁的人文交流合作主要表现在教育合作、援助及技术合作三个方面。

1. 浙江省与贝宁的教育合作

2016 年，宁波职业技术学院在贝宁科托努市成立中非（贝宁）职业技术教育学院，成为浙江省第一所"走出去"设立海外办学点的高职院校。2022 年 8 月，宁波职业技术学院"贝宁鲁班工坊"获批，这是浙江第一个院校海外办学项目获此殊荣。另外，有贝宁留学生通过中国政府奖学金来到浙江省高校留学。

总部位于浙江省杭州市钱江新城的中天控股集团有限公司的贝宁项目在当地创办民工技术学校，通过开设实操课程教学，现场手把手教技能，为贝宁当地培养 600 多名技术较为熟练的房建技术工人。[①]

2.浙江省对贝宁的援助

2012 年，浙江省宁波市和贝宁科托努市签署友好关系协议。2013 年 4 月 12 日，宁波市向科托努市赠送了两辆清扫车。[②]

2014 年 3 月 18 日，由中国宁波国际合作有限责任公司 7 部运作的援贝宁马朗维尔垦区第七期技术合作项目专家楼工程顺利竣工，大大改善了援外专家的生活条件。该合作项目技术合作期限为 2 年，自 2012 年 11 月 21 日至 2014 年 11 月 20 日，由中国宁波国际合作有限责任公司负责提供部分农机设备、零配件和农业物资，修建中方专家住房并派遣技术人员赴贝宁对马朗维尔垦区的农业生产、水利设施、农机操作等进行技术指导。贝宁政府非常重视中国宁波国际合作有限责任公司援贝宁马朗维尔垦区技术合作项目，总统及农业部长多次视察垦区。[③]

3.浙江省与贝宁的技术合作

2019 年 11 月 28 日，由贝宁共和国驻华特命全权大使西蒙带领大使馆代表团考察参观了杭州师范大学国家大学科技园展厅，并与园区企业杭州学谷智能科技有限公司签订了技术合作协议。[④]

2014 年 4 月 10 日至 11 日，为了寻求小水电、太阳能、沼气等可再生能源领域互补开发解决方案，以改善非洲国家普遍面临的电力短缺现状，贝宁著名的非政府组织——宋海中心主任戈弗雷·恩扎穆乔（Godfrey Nzamujo）博士访问位于杭州的亚太地区小水电研究培训中心（水利部农村电气化研究所）。亚太地区小水电研究培训中心就可再生能源和分布式供电系统研究方面所取得的成果与宋海中心主任做了交流。戈弗雷博士随后参观了浙江大学智能电网实验

① 浙江新闻.他们在这个非洲国家教出 600 多名技术工人.（2021-06-16）[2024-01-17]. https://zj.zjol.com.cn/video.html?id=1684608&width=854.
② 中华人民共和国驻贝宁共和国大使馆.驻贝宁大使陶卫光参加宁波市向科托努市赠送清扫车仪式.（2013-04-15）[2023-02-22]. http://bj.china-embassy.gov.cn/zbgx/201304/t20130415_5633171.htm .
③ 中国国际工程咨询协会，中国对外承包工程年鉴编委会. 2016 中国对外承包工程年鉴　总第 4 期.北京：中国商业出版社，2016：346.
④ 崔振平.西非贝宁共和国驻华大使到科技园考察访问.（2019-12-04）[2024-01-17]. https://www.hznu.edu.cn/c/2019-12-04/2259528.shtml.

室，拟加强农村分布式能源合作并在贝宁及其他西非国家推广应用。①

二、浙江省与贝宁合作的机遇与挑战

（一）机遇

第一，浙江省在基础设施发展上的优势符合贝宁发展基础设施的需求。贝宁的峰值电力需求为 250 兆瓦。到 2025 年，该电力需求将增加至 500 兆瓦。贝宁积极寻求独立电力生产商（Independent Power Producer, IPP）投资，希望通过热能、太阳能、风能发电等多渠道提升其发电能力，以满足未来十年预期的工业、商业和住宅用电需求。②塔隆政府的长期目标之一是通过公私合作伙伴关系将发电能力提高到 4000 兆瓦，并成为向邻国输出剩余电力的国家。③2022 年 1 月，贝宁政府发布了第二个政府行动计划（Second Government Action Plan），估计耗资 206 亿美元，将加大公路、机场、铁路、港口等基础设施建设。贝宁政府积极寻求投资以建成一个新的国际机场及完成科托努港的扩建。④

浙江省鼓励省内企业加强境外的能源资源勘探和开发投资，加强国际产能合作。浙江省鼓励电力与能源企业走出去，鼓励境外风电电力资源、光伏发电等电力资源的合作开发。此外，浙江省还鼓励与"一带一路"国家实现基础设施互联互通。⑤浙江省同贝宁的基建合作由来已久，2008 年浙江省的企业就援助贝宁建成了"贝宁中心"。科托努港是贝宁最重要的港口，是外贸货物进出口集散地。浙江省参与科托努港的扩建，有利于推动浙江省与西非国家市场的高效合作。

第二，浙江省在农业发展上的优势符合贝宁发展农业的愿望。虽然贝宁粮食基本自给，但农牧业生产水平不高，尤其是畜禽产品的自给率很低，主要依

① 亚太地区小水电研究培训中心（水利部农村电气化研究所）.贝宁宋海中心主任访问我所（中心）.（2014-04-21）[2024-01-17].http://www.hrcshp.org/cn/onews.asp?id=1265.

② International Trade Administration. Benin Country Commercial Guide.Energy.（2023-01-04）[2024-01-17]. https://www.trade.gov/country-commercial-guides/benin-energy-0.

③ International Trade Administration. Benin Country Commercial Guide.Energy.（2020-03-10）[2024-01-17]. https://www.trade.gov/country-commercial-guides/benin-energy.

④ International Trade Administration. Benin Country Commercial Guide.Market Opportunities.（2023-01-04）[2024-01-17]. https://www.trade.gov/country-commercial-guides/benin-construction.

⑤ 中华人民共和国中央人民政府.浙江发布境外投资指南 鼓励七大领域产业合作.（2019-07-24）[2024-01-17]. https://www.gov.cn/xinwen/2019/07/24/content_5414350.htm.

赖进口。①玉米是当地主要农作物之一，单产低、品质差。木薯是贝宁主要粮食作物，但当地农民只会简单地种和收。贝宁畜禽主要以散养为主，满足不了当地市场的需求，需要从欧洲或周边国家进口。浙江是农业对外贸易大省、强省之一。在 2019 年的浙江–非洲共建"一带一路"经贸合作对接会上，浙江省与贝宁签约了农业项目合作。②《浙江省企业境外投资指南（2019）》中也指出，浙江省要加强农业对外合作。③浙江省同贝宁的农业合作不仅能提高贝宁的农牧业生产水平，还有利于腰果、木薯、菠萝等贝宁优势作物的进口。通过由浙江企业运营的贝宁中心"牵线"，中国大量进口了贝宁的带壳腰果、大豆。④

第三，浙江省在医疗领域的优势符合贝宁发展医疗的需求。贝宁的私人诊所越来越多，对医疗设备的需求也在增加。其中一些诊所可能会选择使用二手医疗设备。不仅私人诊所，贝宁的多家医院也迫切需要更换过期的医疗设备。新冠疫情的爆发凸显出贝宁既缺乏呼吸机、氧气罐、脉搏血氧仪等氧气设备，也缺乏药物和个人防护装备的状况。在第二个政府行动计划中，贝宁政府也计划购买新的医疗设备。⑤近年来，浙江省生物医药产业发展态势良好。2023 年，浙江省生物医药产业全年实现营业收入 2629 亿元；获批上市的创新药（1 类）、改良型新药（2 类）、创新医疗器械达到 26 个，总数位居全国第一；2023 年度中国医药工业百强榜，浙江共 15 家企业上榜，上榜数首次居全国第一，呈现出较好的发展韧性和活力。⑥

第四，贝宁旅游业发展潜力无限，浙江省与贝宁旅游业合作潜力大。贝宁是西非第五大旅游目的地，旅游业发展潜力巨大。贝宁政府已宣布科托努以西机场和乌伊达市之间的海滨地区为旅游中心，鼓励在这个区域发展酒店和休闲。扩大旅游业是政府第一个行动计划中的关键一项，其项目旨在吸引游客到该国部分地区了解奴隶制的历史，参观殖民前的宫殿和传统建筑结构，并见证

① 中华人民共和国中央人民政府.中国农业技术示范中心促进贝宁发展.（2015-03-23）[2024-01-17]. https://www.gov.cn/xinwen/2015-03/23/content_2837484.htm.
② 浙江一带一路网.浙江—非洲共建"一带一路"经贸合作对接会举行　共商发展.（2021-09-27）[2024-01-17] https://zjjydyl.zj.gov.cn/art/2021/9/27/art_1229691738_25531.html.
③ 中华人民共和国中央人民政府.浙江发布境外投资指南 鼓励七大领域产业合作.（2019-07-24）[2024-01-17]. https://www.gov.cn/xinwen/2019-07/24/content_5414350.htm.
④ 中国宁波网.甬企助力贝宁"甜面包"在进博会上"首秀".（2023-11-09）[2024-01-17].http://news.cnnb.com.cn/system/2023/11/09/030539637.shtml.
⑤ International Trade Administration. Benin Country Commercial Guide.Medial Equipment.(2023-01-04)[2024-01-17]. https://www.trade.gov/country-commercial-guides/benin-medical-equipment.
⑥ 王潇雨.医学科技创新"浙江生态"是如何培育的.（2024-07-05）[2024-07-23]. https://m.cnr.cn/chanjing/health/20240705/t20240705_526778521.html.

自然栖息地的野生动物。[1]浙江省在开展对非洲国家旅游合作上具有成功的经验。2019年，浙江开启"万人游非洲"旅游交流合作计划。[2]2023年，金华举办了以"加强中非文化交流和旅游合作，共筑高水平中非命运共同体"为主题的"中非文化和旅游合作论坛"。

（二）挑战

其一，贝宁本国人口消费能力和购买力有限。贝宁人口只有1340万（2022年），是联合国公布的最不发达国家之一和重债穷国。根据联合国开发计划署《2022年人类发展报告》公布的人文发展指数，贝宁居166位。[3]其二，贝宁能源短缺现象虽逐渐缓解，但电费较高；贝宁电力严重不足，全国通电率较低。目前贝宁电力总装机容量约为181.5兆瓦，能源自给率只有70%。[4]其三，贝宁对尼日利亚经济依存度较高。通过科托努港进口的大米、冷冻家禽、糖和甜味剂、精加工谷物、乳制品、加工蔬菜和植物油中有90%再出口到尼日利亚西部或尼日尔。[5]尼日利亚经济不景气和货币贬值严重影响了贝宁商品的再出口。[6]

---

[1] International Trade Administration. Benin Country Commercial Guide.Medial Equipment.(2023-01-04) [2024-01-17]. https://www.trade.gov/country-commercial-guides/benin-medical-equipment.

[2] 中华人民共和国中央人民政府.浙江开启"万人游非洲"旅游交流合作计划.（2019-05-11）[2024-01-17]. https://www.gov.cn/xinwen/2019-05/11/content_5390705.htm.

[3] 中华人民共和国外交部.贝宁国家概况.[2024-04-13]. https://www.mfa.gov.cn/web/gjhdq_676201/gj_676203/fz_677316/1206_677414/1206x0_677416/.

[4] 商务部国际贸易经济合作研究院，中国驻贝宁大使馆经济商务处，商务部对外投资和经济合作司.对外投资合作国别（地区）指南 贝宁（2024年版）. [2025-01-28]. https://www.mofcom.gov.cn/dl/gbdqzn/upload/beining.pdf.

[5] International Trade Administration. Benin Country Commercial Guide.Agriculture Sector. (2023-01-04) [2024-01-17]. https://www.trade.gov/country-commercial-guides/benin-agriculture-sector.

[6] International Trade Administration. Benin Country Commercial Guide.Agriculture Sector. (2023-01-04) [2024-01-17]. https://www.trade.gov/country-commercial-guides/benin-agriculture-sector.

浙江省与多哥合作发展报告

多哥是拥有 4 亿多人口的西非市场的门户，也是西非最为安全的投资目的地之一。农业、磷酸盐产业和转口贸易是多哥三大支柱产业。多哥磷酸盐产量居撒哈拉沙漠以南非洲国家前列，已探明优质磷酸盐矿储量 2.6 亿吨，含少量碳酸盐的约 10 亿吨。其他矿藏有石灰石、大理石、铁和锰等。[①]

中国为多哥第一大进口来源国。2023 年，中国与多哥双边贸易总额 39.49 亿美元，同比增长 21.3%。其中，中方出口额 37.8 亿美元，同比增长 24.3%；进口额 1.69 亿美元，同比下降 12.3%。中国企业在多哥开展工程承包业务始于 1991 年。中方在多哥的主要工程承包企业有中国民航机场建设集团、威海国际、中国路桥、华为等，业务集中在道路、机场、电信、电力等领域。[②]

中多两国政府签有文化、教育合作协定和中国向多哥派遣医疗队协定书。中国自 1974 年起向多方派遣医疗队。2022—2023 学年全年多哥在华留学生总数为 252 名，其中中国政府奖学金生 79 名。1996 年 6 月，多哥首都洛美市与深圳市结为友好城市，洛美保税区与深圳沙头角保税区结为友好区。由多哥洛美大学与中国四川外国语大学合作创办的多哥洛美大学孔子学院，截至 2023 年已培训学生 2000 多人次。2015 年 5 月 7 日，《中华人民共和国政府和多哥共和国政府关于互免持外交、公务护照人员签证的协定》正式生效。[③]

---

① 中华人民共和国驻多哥共和国大使馆经济商务处.多哥概况.（2020-06-29）[2023-12-25]. http://tg.mofcom. gov.cn/article/ddgk/202006/20200602978219.shtml.

② 中华人民共和国外交部.中国同多哥的关系. [2023-12-25]. https://www.mfa.gov.cn/web/gjhdq_676201/gj_ 676203/fz_677316/1206_677534/sbgx_677538/.

③ 中华人民共和国外交部.中国同多哥的关系. [2023-12-25]. https://www.mfa.gov.cn/web/gjhdq_676201/gj_ 676203/fz_677316/1206_677534/sbgx_677538/ .

一、浙江省与多哥合作情况

浙江省与多哥的合作主要集中在经贸合作领域，其他领域的合作相对较少。

（一）浙江省与多哥经贸合作

2016 年 7 月 2 日至 10 日，浙江省海港集团代表团访问多哥，察看洛美集装箱码头投资建设情况，商讨合作开发洛美集装箱码头事宜。[①]

2018 年 7 月 23 日，浙江省商务厅与多哥驻华使馆在杭州举办多哥国别推介会活动。中地海外水务、浙江正和交通建设集团有限公司、杭州中非桥电子商务有限公司等 20 余家企业负责人参加活动。[②]2018 年 9 月 7 日，多哥共和国总统办公厅、浙江省商务厅和中非发展基金在杭州黄龙饭店共同举办中国（浙江）-多哥商务论坛。多哥政府多位部级官员以及涉及农业、矿业、旅游业、制造业等行业的 30 多位企业家参加了活动，中方 60 余家对口企业派代表参加，涉及农产品加工、基础设施建设、工业园区开发、能源、纺织服装、制造业、港口、物流等多个领域。活动总规模超过 180 人。[③]

1.浙江省与多哥经贸合作整体情况

2013—2023 年，浙江省与多哥的经贸合作，除 2015 年、2016 年、2017 年有所下滑外，整体上呈现出增长的态势，详见表 1。2018 年以来，浙江省与多哥的进出口贸易总额呈现出上升的趋势，在 2020 年达到 5.86 亿美元，2021 年突破 7 亿美元大关，2022 年达到 7.43 亿美元，同比增长约 5.54%。2023 年，浙江省对多哥的双边贸易总额为 9.96 亿美元，占中国对多哥双边贸易总额（39.49 亿美元）的 25.22%。

表 1 2013—2023 年浙江省与多哥进出口贸易总额

年份	进出口贸易总额 / 亿美元
2013	3.89
2014	4.30
2015	3.82

① 《浙江外事侨务年鉴》编纂委员会.浙江外事侨务年鉴2017.杭州：浙江大学出版社，2018：79.
② 浙江商务.共筑浙江多哥合作未来！多哥国别推介会在省商务厅举行.（2018-07-24）[2024-01-17]. https://mp.weixin.qq.com/s?__biz=MzAxNTE2MzAwNQ==&mid=2651174734&idx=1&sn=03b346c6109ffaa591297005 75b97aaa&chksm=80795c5cb70ed54a92a4ff199515a5375e43792d66c386e4055a9f57fc81af66cd1fe63fa661#rd.
③ 浙江省商务厅.中国（浙江）—多哥商务论坛在杭举办.（2018-09-08）[2024-01-17]. http://zcom.zj.gov.cn/ art/2018/9/8/art_1384591_20982081.html.

年份	进出口贸易总额/亿美元
2016	3.34
2017	2.76
2018	3.61
2019	5.11
2020	5.86
2021	7.04
2022	7.43
2023	9.96

数据来源：作者根据国研网统计数据查询分析平台（https://www.drcnet.com.cn/）相关数据整理。

2.浙江省对多哥的出口及其构成情况

2013—2023 年，浙江省向多哥出口的主要商品有：茶叶；番茄酱罐头；化学纤维长丝；化学纤维纺织材料制扁条及类似品；柴油；鞋靴、护腿类似品及其零件；蓄电池；手电筒；摩托车；等等。下文以 2023 年为例说明浙江省对多哥的出口商品构成及占比情况。

2023 年，浙江省向多哥出口的商品总额为 9.58 亿美元，占中国向多哥出口商品总额（37.8 亿美元）的 25.34%，占浙江省与多哥进出口贸易总额（9.96 亿美元）的 96.18%。浙江省向多哥出口的主要商品有：纺织原料及纺织制品；机电产品；金属及其制品；塑料及其制品，橡胶及其制品；鞋帽、伞类及人造花、叶与果实产品。这五类产品共占浙江省向多哥出口商品总额的 73.40%，具体如下。

纺织原料及纺织制品。浙江省向多哥的出口产品中，印花布、染花布、混纺布、色织布、漂白布、擦拭用布、无纺布、制油苦布、斜纹布、纱布等纺织品的贸易总额最多。2023 年，浙江省向多哥的纺织原料及纺织制品出口总额为 3.07 亿美元，占浙江省向多哥出口总额的 32.04%。[①]

机电产品。2023 年，浙江省向多哥出口的机器、机械器具及机电产品总额为 1.75 亿美元，占浙江省向多哥出口商品总额的 18.27%。其中，锅炉、机器、机械器具及零件的出口总额为 5372.85 万美元。

金属及其制品。2023 年，浙江省向多哥出口的金属及其制品总额为 1.27 亿美元，占浙江省向多哥出口商品总额的 13.26%。其中，钢铁出口总额为

① 数据来源：国研网统计数据查询分析平台（https://www.drcnet.com.cn/）。

3098.27 万美元、钢铁制品出口总额为 4279.48 万美元、铜及其制品出口总额为 35.54 万美元、铝及其制品出口总额为 494.83 万美元、锌及其制品出口总额为 0.72 万美元、锡及其制品出口总额为 14.01 万美元，金属工具、器具、利口器、餐匙、餐叉及其零件出口总额为 1570.68 万美元、金属杂项制品出口总额为 3180.92 万美元。①

塑料及其制品，橡胶及其制品。2023 年，浙江省向多哥出口的塑料及其制品，橡胶及其制品的总额为 5355.66 万美元，占浙江省向多哥出口商品总额的 5.59%。其中，塑料及其制品出口总额为 4729.30 万美元，橡胶及其制品出口总额为 629.36 万美元。

鞋帽、伞类及人造花、叶与果实产品。2023 年，浙江省向多哥出口的鞋帽、伞类及人造花、叶与果实产品的总额为 4153.52 万美元，占浙江省向多哥出口商品总额的 4.24%。其中，鞋靴、护腿和类似品及其零件出口总额为 3445.52 万美元。

3.浙江省从多哥的进口及其构成情况

2013—2023 年，浙江省从多哥进口的主要商品是芝麻、可可、腰果等农产品以及未锻轧铝、铜废料及碎料等。下文以 2023 年为例说明浙江省从贝宁进口的商品构成及占比情况。

2023 年，浙江省从多哥进口的商品总额为 3826.78 万美元，占中国从多哥进口商品总额（1.69 亿美元）的 22.63%，占浙江省与多哥进出口贸易总额（9.96 亿美元）的 3.84%。浙江省从多哥进口的主要商品有：芝麻；可可；未锻轧铝；铜废料及碎料；腰果。

芝麻。2023 年，浙江省从多哥进口的芝麻总额为 1723.16 万美元，占浙江省从多哥进口商品总额的 45.03%。②

可可。2023 年，浙江省自多哥进口可可共计 1100.79 万美元，占浙江省从多哥进口商品总额的 28.76%。

未锻轧铝。2023 年，浙江省自多哥进口未锻轧铝共计 480.60 万美元，占浙江省从多哥进口商品总额的 12.54%。

铜废料及碎料。2023 年，浙江省自多哥进口铜废料及碎料共计 343.42 万

---

① 数据来源：国研网统计数据查询分析平台（https://www.drcnet.com.cn/）。
② 数据来源：中华人民共和国海关总署｜海关统计数据在线查询平台（http://stats.customs.gov.cn/）。

美元，占浙江省从多哥进口商品总额的 8.97%。

腰果。2023 年，浙江省自多哥进口未去壳腰果共计 178.59 万美元，占浙江省从多哥进口商品总额的 4.67%。[①]

二、浙江省与多哥合作的机遇与挑战

多哥与浙江省发展战略契合，经济互补性强，合作前景广阔。浙江省在基础设施建设、进出口、农业、港口、物流、旅游等领域加强与多哥合作，实现优势互补，共享发展机遇。

（一）机遇

第一，浙江省在港口发展方面的优势契合多哥通过经营发展港口拉动经济发展的愿望。多哥地理位置优越，已经成为多个国家进口基本必需品的门户，尤其是萨赫勒地区的内陆国家。几内亚湾国家与蓝色经济的关系更加密切，其70%的经济活动都与海洋经济相关，海洋经济对财政收入的贡献率超过 75%。[②]洛美是多哥对外贸易的主要通道，系西非地区唯一自然深水港。截至 2023 年，洛美港有 2 个码头、4 个泊位，能同时停泊 4 艘 2.5 万吨级货轮。2021 年洛美港首次进入了世界排名前 100 的集装箱港口行列。2020—2023 年，洛美港的年吞吐量为 2500—3000 吨。[③]浙江省在港口、物流、农产品加工、制造业等方面优势突出，浙江企业参与多哥的发展和重点项目建设，有利于实现互利共赢。

第二，浙江省在数字经济发展上的成就契合多哥政府路线图。多哥新政府路线图 2020—2025 提出三大发展主线。其中第三主线"深化结构性改革和提升国家现代化水平"进展良好并取得新的成果，尤其是在数字经济领域。多哥政府计划将多哥打造成西非地区数字化发展的标杆，"为此提出四个项目：第一，扩大网络覆盖面。近期多哥部长会议上通过法令，要求该国所有土木工程建设时必须铺设光纤，以助力多哥在 2025 年实现其成为西非铺设光纤数量最多的国家并且成为地区数字化标杆的目标；第二，加强与全球互联网连接。

---

① 数据来源：中华人民共和国海关总署 | 海关统计数据在线查询平台（http://stats.customs.gov.cn/）。
② 中华人民共和国驻多哥共和国大使馆经济商务处.多哥港口经济拉动经济增长.（2023-06-16）[2023-12-25]. http://tg.mofcom.gov.cn/article/ztdy/202306/20230603417003.shtml.
③ 商务部对外投资和经济合作司，商务部国际贸易经济合作研究院，中国驻多哥大使馆经济商务处.对外投资合作国别（地区）指南　多哥（2024 年版）.[2025-01-25]. https://www.mofcom.gov.cn/dl/gbdqzn/upload/duoge.pdf.

2023 年下半年，多哥与贝宁、加纳签订协议，实现与两国手机漫游业务；第三，实现主要公共服务数字化。多哥政府建设电子政务系统，目前已经可实现个人、企业在线办理护照、驾照、开立家庭用电账户等业务；第四，打造数字化创新平台。多哥政府出台政策举措支持青年人才及数字经济领域创新，相关机构不断致力于改善通信服务使消费者受益"[1]。

数字经济是浙江省"八八战略"的重要内容之一。20 多年来，浙江省以数字浙江建设推进经济社会高质量发展，2021 年和 2022 年数字化综合发展水平均位居全国（不包含港、澳、台）第一。2022 年，浙江数字经济规模接近 4 万亿元，占 GDP 比重达 50.6%，其中核心产业增加值达 8977 亿元，产业数字化指数连续 3 年位居全国第一。[2]

浙江省数字经济发展所取得的成就契合了多哥政府将多哥打造成地区数字化标杆的目标。浙江省在数字政务方面的经验尤其值得多哥学习借鉴。浙江在率先推进电子政务建设基础上，加快推进机关效能建设、"四张清单一张网"、"最多跑一次"改革、政府数字化转型、数字化改革、营商环境优化提升"一号改革工程"等。通过打造"掌上办事之省""掌上办公之省""掌上治理之省"，群众和企业办事平均减材料 67.2%、减时间 66.3%，实现"智办秒办""一键直达"，让政务服务更有效，让社会治理更精准。[3]

第三，浙江省在农业发展上的优势符合多哥发展农业的愿望。多哥是传统的农业国，农业是多哥经济的支柱，可可、咖啡与棉花是多哥的三大经济作物。多哥三分之二的劳动力都聚集在农业上，与其他国家相比，多哥多数农场的劳动生产率仍然很低。2001—2019 年，多哥农业的平均劳动生产率以每年 0.5% 的缓慢速度增长，与前 10 年相比（每年 0.7%）正在放缓。此外，2007—2016 年，多哥的全要素生产力（total factor productivity）停滞在每年 0.2% 的水平，而卢旺达等同类国家的农业生产力每年增长约 2.4%。[4] 在多哥农村人口绝

---

① 中华人民共和国驻多哥共和国大使馆经济商务处.多哥数字经济领域不断取得发展.（2023-11-08）[2023-12-25]. https://tg.mofcom.gov.cn/jmjk/art/2023/art_70b49452725b4924b68e8a3a21941c30.html.

② 浙江省经济信息中心.数字中国战略的浙江溯源与实践.（2023-12-29）[2024-07-24]. https://zjic.zj.gov.cn/zkdt/rdzx/202312/t20231229_21389933.shtml.

③ 浙江省经济信息中心.数字中国战略的浙江溯源与实践.（2023-12-29）[2024-07-24]. https://zjic.zj.gov.cn/zkdt/rdzx/202312/t20231229_21389933.shtml.

④ World Bank Group. Togo Country Economic Memorandum 2022: Toward Sustainable and Inclusive Growth. [2023-06-24]. https://documents1.worldbank.org/curated/en/099715006162211825/pdf/P174741091bbc700a089000336ea46bdd3f.pdf.

对数量持续增长且农业投入率长期低下的情况下，砍伐森林、弃耕退化农田已成为大多数农业地区维持基本粮食消费水平的唯一途径。然而，这种方式难以持续，且农业生产力恢复的成本逐年攀升。若不采取紧急措施，多哥农业发展将进一步停滞，粮食进口依赖将加剧，城乡收入差距也将持续扩大。①

多哥国土的一半为丘陵地带，而浙江省 70% 的面积为丘陵地带。为了增加农民收入，浙江省大力发展山地蔬菜。2022 年，浙江省山地蔬菜种植面积约 10.67 万平方米，产量近 300 万吨，产值超 70 亿元，浙江省蔬菜产业技术服务团队根据各地的生产经验，总结出了十大适合山地蔬菜发展的绿色增效生产技术模式。②这些生产技术可以在多哥中部、北部地区试验推广，既可以提高多哥农民的收入，又可以保护生态环境。

在西共体中，多哥是向欧盟出口有机产品最多的国家。然而，该国只有 1% 的可耕地用于有机农业。此外，该行业的雇员只有大约 4 万人。③多哥可以借鉴浙江省安吉、丽水、衢州等地依托生态环境，发展有机农业、推动无公害种植与养殖的经验，在保护环境的同时，提升农产品的附加值。

第四，浙江省在基础设施发展上的优势符合多哥发展基础设施的需求。在多哥，家庭通电率只有 28%，大多数农村农场依靠燃烧木材进行能源与农业生产活动，这种方式不仅效率低，而且对环境危害大。为了解决这一问题，多哥政府提出发展可持续农业，其中一个重要举措就是在农村地区建设电力、灌溉系统等基础设施。④多哥气候炎热，日照时间长，太阳能资源丰富，具有发展太阳能光伏产业的潜力。浙江省在光伏产业、光伏发电方面的优势符合多哥发展农村基础设施的需求。

① World Bank Group. Togo Country Economic Memorandum 2022: Toward Sustainable and Inclusive Growth. [2023-06-24]. https://documents1.worldbank.org/curated/en/099715006162211825/pdf/P174741091bbc700a089000336ea46bdd3f.pdf.

② 杭州市农业农村局（杭州市乡村振兴局）.浙江发展山地蔬菜十大绿色增效技术.（2024-02-29）[2024-07-24]. http://agri.hangzhou.gov.cn/art/2024/2/29/art_1229708940_58928718.html.

③ TOGOFIRST. An Overview of Agriculture in Togo: Present and Future...(2020-02-25) [2024-07-24]. https://www.togofirst.com/en/agriculture-panorama/2502-5007-an-overview-of-agriculture-in-togo-present-and-future#:~:text=%28Togo%20First%29%20-%20Agriculture%20contributes%20more%20than%2040%25,or%2041%25%20of%20the%20total%20area%20are%20sown.

④ Yang, Stephen. Sustainable Agriculture in Togo. [2024-01-16]. https://www.worldfoodprize.org/documents/filelibrary/youth_programs/2022_gyi_student_papers/Yang_Stephen_8003093D29EA4.pdf.

（二）挑战

其一，多哥是世界上最不发达国家之一，经济基础薄弱，产业结构单一，基础设施落后，市场较小，资金短缺，对外部资金和市场的依赖度较高。[①]其二，多哥工会组织罢工时有发生，对企业正常经营生产带来影响。[②]其三，多哥当地雇员劳动技能有待提升，熟练技工有限，失业率较高。2017年，每10名劳动者中就有9人从事非正规和低生产率就业（informal and low-productivity employment）（其中农村劳动人口占90.8%，城镇劳动人口占87.2%）。这种情况在妇女中更为明显，其非正规就业率（informal employment rate）估计为96.2%，而男子为78.8%。[③]

①　World Bank Group. The World Bank in Togo. (2023-09-29)[2024-01-17]. https://www.worldbank.org/en/country/togo/overview.

②　ITUC CSI IGB, Togo. (2019-03-16) [2024-01-17]. https://survey.ituc-csi.org/Togo.html?lang=es#tabs-3.

③　World Bank Group. Expanding Employment Opportunities for Vulnerable Youth in Togo. (2022-05-16) [2024-01-17]. https://www.worldbank.org/en/results/2022/05/16/afw-expanding-employment-opportunities-for-vulnerable-youth-in-togo.

浙江省与佛得角合作发展报告

  佛得角共和国位于北大西洋中，东距非洲大陆最西端的佛得角半岛（塞内加尔境内）约 500 千米，海岸线长 912.5 千米，全国由 10 个火山岛构成。经济以旅游业和服务业为主，产值占国内生产总值的 70% 以上。[①]

  自建交以来，中国向佛得角提供了一些经济技术援助，援建了人民议会堂、政府办公楼、帕尔马雷诺住宅、国家图书馆、国父纪念碑、国家礼堂和泡衣崂水坝等项目。2009 年，中佛签署关于成立经济、贸易和技术合作联合委员会的协定。2010 年 7 月，中佛经贸联委会首次会议在北京举行。2023 年，中佛贸易总额 1.03 亿美元，同比增长 15.2%，主要为中方出口。[②]

  中国与佛得角签有文化合作协定。2008 年和 2010 年，佛得角国宝级音乐家"赤脚天后"艾芙拉两度来华演出。2010 年，河北艺术团赴佛得角访问演出，参加佛得角独立 35 周年庆典。2012 年 9 月，上海文化艺术交流团赴佛得角访问演出。2013 年 5 月，上海市文化代表团赴佛得角访问演出；6 月，成都民族歌舞剧院艺术团赴佛得角访问演出。2016 年 4 月和 11 月，深圳艺术团、四川川剧艺术团分别赴佛得角访问演出。中国自 1996 年起开始接收佛得角奖学金留学生。2023 年，佛得角在华留学生约 180 人。2015 年，佛得角大学设立孔子学院。中国自 1980 年起向佛得角派遣医疗队。三亚市、济南市、南通市如东县分别与佛萨尔市、普拉亚市、博阿维斯塔市缔结友城。[③]

[①] 中华人民共和国外交部.佛得角国家概况.[2023-12-26]. https://www.mfa.gov.cn/web/gjhdq_676201/gj_676203/fz_677316/1206_677608/1206x0_677610/.

[②] 中华人民共和国外交部.佛得角国家概况.[2023-12-26]. https://www.mfa.gov.cn/web/gjhdq_676201/gj_676203/fz_677316/1206_677608/1206x0_677610/.

[③] 中华人民共和国外交部.佛得角国家概况.[2023-12-26]. https://www.mfa.gov.cn/web/gjhdq_676201/gj_676203/fz_677316/1206_677608/1206x0_677610/.

一、浙江省与佛得角合作情况

温州是著名的侨乡，不少温州商人在佛得角经商。为了促进温州与葡语非洲国家的经贸合作，2017 年 12 月 19 日，2017 中国–葡语非洲国家省市交流会在温州举行，来自莫桑比克、佛得角、几内亚比绍、圣多美和普林西比等 4 个葡语非洲国家的省市长与中方与会代表就在"一带一路"背景下深化中非合作进行了交流。此次活动由中国人民对外友好协会主办，温州市人民政府承办。佛得角普拉亚市副市长在会上介绍了佛得角国家国情①，葡语非洲国家参会人员在温期间参访了温州经济技术开发区、温州市行政审批服务中心、温州职业技术学院、温州市种子种苗科技园、米房创意园等，就经贸往来、政府公共服务、职业技术教育、农业科技合作等进行了交流。②

（一）浙江省与佛得角经贸合作

1.浙江省与佛得角经贸合作整体情况

2023 年，浙江省对佛得角进出口贸易总额为 4935.46 万美元，占中国对佛得角进出口贸易总额（1.03 亿美元）的 47.91%。2013—2023 年，浙江省与佛得角的进出口贸易总额呈逐年增长的态势。从 2013 年的 1663.53 万美元，增长到 2015 年的 2277.53 万美元；2022 年增长至 3585.46 万美元，2023 年达到近5000 万美元。详见表 1。

表 1　2013—2023 年浙江省与佛得角进出口贸易总额

年份	进出口贸易总额 / 万美元
2013	1663.53
2014	1692.30
2015	2277.53
2016	2352.83
2017	2531.57
2018	2817.94

① 温州市人民政府外事办公室，温州市人民政府港澳事务办公室，温州市人民对外友好协会.中国-葡语非洲省市合作交流会在温州举行.（2017-12-21）[2023-12-26]. http://fao.wenzhou.gov.cn/art/2017/12/21/art_1340359_14446257.html.

② 温州市人民政府外事办公室，温州市人民政府港澳事务办公室，温州市人民对外友好协会.中国-葡语非洲省市合作交流会在温州举行.（2017-12-21）[2023-12-26]. http://fao.wenzhou.gov.cn/art/2017/12/21/art_1340359_14446257.html.

年份	进出口贸易总额 / 万美元
2019	2628.10
2020	2634.31
2021	2895.04
2022	3585.46
2023	4935.46

数据来源：作者根据国研网统计数据查询分析平台（https://www.drcnet.com.cn/）相关数据整理。

2.浙江省对佛得角的出口及其构成情况

2013—2023 年，浙江省向佛得角出口的主要商品有：制作或保藏的鱼类；鞋靴；金属家具；塑料制餐具；厨房用品；洗衣机；冷冻箱；纺织制品；陶瓷制铺地砖；墙面砖；等等。下文以 2023 年为例说明浙江省对佛得角的出口商品构成及占比情况。

2023 年，浙江省向佛得角出口的商品总额为 4935.46 万美元，占中国向佛得角出口商品贸易总额（1.03 亿美元）的 47.91%，占浙江省与佛得角进出口贸易总额的近 100%。浙江省向佛得角出口的主要商品有：金属及其制品；塑料及其制品，橡胶及其制品；机电产品；纺织原料及纺织制品；建筑材料。这五大类商品占浙江省向佛得角出口商品总额的 67.36%。

金属及其制品。2023 年，浙江省向佛得角出口的金属及其制品总额为 706.38 万美元，占浙江省向佛得角出口商品总额的 14.31%。其中，钢铁出口总额为 105.49 万美元，钢铁制品出口总额为 273.20 万美元，铜及其制品出口总额为 3.11 万美元，铝及其制品出口总额为 150.82 万美元，锡及其制品出口总额为 11.21 万美元，金属工具、器具、利口器、餐匙、餐叉及其零件出口总额为 54.38 万美元，金属杂项制品出口总额为 108.15 万美元。①

塑料及其制品，橡胶及其制品。2023 年，浙江省向佛得角出口的塑料及其制品，橡胶及其制品总额为 668.12 万美元，占浙江省向佛得角出口商品总额的 13.54%。其中，塑料及其制品出口总额为 627.74 万美元，橡胶及其制品出口总额为 40.38 万美元。

机电产品。2023 年，浙江省向佛得角出口的机电产品总额为 591.67 万美元，占浙江省向佛得角出口商品总额的 11.99%。其中，锅炉、机器、机械器具

---

① 数据来源：国研网统计数据查询分析平台（https://www.drcnet.com.cn/）。

及零件的出口总额为 254.49 万美元。①

纺织原料及纺织制品。2023 年，浙江省向佛得角出口的纺织原料及纺织制品总额为 558.33 万美元，占浙江省向佛得角出口商品总额的 11.31%。②

建筑材料。2023 年，浙江省向佛得角出口的建筑材料总额为 378.01 万美元，占浙江省向佛得角出口商品总额的 7.66%。其中，陶瓷产品出口总额为 176.21 万美元，玻璃及其制品出口总额为 194.43 万美元。

3. 浙江省从佛得角的进口及其构成情况

2023 年，浙江省从佛得角进口的商品总额为 3 美元。

（二）浙江省与佛得角人文交流合作

留学浙江的佛得角留学生回国后大力推动浙江省与佛得角的人文交流。2015 年 4 月 16 日至 17 日，应中国人民对外友好协会邀请，佛得角中国友好协会会长何赛·柯雷亚（Jose Correia）率领佛中友协代表团一行 4 人访问温州。代表团首先拜访了温州大学，与校方就留学生政策及未来文化、教育合作进行了深入交流，同时看望了在该校学习的 3 位佛得角留学生。随后代表团赴温州医科大学进行交流。在温州期间，代表团还与温州市友协、外侨办、文化局、总商会等单位负责人举行了座谈。佛中友协成立于 2011 年，协会会员大多有在华留学或工作经历，对华友好，协会的长期规划是要成为佛中交流的民间平台，推动两国在文化、经济、教育等各领域的合作。③

二、浙江省与佛得角合作的机遇与挑战

（一）机遇

第一，佛得角战略位置优越，可以成为浙江省企业进入西非地区的跳板。佛得角地处欧洲、美洲、非洲之间的大西洋，是各洲远洋船只及大型飞机的重要补给站。同时，佛得角政治和经济稳定，可以成为浙江省企业进入西非地区的跳板。

---

① 数据来源：国研网统计数据查询分析平台（https://www.drcnet.com.cn/）。
② 数据来源：国研网统计数据查询分析平台（https://www.drcnet.com.cn/）。
③ 温州市人民政府外事办公室，温州市人民政府港澳事务办公室，温州市人民对外友好协会.佛得角中国友好协会代表团一行访问温州.（2015-04-22）[2023-12-26]. http://fao.wenzhou.gov.cn/art/2015/4/22/art_1340359_7829668.html.

第二，佛得角工业基础薄弱，制造业不发达，浙江省与佛得角合作市场潜力巨大。佛得角工业产值占国内生产总值的 23.1%，工业基础薄弱，以建筑业为主。近年来制造业占佛得角 GDP 的比重不断下降，截至 2023 年不足 1%。佛得角有中小工厂 150 余家，主要从事制衣、制鞋、水产加工、酿酒、饮料装瓶等。[①] 浙江是工业和制造业大省，截至 2023 年，浙江已经形成数字安防、集成电路、智能电气等优势产业集群，将集中力量打造绿色石化、新能源汽车及零部件、智能物联、现代纺织与服装等 4 个万亿级产业集群，集成电路、高端新材料、新能源装备、生物医药与医疗器械等 4 个 5000 亿级产业集群，以及一批千亿级特色产业集群和一批百亿级"新星"产业群。[②] 浙江省与佛得角工业合作市场潜力巨大。

第三，绿色经济与数字经济发达的浙江省契合佛得角的国家发展战略。佛得角政府相继出台《佛得角 2021—2026 年发展规划》《经济重启规划》《佛得角第二个可持续发展战略计划（2022—2026）》，促进旅游业复苏和经济多元化，优先发展绿色经济和数字经济。[③]

第四，浙江省与佛得角蓝色经济合作潜力巨大。佛得角海岸线长 912.50 千米，有 73.43 万平方千米的专属经济区，渔业资源较为丰富，尚未完全开发利用。捕鱼业在国民经济中占重要地位，从事渔业人口约 1.4 万，捕鱼量每年可达 3.7 万吨，每年出口海产品约 1 万吨，主要为龙虾、金枪鱼和虾类。[④] 浙江省可以与佛得角签署渔业合作协议，在佛得角领海捕捞金枪鱼等海产。舟山在远洋捕捞、水产品交易贸易、冷链物流、交易中心发展等方面的经验，能够为佛得角圣文森特岛海洋经济特区建设提供浙江智慧与浙江方案。

（二）挑战

其一，佛得角市场规模较小。佛得角可耕地较少，降雨量少，缺乏自然资源，领土不连续，人口少。其二，佛得角经济容易受到外部冲击。受新冠疫情

---

① 中华人民共和国驻佛得角共和国大使馆经济商务处.佛得角经济情况.（2023-11-18）[2023-12-26]. http://cv.mofcom.gov.cn/article/ddgk/202311/20231103454812.shtml.
② 中国共产党新闻网.浙江着力建设先进制造业集群（深入推进新型工业化）.（2023-12-07）[2024-05-26]. http://cpc.people.com.cn/n1/2023/1207/c64387-40133590.html.
③ 中华人民共和国驻佛得角共和国大使馆经济商务处.佛得角经济情况.（2023-11-18）[2023-12-26]. http://cv.mofcom.gov.cn/article/ddgk/202311/20231103454812.shtml.
④ 中华人民共和国驻佛得角共和国大使馆经济商务处.佛得角经济情况.（2023-11-18）[2023-12-26]. http://cv.mofcom.gov.cn/article/ddgk/202311/20231103454812.shtml.

影响，2022年佛得角GDP减少了14%。2020年佛得角的公共债务占其GDP的157%，创历史新高。[①]其三，浙江企业在佛得角投资面临来自欧洲竞争者的竞争。其中一些欧洲公司自殖民时期以来就一直活跃在佛得角，这些公司已经熟悉了佛得角的商业文化、融资、法规和标准的各个方面。

---

① USA. International Trade Administration. Cabo Verde-Country Commercial Guide-Market Challenge. (2022-07-31) [2023-12-28]. https://www.trade.gov/country-commercial-guides/cabo-verde-market-opportunities.

浙江省与冈比亚合作发展报告

冈比亚是嵌入塞内加尔共和国境内的一狭长平原，西濒大西洋，海岸线长48千米。冈比亚是世界上最不发达国家之一和重债穷国，以农业、转口贸易和旅游业为主要收入来源，经济体量小，工业基础薄弱，粮食不能自给，以花生出口为主要创汇来源。

20世纪七八十年代，中国多批次农业专家向冈比亚农民传授水稻种植技术。2016年中冈复交后，中国政府向冈比亚援建国际会议中心、上河区道路桥梁等大型基础设施项目，实施农业技术援助等多个民生项目。中国是冈比亚第一大贸易伙伴。2023年中冈贸易额为5.2亿美元，同比上涨5.6%。其中，中方出口4.8亿美元，同比上涨7.3%，进口0.4亿美元，同比下降10.7%。中国向冈主要出口纺织原料及制品、金属制品等，主要从冈进口原木、钛矿砂等。[①]

1976年8月，中冈签署《中华人民共和国政府和冈比亚共和国政府关于派遣中国医疗队到冈比亚工作的议定书》。中国自1977年起向冈比亚派遣医疗队。中国在20世纪80年代援建了冈比亚国家独立体育场，截至2023年它仍然是冈唯一的综合体育设施，也是两国之间的友谊纪念碑。2016年7月，南宁市政府、文化代表团赴冈比亚访问。2016年、2017年9月，冈比亚首都班珠尔市市长两次率团访问南宁。中国自1984年起开始接收冈比亚奖学金留学生。[②]

---

① 中华人民共和国外交部.中国同冈比亚的关系. [2023-12-28]. https://www.mfa.gov.cn/web/gjhdq_676201/gj_676203/fz_677316/1206_677632/sbgx_677636/.

② 中华人民共和国外交部.中国同冈比亚的关系. [2023-12-28]. https://www.mfa.gov.cn/web/gjhdq_676201/gj_676203/fz_677316/1206_677632/sbgx_677636/.

一、浙江省与冈比亚合作情况

2018 年 9 月 21 日，冈比亚国民议会议长玛丽安·杰克–登顿（Marian Jack-Denton）一行考察杭州市滨江区聚光科技（杭州）股份有限公司和海康威视数字技术股份有限公司。[①]

（一）浙江省与冈比亚经贸合作

1.浙江省与冈比亚经贸合作整体情况

2023 年，浙江省与冈比亚的进出口贸易总额为 1.35 亿美元，中冈贸易总额为 5.20 亿美元，浙江省与冈比亚贸易总额约占中冈贸易总额的 25.96%。2013—2023 年，浙江省与冈比亚的进出口贸易总额除 2016 年、2018 年、2022 年同比有所下降外，总体上呈现出增长的趋势，详见表 1。2023 年，浙江省与冈比亚的进出口贸易总额为 1.35 亿美元，同比增长 0.75%。

表 1　2013—2023 年浙江省与冈比亚进出口贸易总额

年份	进出口总额 / 亿美元
2013	1.09
2014	1.09
2015	1.21
2016	1.06
2017	1.17
2018	0.99
2019	1.66
2020	1.66
2021	1.81
2022	1.34
2023	1.35

数据来源：作者根据国研网统计数据查询分析平台（https://www.drcnet.com.cn/）相关数据整理。

2.浙江省对冈比亚的出口及其构成情况

2013—2023 年，浙江省向冈比亚出口的主要商品有：茶叶；布匹；铁或非合金钢平板轧材；洗涤粉；机电产品；塑料制品；等等。下文以 2023 年为例说明浙江省对冈比亚的出口商品构成及占比情况。

---

① 程雷生.浙江纪事 2018 上.沈阳：沈阳出版社，2018：354.

2023 年，浙江省向冈比亚出口的商品总额约为 1.31 亿美元，占中国对冈比亚出口商品总额（4.80 亿美元）的 27.29%，占浙江省与冈比亚进出口贸易总额的 97.76%。浙江省对冈比亚出口的主要商品有：纺织原料及纺织制品；金属及其制品；茶叶；机电产品；塑料及其制品，橡胶及其制品。这五大类商品占浙江省向冈比亚出口总额的 86.28%。

纺织原料及纺织制品。2023 年，浙江省向冈比亚出口的纺织原料及纺织制品总额为 4745.57 万美元，占浙江省向冈比亚出口商品总额的 36.22%。[①]

金属及其制品。2023 年，浙江省向冈比亚出口的金属及其制品总额为 1823.33 万美元，占浙江省向冈比亚出口总额的 13.92%。其中，钢铁出口总额为 513.94 万美元，钢铁制品出口总额为 869.60 万美元，铜及其制品出口总额为 47.44 万美元，铝及其制品出口总额为 79.75 万美元，金属工具、器具、利口器、餐匙、餐叉及其零件出口总额为 106.97 万美元，金属杂项制品出口总额为 205.44 万美元。[②]

茶叶。2023 年，浙江省向冈比亚出口的茶叶总额为 2694.31 万美元，占浙江省向冈比亚出口总额的 20.56%。

机电产品。2023 年，浙江省向冈比亚出口的机电产品总额为 1316.36 万美元，占浙江省向冈比亚出口总额的 10.05%。

塑料及其制品，橡胶及其制品。2023 年，浙江省向冈比亚出口的塑料及其制品，橡胶及其制品的总额为 725.22 万美元，占浙江省向冈比亚出口总额的 5.53%。其中，塑料及其制品出口总额为 684.05 万美元，橡胶及其制品出口总额为 41.17 万美元。

3. 浙江省从冈比亚的进口及其构成情况

自 2017 年 12 月 1 日起，中国对冈比亚进口产品实施最不发达国家特别优惠关税待遇（即零关税）。2023 年，浙江省从冈比亚进口的商品总额为 398.54 万美元，占中国从冈比亚进口总额（0.40 亿美元）的 9.95%，占浙江省与冈比亚进出口贸易总额的 29.48%。

2013—2023 年，浙江省从冈比亚进口的主要商品有：木材；填充用羽毛、羽绒；饲料用鱼粉；等等。下文以 2023 年为例说明浙江省从冈比亚的进口商品

① 数据来源：国研网统计数据查询分析平台（https://www.drcnet.com.cn/）。
② 数据来源：国研网统计数据查询分析平台（https://www.drcnet.com.cn/）。

构成及占比情况。

饲料用鱼粉。2023 年，浙江省从冈比亚进口的饲料用鱼粉总额为 391.94 万美元，占浙江省从冈比亚进口总额的 98.34%。

填充用羽绒、羽毛。2023 年，浙江省从冈比亚进口填充用羽绒、羽毛的总额为 6.58 万美元，占浙江省从冈比亚进口总额的 1.65%。

（三）浙江省与冈比亚人文交流合作

浙江省与冈比亚的人文交流合作主要体现在体育交流合作与教育合作两方面。

体育交流合作。2015 年 1 月 13 日，冈比亚球员布巴卡尔·特拉沃利（Bubacarr Traurally）正式加盟杭州绿城足球俱乐部。

教育交流合作。冈比亚高等教育研究与科技部部长皮埃尔·戈麦斯曾以冈比亚大学文理学院院长身份参加 2018 年 9 月由浙江师范大学承办的"发展中国家大学治理能力提升研修班"，是浙师大的校友，他将这段教育培训写进他的个人简历中，认为这次培训是他在国外重要的受教育经历。2023 年 5 月，戈麦斯受邀参加在浙江省金华市举办的中非智库论坛第十二届会议，他发言说，"授人以鱼不如授人以渔"是备受非洲推崇的典型的中国式合作哲学。中国走过的道路为冈比亚的改革和对外开放提供了宝贵的经验。未来，冈比亚将借鉴中国教育改革经验，全面革新教育体系，为人民带来福祉。[1]

二、浙江省与冈比亚合作的机遇与挑战

（一）机遇

第一，浙商在冈比亚投资机会多。尽管冈比亚市场规模较小，但许多行业仍为潜在投资者提供了市场机会。冈比亚 90% 的 GDP 是由中小企业创造的。私人企业甚至承包了冈比亚的电信、基建等产业。[2]《国家发展规划（2018—2021 年）》的颁布旨在稳定冈比亚的经济、刺激中期增长。冈比亚正积极寻求太阳能和风能发电的国际投资。浙江省在光伏产业、风电产业方面的优势，契

---

① 新华社.中非智库论坛第十二届会议共话中非百年复兴与合作.（2023-05-31）[2023-12-28]. http://www.xinhuanet.com/silkroad/2023-05/31/c_1129660366.htm.

② International Trade Administration. Gambia, The Country Commercial Guide.Market Challenges. (2022-08-30) [2024-01-17]. https://www.trade.gov/country-commercial-guides/gambia-market-challenges.

合冈比亚电力发展的需求。基建方面，班珠尔港投资机会大。班珠尔港有两个深水码头，可停泊万吨轮，年吞吐量约 20 万吨，每年约有 300 艘船只进港，冈比亚的进出口贸易均通过班珠尔港。[①]班珠尔港是冈比亚政府的一个重要收入来源。冈比亚重视班珠尔港，并有多个重建项目在寻求投资。浙江省在港口方面发展的优势契合冈比亚重建班珠尔港的愿望。

第二，浙江省与冈比亚农副业发展潜力大。冈比亚在灌溉农业方面有着巨大的潜力：冈比亚河的淡水、收集的雨水以及可以开采的化石水保证了农业用水。冈比亚拥有适合几乎所有生产的天气模式，农业部也积极支持外资在农业领域的投资，帮助其实现农业现代化。冈比亚还是大米进口国，是西非地区人均大米消费率最高的国家之一。浙江省可以在再加工大米上同冈比亚寻求合作。冈比亚政府寻求增加蜂蜜、水果、蔬菜和乳制品的产量，并寻求在改变畜牧业的同时提高农业价值链。增加基本农产品的产量：国家发展计划寻求增加玉米、花生、大米、洋葱和番茄的产量。此外，位于大西洋沿岸的冈比亚是世界上渔业资源最丰富的地区之一，拥有包括远洋和底栖鱼类，以及甲壳类和贝类。理论上的年最大产量为 6.5 万—7.5 万吨，实际年开采量约为 4.5 万吨。该国的水产养殖业开发不足，经开发后，市场前景较为可观。[②]

第三，冈比亚电力市场需求大。冈比亚的城市和农村在电力获取方面不均衡。大湾区的通电率为 69%，农村地区的通电率只有 28%。冈比亚政府计划在首都以外，通电率不足的地区安装微型电网，整合区域发电和输电资源。[③]冈比亚政府制定了计划，希望到 2025 年实现 100% 电力供应。浙江省有发达的农村电网，在电力提供方面的优势契合冈比亚普及电力的需求。

第四，浙江省与冈比亚旅游业合作市场潜力大。旅游业是冈比亚经济增长的关键驱动力，冈比亚旅游局表示，旅游业占冈比亚 GDP 的 20%，创造了 4.2 万个直接就业岗位。[④]在冈比亚政府指定的"旅游开发区"，有大片的海岸线可供建造酒店和其他旅游设施。冈比亚河也开放开发游船、钓鱼运动和生态旅游

① 商务部国际贸易经济合作研究院，中国驻冈比亚大使馆经济商务参赞处，商务部对外投资和经济合作司.对外投资合作国别（地区）指南（2018版）.北京：商务部国际贸易经济合作研究院，2018：13.
② International Trade Administration. Gambia, The Country Commercial Guide.Agriculture. (2022-08-30)[2024-01-17]. https://www.trade.gov/country-commercial-guides/gambia-agriculture.
③ International Trade Administration. Gambia, The Country Commercial Guide.Energy. (2022-08-30)[2024-01-17]. https://www.trade.gov/country-commercial-guides/gambia-energy.
④ International Trade Administration. Gambia, The Country Commercial Guide.Travel and Tourism.(2022-08-30) [2024-01-17].https://www.trade.gov/country-commercial-guides/gambia-travel-and-tourism.

胜地。冈比亚对旅游业的开发愿景符合浙江省推动中非旅游合作的目标。

（二）挑战

其一，冈比亚市场规模较小。冈比亚的小市场可能成为大型投资的障碍。其二，冈比亚贫困率高达 48%，公共部门的平均收入水平非常低，每月仅为 50 美元至 150 美元。其三，冈比亚水电周期性短缺。近 50% 的人口用不上电，近 70% 的城市人口用不上安全饮用水。此外，由于服务经常中断，服务质量差，一些社区几天、几周甚至几个月没有水。基础设施的缺乏也导致冈比亚成为世界上电价最高的国家之一（平均电价为 0.23 美元 / 千瓦时）。其四，冈比亚电信运行成本较高。在电信方面，移动电话普及率远高于非洲平均水平。高速互联网连接的数据费用高达每月 100 美元，这对 48.6% 生活在贫困线以下的冈比亚人来说是望而却步的昂贵费用。①

---

① International Trade Administration. Gambia, The Country Commercial Guide.Information and Communications Technology.(2022-08-30)[2024-01-17]. https://www.trade.gov/country-commercial-guides/gambia-information-and-communications-technology.

浙江省与几内亚合作发展报告

几内亚西濒大西洋，铝土储量位居世界第一位。几内亚境内河流众多，淡水资源丰富，有"西非水塔"之称。

建交以来，中国为几内亚援建了广播电视中心、人民宫、金康和丁基索水电站、自由电影院、卷烟火柴厂、总统府、医院等。自 1985 年起，中国企业进入几内亚劳务市场。2015 年 9 月，中国承建的卡雷塔水电站顺利竣工并发电，大大缓解了几内亚电力紧缺状况。1960 年 9 月，中几签订贸易与支付协定。1988 年 7 月，两国签订贸易协定。2023 年，双边贸易总额约 90.5 亿美元，同比增长 34.2%，其中，中方出口 26.5 亿美元，进口 64.1 亿美元。[①]

1967 年 12 月，中几签订关于中国向几派遣医疗队议定书。中国自 1968 年 6 月起向几派遣医疗队。中国援建的中几友好医院已于 2012 年 4 月正式启用。2023 年 8 月，该医院二期项目竣工并移交几方投入使用。2014 年，几内亚爆发埃博拉疫情后，中国政府率先驰援，先后向几内亚提供 4 轮物资、粮食、现汇等紧急人道主义援助，并用包机将抗疫物资第一时间送抵疫区。中方还派出公共卫生和医疗专家协助抗击疫情和培训当地医护人员。2020 年，几内亚暴发新冠疫情以后，中国政府和民间各界向几方提供多批抗疫物资援助，中国政府派遣抗疫医疗专家组赴几内亚，支持当地疫情防控。中国援几医疗队积极参与当地抗疫。[②]

---

① 中华人民共和国外交部.中国同几内亚的关系.[2023-12-29]. https://www.mfa.gov.cn/web/gjhdq_676201/gj_676203/fz_677316/1206_677728/sbgx_677732/.

② 中华人民共和国外交部.中国同几内亚的关系.[2023-12-29]. https://www.mfa.gov.cn/web/gjhdq_676201/gj_676203/fz_677316/1206_677728/sbgx_677732/.

一、浙江省与几内亚合作情况

濒临大西洋的几内亚渔业资源丰富，浙江省的舟山是国家级的渔业基地。浙江省拥有技术与资金优势，与几内亚渔业资源合作前景广阔。2016 年 8 月 2 日，几内亚渔业海洋经济部部长安德烈·洛瓦与舟山市就渔业合作项目进行了友好交谈。双方以"投资换渔权"的模式开展合作，欢迎舟山的企业在几内亚建立海外基地，同时加强渔港码头、冷库、加工车间以及基础配套设施建设方面的合作。① 为了进一步落实浙江省与几内亚的渔业合作，2016 年 9 月 23 日，几内亚总统特使孔戴·马里亚玛·西尔（Conde Mariama Cire）利用参加 2016 国际海岛旅游大会间隙到舟山市渔业基地考察。②

（一）浙江省与几内亚经贸合作

1. 浙江省与几内亚经贸合作整体情况

2023 年浙江省与几内亚的进出口贸易总额约为 6.04 亿美元，中国与几内亚的双边贸易总额约为 90.50 亿美元，浙江省与几内亚的进出口贸易总额约占中几贸易总额的 6.67%。2013—2023 年，浙江省与几内亚的进出口贸易总额整体上呈现出增长的趋势，详见表 1。2023 年，浙江省与几内亚的进出口贸易总额达到 6.04 亿美元，相较于 2022 年增长了 22.45%。

表 1　2013—2023 年浙江省与几内亚进出口贸易总额

年份	进出口贸易总额 / 亿美元
2013	1.50
2014	1.89
2015	2.77
2016	2.58
2017	2.44
2018	2.77
2019	3.44
2020	4.36
2021	4.61

① 副市长姜建明会见几内亚渔业海洋经济部部长安德烈·洛瓦.（2016-08-02）[2023-03-27]. http://www.zsdwf.cn/art/2016/8/2/art_1060_55933.html.

② 舟山国家远洋渔业基地.几内亚、加纳、尼日利亚三个非洲国家外宾考察基地.（2016-09-23）[2023-03-27]. http://www.zsdwf.cn/art/2016/9/23/art_1059_55944.html.

续表

年份	进出口贸易总额 / 亿美元
2022	5.21
2023	6.04

数据来源：作者根据国研网统计数据查询分析平台（https://www.drcnet.com.cn/）相关数据整理。

2. 浙江省对几内亚的出口及其构成情况

2013—2023 年，浙江省向几内亚出口的主要商品有：鞋靴；铁或非合金钢平板轧材；印花布；塑料制餐具及厨房用品；箱包；蓄电池；摩托车配件；瓷砖；等等。下文以 2023 年为例说明浙江省对几内亚的出口商品构成及占比情况。

2023 年，浙江省向几内亚出口的商品总额约为 5.49 亿美元，占中国向几内亚出口商品总额（26.50 亿美元）的 20.72%，占浙江省与几内亚进出口贸易总额（6.04 亿美元）的 90.89%。2023 年，浙江省向几内亚出口的主要商品有：纺织原料及纺织制品；金属及其制品；机电产品；塑料及其制品，橡胶及其制品；鞋靴类。这五大类共占浙江省对几内亚出口总额的 73.65%。

纺织原料及纺织制品。2023 年，浙江省向几内亚出口的纺织原料及纺织制品总额为 1.12 亿美元，占浙江省向几内亚出口总额的 20.40%。

金属及其制品。2023 年，浙江省向几内亚出口的金属及其制品总额为 9597.77 万美元，占浙江省向几内亚出口商品总额的 17.48%。其中，钢铁出口总额为 2620.27 万美元，钢铁制品出口总额为 3407.92 万美元，铜及其制品出口总额为 103.12 万美元，铝及其制品出口总额为 379.45 万美元，金属工具、器具、利口器、餐匙、餐叉及其零件出口总额为 1172.44 万美元，金属杂项制品出口总额为 1908.47 万美元。[1]

机电产品。2023 年，浙江省向几内亚出口的机电产品总额为 1.12 亿美元[2]，占浙江省向几内亚出口商品总额的 20.4%。其中，电动机及发电机出口总额为 101.76 万美元，发电机组及旋转式变流机出口总额为 114.17 万美元，机器零部件出口总额为 190.71 万美元，变压器、流变器出口总额为 375.35 万美元。[3]

宁波中策动力机电集团有限公司在几内亚某矿区建造的重油电站于 2018 年 12 月 18 日正式发电。这是中策集团自 2016 年进入几内亚市场后，在几内

---

[1] 数据来源：国研网统计数据查询分析平台（https://www.drcnet.com.cn/）。
[2] 数据来源：国研网统计数据查询分析平台（https://www.drcnet.com.cn/）。
[3] 数据来源：国研网统计数据查询分析平台（https://www.drcnet.com.cn/）。

亚为中国矿业公司建造的第三座重油电站。该电站为矿山自备电站，一期装机容量 6MW。主机采用宁波中策生产的 N6210 重油发电机组，主要燃料为 180cst/50℃重油，可 24 小时连续运行。[1]

塑料及其制品，橡胶及其制品。2023 年，浙江省向几内亚出口的塑料及其制品、橡胶及其制品总额为 5236.29 万美元，占浙江省向几内亚出口商品总额的 9.54%。其中，塑料及其制品出口总额为 4288.32 万美元，橡胶及其制品出口总额为 947.92 万美元。

鞋靴类。2023 年，浙江省向几内亚出口的鞋靴类总额为 3152.74 万美元，占浙江省向几内亚出口商品总额的 5.74%。[2]

3.浙江省从几内亚的进口及其构成情况

2013—2023 年，浙江省主要从几内亚进口铝土矿。下文以 2023 年为例说明浙江省从几内亚进口铝土矿及其占比情况。

2023 年，浙江省从几内亚进口的商品总额约为 5581.61 万美元，占中国从几内亚进口商品总额（64.10 亿美元）的 0.87%，占浙江省与几内亚进出口贸易总额的 9.24%。浙江省主要从几内亚进口矿产品。2023 年，浙江省从几内亚进口的铝矿砂及其精矿共计 4364.63 万美元，占浙江省本年从几内亚进口总额的 78.20%。[3]

二、浙江省与几内亚合作的机遇与挑战

（一）机遇

第一，几内亚拥有较好的营商环境。2010 年，民选总统就职以来，几内亚国内政局相对较稳定，矿产、港口、酒店与基础设施建设等项目吸引了大量的外国投资。2022 年 12 月 30 日，几过渡政府颁布了《2022—2025 年过渡临时参考规划》，提出五大支柱政策，即回归宪政、制定宏观经济和财政框架、制定法治框架、开展促就业行动、发展基础设施和卫生健康产业。几内亚还制定了《经济复苏计划》，具体内容包括加大对基础设施的投资以发展第一产业生

---

[1] 宁波中策动力机电集团有限公司.宁波中策在几内亚第三座重油电站正式发电.（2018-12-19）[2023-03-27]. https://www.ningdong.com/news/newsd?id=2006.
[2] 数据来源：国研网统计数据查询分析平台（https://www.drcnet.com.cn/）。
[3] 数据来源：国研网统计数据查询分析平台（https://www.drcnet.com.cn/）。

产力、缩小城乡差距、建立特别经济区、促进农业综合企业和中小企业发展、改善社保体系等。①

第二，几内亚矿产资源丰富。几内亚矿藏丰富，是世界上重要的矿产资源国。铝土矿、铁矿是几内亚最重要矿产，黄金、钻石储量丰富，钴、铜、铅、锌等有色金属在几内亚也有分布，但尚未得到开发。此外，还有不少尚未探明的矿产资源。几内亚的铝土矿具有矿脉埋藏浅，矿床覆土层较薄，基本无须剥离非土矿，大多可露天开采；矿石品位高，氧化铝平均含量高达45%，部分矿区最高达62%。二氧化硅含量平均为1%—3.5%；矿藏集中，大部分矿点都有几百万吨到上亿吨不等的储量，便于开发等特点。②铝土矿是重要的铝工业原材料，随着全球铝工业的不断发展，铝土矿的市场需求也在逐年增长，中国国内的铝土矿供给不足。越来越多的中国民企前往几内亚进行矿业投资，而浙江民企的占比不大。浙江民企可考虑在几内亚的矿业投资，以满足国内巨大的铝土矿市场需求。

第三，几内亚水电资源丰富。几内亚素有"西非水塔"之称，是西非三条主要河流——尼日尔河、塞内加尔河和冈比亚河的发源地，至少拥有600万千瓦的潜在水电资源。几内亚丰富的降水量和众多的河流可以产生足够的电力，为几内亚及其周边邻国供电。③浙江水力发电技术发达，可寻求与几内亚共建水力发电站。

（二）挑战

几内亚基础设施不足。自2015年凯乐塔大坝完工以来，首都科纳克里的电力供应得到了极大改善，但停电仍然很常见，特别是在旱季（2月至5月）。首都的自来水供应时断时续。包括公路、铁路和港口系统在内的交通基础设施，在全国范围内发展不均衡，尽管几内亚政府已将基础设施改善作为未来几年的优先事项。尽管在国际捐赠者或几内亚矿业部门的帮助下，科纳克里郊区、达博拉和坎坎之间以及贝拉和恩泽雷科之间的公路网稍有改善，但是这些

① 商务部对外投资和经济合作司，商务部国际贸易经济合作研究院，中国驻几内亚大使馆经济商务处.对外投资合作国别（地区）指南　几内亚（2023年版）.北京：商务部对外投资和经济合作司，2023：25.
② 中华人民共和国驻几内亚共和国大使馆经济商务处.几内亚矿业情况.（2021-09-20）[2024-01-17]. http://gn.mofcom.gov.cn/article/ddgk/202109/20210903200594.shtml.
③ 北京中非友好经贸发展基金会.几内亚能源和水电部长谈苏阿皮蒂水电站项目.（2016-11-08）[2024-01-17]. http://www.cnafrica.org/cn/tzzn/11277.html.

公路在雨季来临的时候，路况恶化。几内亚电信不仅运营成本高，网速慢，而且易受电力短缺的影响，服务经常中断。[①]

① International Trade Administration, Guinea Country Commercial Guide.Market Challenges. (2022-12-14) [2024-01-17]. https://www.trade.gov/country-commercial-guides/guinea-market-challenges.

浙江省与几内亚比绍合作发展报告

几内亚比绍是联合国公布的最不发达国家之一。该国工业基础薄弱，粮食不能自给；渔业资源丰富，发放捕鱼许可证和渔产品出口是几内亚比绍主要外汇收入来源；几内亚比绍是世界上主要的腰果生产地之一。

中国与几内亚比绍保持外交关系期间，中国为几内亚比绍援建了体育场、医院、稻谷技术推广站等项目。1998 年两国复交后，中国同几内亚比绍开展多领域务实合作。截至 2023 年，中国对几内亚比绍的经济援助项目主要有：援几内亚比绍农业技术合作项目；援几内亚比绍医疗合作项目；援几内亚比绍综合技术合作项目；援几内亚比绍西非沿海公路比绍至萨芬路段项目。[①]2023 年，中国和几内亚比绍双边贸易总额为 6300 万美元，同比增长 13.9%。双方的双边贸易以中方出口为主，出口商品主要是机电产品、高新技术产品、纺织制品等。[②]

1982 年，中国、几内亚比绍两国政府签署文化协定。中国自 1977 年起开始接收几内亚比绍奖学金留学生。中方自 1976 年起向几内亚比绍派遣医疗队。2014 年西非地区暴发埃博拉疫情后，中方向几内亚比绍方提供了紧急物资援助和紧急粮食援助，并派遣 3 名公共卫生专家赴几内亚比绍，分 6 批培训当地埃博拉疫情防控人员逾 500 人次。2020 年，新冠疫情在几内亚比绍暴发以后，中国政府和民间各界先后向几内亚比绍方提供多批抗疫物资援助，通过疫情防控专家视频会议分享防疫经验、诊疗方案。中国援几内亚比绍医疗队积极参与

① 中华人民共和国驻几内亚比绍大使馆经济商务处. 中几合作-经援项目. （2023-09-21）[2023-12-29]. http://gw.mofcom.gov.cn/article/zxhz/zhxm/201905/20190502863818.shtml.
② 中华人民共和国外交部. 中国同几内亚比绍的关系. [2023-12-30]. https://www.mfa.gov.cn/web/gjhdq_676201/gj_676203/fz_677316/1206_677752/sbgx_677756/.

几内亚比绍疫情防控，为当地医护人员开展培训。[①]

一、浙江省与几内亚比绍合作情况

2022 年 7 月，中非智库论坛第十一届会议在金华举行，几内亚比绍共和国驻华特命全权大使安东尼奥·塞里弗·恩巴洛（Antonio Serifo Embalo）应邀出席会议。[②]恩巴洛大使还访问了义乌市，参观了国际商贸城。[③]

（二）浙江省与几内亚比绍经贸合作

1.浙江省与几内亚比绍经贸合作整体情况

2023 年，浙江省与几内亚比绍的进出口贸易总额为 1533.72 万美元，约占中国与几内亚比绍贸易总额（6300 万美元）的 24.34%。2013—2023 年，浙江省与几内亚比绍的经贸合作呈现出先下降再增长，再下降，再增长的趋势，详见表 1。2021 年，浙江省与几内亚比绍的进出口贸易总额为 748.13 万美元，较 2020 年的 933.44 万美元下降了 185.31 万美元，降幅 19.85%。2023 年，浙江省与几内亚比绍的进出口贸易总额为 1533.72 万美元，较 2022 年增长了 623.76 万美元，增幅为 68.55%。

表 1　2013—2023 年浙江省与几内亚比绍进出口贸易总额

年份	进出口贸易总额 / 万美元
2013	1029.80
2014	623.29
2015	540.78
2016	503.18
2017	425.63
2018	278.86
2019	470.97
2020	933.44
2021	748.17
2022	909.96

① 中华人民共和国外交部.中国同几内亚比绍的关系. [2023-12-30]. https://www.mfa.gov.cn/web/gjhdq_676201/gj_676203/fz_677316/1206_677752/sbgx_677756/.
② 澎湃.市领导会见几内亚比绍共和国驻华大使.（2022-07-20）[2023-12-30]. https://www.thepaper.cn/newsDetail_forward_19098868.
③ 澎湃.市领导会见几内亚比绍共和国驻华大使.（2022-07-20）[2023-12-30]. https://www.thepaper.cn/newsDetail_forward_19098868.

年份	进出口贸易总额 / 万美元
2023	1533.72

数据来源：作者根据国研网统计数据查询分析平台（https://www.drcnet.com.cn/）相关数据整理。

2. 浙江省对几内亚比绍的出口及其构成情况

2013—2023 年，浙江省向几内亚比绍出口的主要商品有鞋靴；缝纫线；瓷制餐具；锁具；文具用品；风机、风扇、冷藏箱；电线；箱包；等等。下文以 2023 年为例说明浙江省对几内亚比绍的出口商品构成及占比情况。

2023 年，浙江省向几内亚比绍出口的商品总额为 1533.61 万美元，占中国对几内亚比绍出口商品总额（6269.42 万美元）的 15.96%，占浙江省与几内亚比绍进出口贸易总额的 100%。浙江省向几内亚比绍出口的主要商品有：机电产品；金属及其制品；鞋靴类；塑料及其制品，橡胶及其制品；纺织原料及纺织制品。这五大类商品共占浙江省向几内亚比绍出口商品总额的 77.10%。

机电产品。2023 年，浙江省向几内亚比绍出口的机电产品总额为 371.39 万美元，占浙江省向几内亚比绍出口商品总额的 24.22%。

金属及其制品。2023 年，浙江省向几内亚比绍出口的金属及其制品总额为 284.77 万美元，占 2023 年浙江省向几内亚比绍出口商品总额的 18.57%。其中，钢铁制品出口总额为 119.68 万美元、金属杂项制品出口总额为 70.94 万美元，钢铁出口总额为 27.30 万美元，金属工具、器具、利口器、餐匙、餐叉及其零件出口总额为 44.10 万美元，铝及其制品出口总额为 20.55 万美元，铜及其制品出口总额为 2.20 万美元。[①]

鞋靴类。2023 年，浙江省向几内亚比绍出口的鞋靴类总额为 172.91 万美元，占浙江省向几内亚比绍出口商品总额的 11.27%。

塑料及其制品，橡胶及其制品。2023 年，浙江省向几内亚比绍出口的塑料及其制品共计 128.43 万美元，占浙江省向几内亚比绍出口商品总额的 8.37%。其中，塑料及其制品出口总额为 117.41 万美元，橡胶及其制品出口总额为 11.01 万美元。

纺织原料及纺织制品。2023 年，浙江省向几内亚比绍出口的纺织原料及纺织制品总额为 224.94 万美元，占浙江省向几内亚比绍出口商品总额的 14.67%。

---

① 数据来源：国研网统计数据查询分析平台（https://www.drcnet.com.cn/）。

3.浙江省从几内亚比绍的进口及其构成情况

2013—2023 年，浙江省与几内亚比绍的经贸合作以浙江省对几内亚比绍出口为主，少量地从几内亚比绍进口机器零件。2023 年，浙江省自几内亚比绍进口 1094 美元，占中国从几内亚比绍进口商品总额（1533 美元）的 71.36%，主要进口的是机器零件。①

（三）浙江省与几内亚比绍的渔业合作

浙江省通过发展远洋渔业解决近海过度捕捞而引发的资源枯竭问题。几内亚比绍是大西洋最重要的渔场。2020 年 3 月 23 日，温州市大洲远洋渔业有限公司的远洋渔船驶离洞头海域赴西非进行远洋捕捞作业。本次远洋捕捞分别向塞内加尔、几内亚比绍安排 3 艘渔船，每艘船上 9 名船员，捕捞到的渔货，一部分在当地进行销售，另一部分运回国内进行深加工。②

二、浙江省与几内亚比绍合作的机遇与挑战

（一）机遇

第一，浙江省与几内亚比绍渔业合作潜力巨大。几内亚比绍沿海大陆架长 160 千米，专属经济区 7 万多平方千米，拥有鳞鱼、对虾、龙虾、螃蟹和软体鱼等海产品，年捕捞量可达 25—35 万吨，向外国渔船发放捕鱼许可证是几内亚比绍外汇重要来源。③几内亚比绍与舟山、宁波的远洋渔业合作潜力巨大。

第二，几内亚比绍是世界上重要的腰果生产国。几内亚比绍的腰果种植主要集中在北部和东部地区，南部也占有小部分。从 2022 年几内亚比绍的种植和产量数据来看，全国的种植面积超 33 万公顷，产量为 20 万吨，其中北部地区占全国总产量的 54.59%，东部地区占 28.53%，南部地区占 16.88%，每公顷的产量可以达到 600 千克。④

第三，浙江省较成熟的基础设施建设经验契合几内亚比绍迫切发展基础设

① 海关编码为8474所列机器的零件。
② 陈密，蔡亦群.远洋捕捞船启航远赴非洲海域作业.（2020-03-24）[2024-01-17]. https://gov.66wz.com/system/2020/03/24/105251144.shtml.
③ 中华人民共和国驻几内亚比绍大使馆经济商务处.几内亚比绍概况-经济-自然资源.（2023-11-17）[2023-12-29]. http://gw.mofcom.gov.cn/article/ddgk/zwjingji/202311/20231103454338.shtml.
④ 中华人民共和国驻几内亚比绍共和国大使馆经济商务处.几内亚比绍2022年腰果产量情况.（2023-12-26）[2023-12-30]. http://gw.mofcom.gov.cn/article/ztdy/202312/20231203463034.shtml.

施的愿望。2021 年，几内亚比绍政府在基础设施方面的支出占国家预算的比例不到 10%。受此影响最严重的是能源行业。在几内亚比绍，能源的获取是有限和昂贵的，这意味着很大一部分几内亚比绍家庭无法用上电。几内亚比绍的交通系统连接也很差。只有 10%的公路网铺了柏油，几内亚比绍没有铁路系统。①为应对充满挑战的社会经济状况，几内亚比绍在 2020 年公布的国家发展计划中确定了战略目标。该计划提出了其长期的经济、社会和环境目标，其中包括：促进经济改革、增长和就业，发展生产性经济部门和基础设施，保护生物多样性，应对气候变化，增强自然资本。私营部门在实施基础设施战略方面发挥着关键作用。②浙江是对非电力与交通基础设施建设合作的强省。浙江电力、交通基础设施企业，在非洲有大量成功的经验，符合几内亚比绍的需求。

（二）挑战

其一，几内亚比绍财政赤字严重。几内亚比绍的食品和能源进口成本高昂，导致 2022 年的通货膨胀率增加了 1 倍以上，这限制了私人消费，导致经济增长放缓。疲软的腰果出口业绩限制了财政收入，而高于预期的经常性支出，尤其是工资支出，导致了高财政赤字和不断上升的债务。③国内收入动员不足，工资水平相对较高，财政空间有限。④其二，几内亚比绍经济结构单一，经济比较脆弱。腰果是其主要创汇来源，几内亚经济易受到腰果国际价格波动影响。其三，几内亚比绍的贫困率高。在 2022 年该国经济放缓之后，三分之二的人口生活在每天 1.90 美元的国际贫困线以下，三分之一的人口生活在每天 1.25 美元或更少的极端贫困中。⑤

---

① ICE Group. How Guinea-Bissau is Boosting Investment into Infrastructure by Getting Clear on Its Needs. (2023-12-19) [2024-01-17]. https://www.ice.org.uk/news-insight/news-and-blogs/ice-blogs/the-infrastructure-blog/how-guinea-bissau-boosting-infrastructure-investment.

② ICE Group. How Guinea-Bissau is Boosting Investment into Infrastructure by Getting Clear on Its Needs. (2023-12-19) [2024-01-17]. https://www.ice.org.uk/news-insight/news-and-blogs/ice-blogs/the-infrastructure-blog/how-guinea-bissau-boosting-infrastructure-investment.

③ World Bank Group. Investing in Human Capital, Governance and in the Business Climate is Key for Sustainable Development in Guinea-Bissau. (2023-02-17)[2024-01-17]. https://www.worldbank.org/en/news/press-release/2023/02/15/investing-in-human-capital-governance-and-in-the-business-climate-is-key-for-sustainable-development-in-guinea-bissau.

④ World Bank Group. Guinea-Bissau. [2024-01-17]. https://thedocs.worldbank.org/en/doc/bae48ff2fefc5a869546775b3f010735-0500062021/related/mpo-gnb.pdf.

⑤ World Bank Group. Investing in Human Capital. Governance and in the Business Climate is Key for Sustainable Development in Guinea-Bissau. (2023-02-17)[2024-01-17]. https://www.worldbank.org/en/news/press-release/2023/02/15/investing-in-human-capital-governance-and-in-the-business-climate-is-key-for-sustainable-development-in-guinea-bissau.

浙江省与加纳合作发展报告

　　加纳盛产可可，是世界上最大的可可生产国和出口国之一，据介绍，全世界每6块巧克力中，就有一块原料来自加纳。加纳矿产资源丰富，主要矿物储量为：黄金约6万吨；钻石约1亿克拉，居世界第四位；铝矾土约4亿吨；锰4900万吨，居世界第三位。

　　中国与加纳签订了经济技术合作协定、贸易协定和保护投资等多项协定，设有经贸联委会。2023年，双边贸易额为110.4亿美元，同比增长10.4%。其中中方出口额92.25亿美元，进口额18.15亿美元。中方主要出口机电产品、纺织制品、钢材，进口原油、锰矿、可可豆等。中国企业在加纳开展工程承包业务始于1983年。在加中国企业承揽项目涉及房建、供水、打井、供电、路桥、体育场、电信等领域。①

　　中加签有文化合作协定。中国自1960年开始接受加留学生。在"中非大学20+20合作计划"框架下，天津中医药大学和加纳大学结成合作伙伴。中国在加纳大学和海岸角大学各设有一所孔子学院。中加两国签署了医疗卫生合作议定书。中方自2009年起向加纳派遣医疗队员。②

一、浙江省与加纳合作情况

　　2013年11月1日，加纳投资环境说明会在义乌银都酒店举行。为了吸引更多人到加纳去投资经商，促进中加贸易往来，来自加纳出口促进局等部门的相关负责人分别就本国的出口产品、投资环境、服务政策等情况进行了宣讲。

---

①　中华人民共和国外交部.中国同加纳的关系.[2024-01-06]. https://www.mfa.gov.cn/web/gjhdq_676201/gj_676203/fz_677316/1206_677776/sbgx_677780/.

②　中华人民共和国外交部.中国同加纳的关系.[2024-01-06]. https://www.mfa.gov.cn/web/gjhdq_676201/gj_676203/fz_677316/1206_677776/sbgx_677780/.

加纳出口促进局主要负责发展和提升本国的非传统出口行业。该行业注册的出口商超过 4000 家，其生产和出口超过 400 个品种的农产品、加工产品和手工艺品。①

2016 年 6 月，温州市党政代表团访问加纳。在加纳期间，拜见了阿散蒂王国国王图图二世；与大阿克拉省省长、阿散蒂省副省长、阿克拉市市长、总统特别助理、加纳–中国友好协会会长等加纳高级政府官员会面，商讨进一步加强温州与加纳的经贸交流，共同推进中加友好合作关系；参观了库马西市在建的大型零售市场，使用中国设计和中国技术建设的市政公园等项目。与库马西市政府正式签订了温州市与库马西市建立友好交流关系协议书。②

2017 年 9 月 28 日至 29 日，加纳共和国驻华副大使查尔斯·德瓦梅纳（Charles Dwamena）与一等秘书菲利克斯·阿迪（Felix Eddie）一行访问温州。查尔斯曾于 2007 年起在温州医科大学留学 6 年，回国后投身政界，2017 年 5 月，被加纳共和国总统任命为驻华副大使。查尔斯表示，温州是他的第二故乡，一踏上温州的土地就充满了亲切感，希望今后加强两地在政治、经贸、科技、教育、文化等更多领域的全方位交流与合作。9 月 29 日，查尔斯一行赴温州市中非商会座谈。双方就农业、旅游及教育领域的合作、矿产开发、法律保障等方面交换意见，并达成共识。③

2017 年 11 月 26 日，应湖州市人民政府邀请，加纳渔业与水产部部长助理麦格达琳·史密斯（Magdalene Smith）女士考察湖州渔业。先后考察了中国淡水鱼博物馆、湖州师范学院生命科学学院、湖州市菱湖镇勤劳村渔业园区、荻港渔庄、桑基鱼塘基地和湖州丝绸文化博物馆。史密斯女士对湖州渔业发展情况非常有兴趣，对湖州水产养殖技术非常佩服，希望湖州市能够加强与加纳合作，尤其是渔业人才培养，投资加纳的水产养殖与水产加工。④

2018 年 4 月 13 日，温州市举办"一带一路"中非产能合作温州–库马西

① 金华市人民政府外事办公室，金华市人民政府港澳办公室，金华市人民对外友好协会."可可之乡"诚邀中国商家去投资.（2013-11-04）[2024-01-06]. http://swb.jinhua.gov.cn/art/2013/11/4/art_1229168150_58840126. html.
② 温州市人民政府.徐立毅结束对南非加纳访问返回温州.（2016-06-20）[2024-01-06]. http://www.wenzhou. gov.cn/art/2016/6/20/art_1217828_1504162.html.
③ 温州市人民政府外事办公室，温州市人民政府港澳办公室，温州人民对外友好协会.加纳共和国驻华副大使一行来温访问.（2017-09-30）[2024-01-06]. http://fao.wenzhou.gov.cn/art/2017/9/30/art_1340359_11241138. html.
④ 湖州市农业农村局.加纳共和国渔业与水产部部长助理麦格达琳·史密斯女士考察湖州渔业.（2017-11-27）[2024-01-06]. http://nync.huzhou.gov.cn/art/2017/11/27/art_1229209233_55822677.html.

交流会。在温州进行友好访问的加纳库马西市市长奥赛·阿瑟比·安提威（Osei Assibey Antiwi）及其代表团参加了对话会，与温州市工商界代表洽谈合作，共谋发展。①2018 年 4 月 12 日，安提威市市长一行赴龙湾区大自然鞋业和伟明环保龙湾垃圾发电厂考察。②

2018 年 9 月 3 日，当中非合作论坛北京峰会正在举行时，加纳驻华大使馆带领加纳铁路发展部部长、交通部部长一行赴温州参加"中国–加纳合作交流会"，介绍加纳投资政策和环境，共商合作发展。③

2019 年 11 月 7 日，温州市人民政府外事办公室与加纳驻华大使馆联合主办"2019 中国–加纳（温州）经贸投资对话会"。加纳经贸发展部部长助理哈菲兹·亚当、加纳驻华副大使查尔斯·庄梅纳等共 20 多位政府和经贸代表以及温州政府、企业界代表人士约 150 人出席对话会。在温州期间，代表团参访了全球商品贸易港和温州奥昌米萨瓦医疗科技有限公司，并出席了"2019 国际时尚消费暨第十五届浙江（温州）轻工产品博览会"开幕式。④

（一）浙江省与加纳经贸合作

1.浙江省与加纳经贸合作整体情况

2023 年，浙江省与加纳进出口贸易总额为 20.79 亿美元，占中国与加纳双边贸易总额（110.40 亿美元）的 18.83%。2013—2023 年，浙江省与加纳的进出口贸易总额整体上呈增长的趋势，详见表 1。2021 年与 2022 年，浙江省与加纳进出口贸易总额均达到 18 亿多美元，2023 年突破 20 亿美元大关。

表 1　2013—2022 年浙江省与加纳进出口贸易总额

年份	进出口贸易总额 / 亿美元
2013	9.36

① 温州市人民政府外事办公室，温州市人民政府港澳办公室，温州人民对外友好协会."一带一路"中非产能合作温州-库马西交流会举行.（2018-04-17）[2024-01-06]. http://fao.wenzhou.gov.cn/art/2018/4/17/art_1340359_17375169.html.
② 温州市人民政府外事办公室，温州市人民政府港澳办公室，温州人民对外友好协会.加纳库马西代表团参访龙湾 诚邀企业投资加纳.（2018-04-17）[2024-01-06]. http://fao.wenzhou.gov.cn/art/2018/4/17/art_1340359_17374960.html.
③ 温州市人民政府.中国-加纳合作交流会在温举行.（2018-09-04）[2024-01-06]. http://www.wenzhou.gov.cn/art/2018/9/4/art_1217829_20913618.html.
④ 温州市人民政府外事办公室，温州市人民政府港澳办公室，温州人民对外友好协会. 2019中国-加纳（温州）经贸投资对话会成功举办.（2019-11-13）[2024-01-06]. http://fao.wenzhou.gov.cn/art/2019/11/13/art_1340359_40124786.html.

年份	进出口贸易总额 / 亿美元
2014	8.28
2015	10.91
2016	11.17
2017	11.76
2018	12.15
2019	12.06
2020	15.53
2021	18.05
2022	18.25
2023	20.79

数据来源：作者根据国研网统计数据查询分析平台（https://www.drcnet.com.cn/）相关数据整理。

2. 浙江省对加纳的出口及其构成情况

2013—2023 年，浙江省向加纳出口的主要商品有：锁具；电线；箱包；缝纫机；搅拌器；音响；缝纫线；瓷制餐具；塑料制餐具及厨房用品；文具用品；鞋靴；等等。下文以 2023 年为例说明浙江省对加纳的出口商品构成及其占比情况。

2023 年，浙江省向加纳出口的商品总额为 20.22 亿美元，占中国向加纳出口商品额（110.4 亿美元）的 18.31%，占浙江省与加纳进出口贸易总额的 97.26%。浙江省向加纳出口的前五大类商品主要有：金属及其制品；机电产品；纺织原料及纺织制品；塑料及其制品，橡胶及其制品；鞋帽、伞类及人造花、叶与果实产品。这五大类商品占浙江省向加纳出口商品总额的 75.33%。

金属及其制品。2023 年，浙江省向加纳出口的金属及其制品总额为 4.31 亿美元，占浙江省向加纳出口商品总额的 21.32%。其中，钢铁 1.44 亿美元，钢铁制品出口总额为 1.40 亿美元，金属杂项制品出口总额为 7075.79 万美元，金属工具、器具、利口器、餐匙、餐叉及其零件出口总额为 2927.69 万美元，铝及其制品出口总额为 4312.56 万美元，铜及其制品出口总额为 322.72 万美元。[①]

机电产品。2023 年，浙江省向加纳出口的机电产品总额为 4.21 亿美元，占浙江省向加纳出口商品总额的 20.82%。

纺织原料及纺织制品。2023 年，浙江省向加纳出口的纺织原料及纺织制品

---

① 数据来源：国研网统计数据查询分析平台（https://www.drcnet.com.cn/）。

总额为 3.37 亿美元，占浙江省向加纳出口商品总额的 16.67%。

塑料及其制品，橡胶及其制品。2023 年，浙江省向加纳出口的塑料及其制品，橡胶及其制品总额为 2.05 亿美元，占浙江省向加纳出口商品总额的 10.14%。其中，塑料及其制品出口总额为 1.66 亿美元，橡胶及其制品出口总额为 3881.51 万美元。

鞋帽、伞类及人造花、叶与果实产品。2023 年，浙江省向加纳出口的鞋帽、伞类及人造花、叶与果实产品总额为 1.29 亿美元，占浙江省向加纳出口商品总额的 6.38%。

3. 浙江省从加纳的进口及其构成情况

2013—2023 年，浙江省从加纳进口的主要商品有：锰矿；铝矿；橡胶；腰果；原木；海产品；未脱脂可可膏；等等。下文以 2023 年为例说明浙江省从加纳进口的商品构成及占比情况。

2023 年，浙江省从加纳进口的商品总额为 5652.38 万美元，占中国从加纳进口的商品总额（18.15 亿美元）的 3.11%，占浙江省与加纳进出口贸易总额的 2.72%。浙江省从加纳进口的主要商品有：矿产品；橡胶；腰果；木及木制品。这四大类商品占浙江省从加纳进口总额的 77.89%。

矿产品。2023 年，浙江省从加纳进口的矿产品总额为 3255.88 万美元，占浙江省从加纳进口商品总额的 57.60%。其中，锰矿进口总额为 1877.45 万美元，铝矿进口总额为 1378.43 万美元。

橡胶。2023 年，浙江省从加纳进口的橡胶总额为 915.47 万美元，占浙江省从加纳进口总额的 16.2%。

腰果。2023 年，浙江省从加纳进口的腰果仁总额为 158.44 万美元，占浙江省从加纳进口总额的 2.8%。

木及木制品。2023 年，浙江省从加纳进口的木及木制品总额为 73.13 万美元，占浙江省从加纳进口总额的 1.29%。其中，进口原木总额为 31.45 万美元。

（二）浙江省与加纳投资合作

浙江省与加纳两地经济互补性强，在资源、资金、人力资本、技术和市场等方面都各有优势，合作空间广阔。

1.浙江省在加纳的投资

2015 年，浙江地豪矿业集团有限公司与加纳国土自然资源部开展合作，采取一体化整体运营模式进行黄金、金刚石等矿产资源的投资，远期投资将超过 30 亿美元，成为截至 2018 年中国非公经济企业在海外最大的矿产资源开发投资项目之一。[①]温商孙坚与加纳自贸区委员会签约，创办加纳（旺康）陶瓷有限公司，投资金额 5000 万美元，是截至 2018 年加纳最大的瓷砖生产企业。[②]

在加纳投资最成功的浙江企业要数浙江新安化工集团股份有限公司（以下简称"新安集团"）。2009 年 12 月，新安集团投资控股新安阳光加纳农资有限公司（以下简称"新安加纳"），并相继进军科特迪瓦等非洲市场。2012 年，加纳工厂正式建成投产，举办草甘膦营销论坛。为满足西非市场不断增长的市场需求，提高集团拓展西非市场的速度，2013 年 6 月，加纳草甘膦制剂工厂二期扩建正式启动，产能从项目一期的 5000 千升每年扩产到 10000 千升每年。截至 2014 年 1 月，二期项目建设基本顺利完成。[③]经过 4 年的市场运作和品牌推广，新安集团在西非的销售规模从不足 500 万美元到 2014 年底的 5019 万美元，销售规模增长将近 10 倍，主导产品草甘膦在加纳的市场份额从 2009 年不到 10%增长到 2014 年的 40%以上，3 个草甘膦品牌中的两个 SUNPHOSATE 和 NWURAWURA 成为加纳畅销的知名品牌，并销往多哥、贝宁、布基纳法索、塞内加尔、尼日尔等国。新安加纳已成为中国农药产品在加纳最佳的供应和技术服务综合平台，中国国内众多优秀企业的产品都通过新安加纳综合服务平台进入加纳等西非国家，受到中国驻加纳大使馆、加纳农业部的高度评价，并受到加纳总统马哈马的接见。2010 年 12 月，新安加纳被加纳农业部评为"加纳农业发展杰出贡献奖企业"。2014 年 10 月 20 日，中国驻加纳大使、经商处参赞等参观访问新安加纳总部库马西工厂，高度评价新安加纳内部管理规范，是加纳为数不多的拥有大型加工工厂的中资企业，鼓励新安加纳继续把农药事业做强做大并辐射西非、走出加纳。[④]

新安加纳在加纳不仅生产销售农药，还涉足加纳的金矿行业。2012 年 11

---

① 温州市人民政府.温州与非洲贸易额超百亿元.（2018-09-04）[2024-01-17]. http://www.wenzhou.gov.cn/art/2018/9/4/art_1217831_20913621.html.
② 温州市人民政府.中国-加纳合作交流会在温举行.（2018-09-04）[2024-01-17]. http://www.wenzhou.gov.cn/art/2018/9/4/art_1217829_20913618.html.
③ 《新安集团志》编纂委员会.新安集团志 1965—2014.北京：方志出版社，2015：239.
④ 《新安集团志》编纂委员会.新安集团志 1965—2014.北京：方志出版社，2015：238.

月，集团通过其子公司新安香港正式控股加纳金阳光矿业有限公司。2012 年以来，加纳金阳光矿业先后收购 AKOKO（1 号矿）、JOSET（2 号矿）、MOSE（3 号矿）三个金矿。围绕 AKOKO 金矿的开采和勘探，进行大量的投入，截至 2014 年底，加纳金阳光矿业公司已经取得 AKOKO 金矿 A 区的开采证和沙金的环保证、水证，并从 12 月开始进行沙金开采。①

新安集团加纳海外仓于 2013 年建立，面积 5500 平方米，可以为杭州市企业开拓西非新兴市场提供高效、快捷、经济的一站式公共海外仓储物流配送服务，并将建立"西非门户"综合贸易网站，通过线上贸易平台和线下公共海外仓、展示平台多点共建拓展海外营销。②

2. 加纳在浙江省的投资

2014 年，加纳籍麦克·高菲（Michael Kofie）与夸西·塞莉斯泰因（Kwasi Celestine）共同投资设立了丽水麦克文化交流有限公司，这是丽水市青田县第一家真正由外商投资设立的文化交流服务企业。该公司投资总额 200 万元人民币，主要经营教育咨询（不含出国留学与中介咨询）、外教信息咨询、经济贸易咨询、代理进出口、各类企划书策划及相关商务信息咨询服务等。③

温州云光废品油处理有限公司是由加纳温州商会会长黄永滔回乡创办的一家企业。④

嘉纳庄园是永嘉县重要的招商引资项目，由西非加纳华侨李启松投资，占地 3000 多亩，共分四大区块，总投资达 3 亿多元。该项目依托得天独厚的场地条件，实现农林牧渔的有机化与生态景观化，以亲子农业旅游为导向，兼收并蓄农耕文化、动漫文化、休闲农业文化，针对青少年认知行为特点以及家长休闲需求，开发主题多样、形式灵活、趣味益智、参与互动性强的农业旅游产品项目，为青少年儿童提供一个亲近大自然、体验田园生活、快乐成长的绿色天地，为参与者打造一个亲子互动、探索分享、追忆美好童年的平台。⑤

① 《新安集团志》编纂委员会.新安集团志 1965—2014.北京：方志出版社，2015：240.
② 新安集团加纳海外仓被评为省级公共海外仓.杭州化工，2016（1）：33.
③ 丽水市商务局.青田县第一家外商投资的服务企业批准设立.（2014-04-25）[2024-01-17]. http://sswj.lishui.gov.cn/art/2014/4/25/art_1229219471_58312677.html.
④ 温州市人民政府外事办公室，温州市人民政府港澳办公室，温州人民对外友好协会.温州瓯海区政协副主席走访调研侨资企业.（2015-05-25）[2024-01-27]. http://www.ouhai.gov.cn/art/2015/5/22/art_1248633_4065423.html.
⑤ 永嘉县人民政府.我区组织"三八"生态农庄体验游.（2017-03-10）[2024-01-17]. http://www.yj.gov.cn/art/2017/3/10/art_1229262208_56646633.html.

（三）浙江省与加纳的人文交流合作

在浙江省与加纳经贸合作的推动下，浙江省与加纳的人文交流合作呈现出医疗合作、科技交流合作与缔结友城三蒂并开的局面。

1.浙江省与加纳的医疗卫生合作

浙江省与加纳在医疗卫生方面的合作主要是温州医科大学与加纳的医疗合作。主要是创建中国-加纳眼视光中心以及举办非洲助产士助理培训项目。

温州不仅有着优质的教学医疗资源，还有不少优质的医疗器械制造企业。2018 年 7 月 16 日至 20 日，加纳驻华副大使查尔斯·庄梅纳携加纳塔马利教学医院代表团一行 4 人访问温州，与温州医科大学就共建中国-加纳眼视光中心项目进行合作洽谈并签署合作意向书，在眼视光学领域的医疗、教学、科研等方面开展合作，为加纳人民服务。[1]

为了向非医学背景的非洲在华留学生提供助产辅助技术培训，向非洲青年知识分子普及妇幼保健知识，并通过学员培训来改善非洲孕产妇和新生儿的健康水平，温州医科大学在 2018 年、2019 年、2022 年以及 2023 年分别启动了"生命天使"非洲助产士助理培训项目。在 2018 年的第一期培训中，共有 11 位来自加纳的学员。在 2019 年的第二期培训中，共招收来自加纳、乌干达、卢旺达、尼日利亚和赞比亚的非洲学员 25 人。在 2022 年的第三期培训中，来自加纳的安娜·安·玛丽是一名妇科专业的学生。她说："我要把在中国学到的知识教给更多的人，通过他们再进一步普及，同时也希望更多的中国医生可以来非洲，向当地医务人员传授医疗经验，让更多的非洲民众受益。"[2]

2.浙江省与加纳的科技交流合作

浙江省与加纳的科技交流合作主要是加纳电力、竹加工技术以及淡水养殖等专业技术人员赴浙江考察交流。

电力技术交流。2014 年，海宁市是全国第一个新农村电气化市，农电工作走在浙江省前列。来自赞比亚、加纳、埃塞俄比亚等 10 个非洲国家的 18 位电力官员前往海宁就农电网建设状况和企业内部管理进行交流。18 位电力官员分

---

① 温州市外侨办.温州市副市长会见加纳塔马利教学医院代表团.（2018-07-20）[2024-01-17]. http://fao.wenzhou.gov.cn/art/2018/7/20/art_1340368_19555363.html.

② 温州医科大学护理学院.《人民日报》关注温医大"生命天使"非洲助产士助理培训项目.（2022-08-26）[2024-03-17]. https://hlxy.wmu.edu.cn/info/1011/6091.htm.

别来自各国的国家电力公司、能源部、总统办公室、市政厅等组织机构，是中国商务部组织的首期电力管理专业研修班学员。交流团先后来到海宁开发区开闭所和海宁盐官镇桃园新村，现场了解高、低压电网设备结构和安装情况，并就农村电气化建设、线损降损、智能电网建设进行深入探讨。①

竹加工技术交流。2013 年 12 月 8 日，浙江农林大学非洲农林研究院、浙江德清莫干山竹胶板有限公司和加纳格外拉地区传统管理委员会三方，共同在浙江省德清县签署了"关于在加纳共和国共建竹加工示范企业的合作框架协议"。这项协议的签署，标志着中国在非洲建设的首家竹产业合作示范工厂正式落户加纳。②

2016 年 5 月，由中国商务部主办、国家林业局竹子研究中心和安吉县林业局共同承办的"2016 年加纳竹子育苗与种植栽培技术培训班"在安吉开班。此次培训班共有学员 19 人，主要以加纳林业部官员、林业研究所的专家为主。加纳学员们先后考察了刘家塘硒源竹笋合作社、永裕竹业、居然雅竹、圣氏竹生物科技、亚斐灯具以及国际竹艺商贸城等安吉竹产业代表企业。通过实地考察和交流，加纳学员们对安吉竹产业的成就给予高度赞赏，并表示要努力学习和借鉴安吉竹产业发展的先进技术和经验，为加纳竹产业的发展提供借鉴。③

淡水养殖技术交流。2019 年 9 月 11 日，"2019 年加纳淡水养殖技术培训班"学员一行 23 人到淡水水产所考察交流，学员由加纳渔业和水产养殖发展部的渔业技术及管理人员组成。培训班学员围绕鱼类苗种规模化繁育和养殖尾水生态化处理等技术与淡水所进行了讨论和交流。此外，培训班学员们还参观了淡水水产所标本室和荣誉室，并赴八里店综合试验基地参观了虾类育苗温室、鱼类孵化环道、养殖水体原位生态修复及异位处理设施等。④

引航员交流培训。2018 年 3 月 12 日，舟山引航站受中国引航协会委托，在上海与天元物流航运（香港）有限公司签署有关协议，对加纳塔科拉迪港引

---

① 嘉兴市电力局.非洲十国电力官员前来海宁公司交流城市配网建设.（2014-06-23）[2024-01-17]. https://www.jiaxing.gov.cn/art/2014/6/23/art_1558968_26592528.html.

② 浙江农林大学-非洲农林研究院.我国在非洲首家竹业合作工厂落户加纳.[2024-01-17]. https://cafor.zafu.edu.cn/info/1116/1025.htm.

③ 浙江省林业厅.中非竹产业培训交流活动在安吉举行.（2016-05-30）[2024-01-17]. http://lyj.zj.gov.cn/art/2016/5/30/art_1285508_4886310.html.

④ 浙江省农业农村厅.加纳淡水养殖技术培训班学员到淡水水产所考察交流.（2019-09-17）[2024-01-17]. http://nynct.zj.gov.cn/art/2019/9/17/art_1630668_38130335.html.

航员进行分批次定向培训。此举标志着舟山引航站加纳引航员培训交流活动正式启动，这是中国首次为"一带一路"国家培训引航员。根据协议，本次培训分三批进行：其中第一批培训 5 名引航员，主要内容包括大型散货船在狭窄水域的航行、调头、靠离泊操纵、拖轮使用及工作流程培训等。①

3. 温州与加纳库马西市结为友好城市

库马西市是加纳第二大城市，面积 254 平方千米，人口 200 多万，被誉为"西非花园城"，1979 年被联合国教育、科学及文化组织列入世界文化与自然遗产保护名录。2016 年，温州与库马西市建立友好交流关系，库马西市是温州市的第 30 个友好交流关系城市。在加纳从事商业活动的温企有 2000 多家。2008 年，加纳温州商会成立，目前拥有会员近 100 家。②

2016 年 7 月 26 日，加纳库马西市政府驻中国温州商务代表处揭牌成立（这是加纳在温州设立的首个商务代表处），并与浙江省国际贸易集团温州有限公司签下战略合作协议。③

二、浙江省与加纳合作的机遇与挑战

（一）机遇

第一，浙江省鼓励省内企业投资境外风电资源，符合加纳寻求能源结构多样化的投资需求。在加纳，电气化率在过去 20 年中逐步提高，达到 85% 以上。该国依靠多样化的能源结构，拥有西非最大的水电项目。在一系列国际发展伙伴的援助下，加纳正在继续升级其输配电系统，以实现其成为区域电力出口国的目标。

第二，浙江省在基建与制造业上的优势符合加纳的需求。加纳人口增长率较快，需要大量的住房，利于房地产的投资。此外，加纳还需要大量的道路、高速公路和桥梁、海岸工程的建设。浙江省基建行业可在加纳寻找机遇。此外，加纳政府力求使加纳成为撒哈拉沙漠以南非洲的汽车组装中心。加纳政府

① 舟山引航站.舟山引航站与天元物流航运有限公司签订培训交流协议.（2018-03-13）[2024-01-17]. https://www.zspilot.com.cn/news_viewn.asp?newsid=1398&lm=67.
② 温州市人民政府.加纳共和国库马西市驻温州商务代表处揭牌成立.（2016-07-27）[2024-01-17]. http://www.wenzhou.gov.cn/art/2016/7/27/art_1217831_2378446.html.
③ 温州市人民政府.中国-加纳合作交流会在温举行.（2018-09-04）[2024-01-17]. http://www.wenzhou.gov.cn/art/2018/9/4/art_1217829_20913618.html.

提供税收减免和其他激励措施，以吸引原始设备制造商利用半拆卸和完全拆卸套件建立装配厂。浙江省汽车产业发达，可在加纳寻找机遇。

第三，加纳中产阶级不断壮大，对中高端商品的需求增加。加纳地理位置优越，是面向西非食品和饮料大市场的良好转运点。不断壮大的中产阶级也有利于高端产品的消费。由于加纳国内农业和食品加工部门提供的产品选择有限，中产阶级对进口食品，特别是中高端食品的需求很大。浙江企业注重品牌的打造，不乏中高端商品的品牌打造。浙江省与加纳在中高端产品研发上的合作潜力无限。①

第四，加纳采取多维减贫方法刺激消费。加纳生产安全网项目（Ghana Productive Safety Net Power, GPSNP）通过加强安全网体系，提高了穷人的生产力，改善了获得生计机会和基本服务的机会，为实现加纳的减贫目标做出了贡献。这包括：通过劳动密集型公共工程项目（Labour-Intensive Public Works, LIPW）使 16.70 万多人受益；34.60 万户家庭通过"增强生计以消除贫困"（Livelihood Empowerment Against Poverty, LEAP）现金转移支付项目获得资助，并通过"生产性包容"项目获得额外支持。受益人是根据加纳统计局提供的最新数据从最贫穷的地区和社区选出的。2015 年，政府启动了加纳全国户籍登记系统（Ghana National Household Registry, GNHR），以改善社会保护计划的针对性，并推出了电子支付系统，还试点了一项生产性包容计划，以提供可持续的生计机会，并帮助受益人实现现金转移支付。加纳政府采用现金转移支付的方法，可有效缓解加纳国内的贫困面貌。浙江省可在电子支付领域寻求与加纳的合作。加纳采取的多维减贫方式也可以刺激消费，便于浙江省在中低端商品及农业领域同加纳展开合作。

（二）挑战

其一，加纳面临货币贬值、通货膨胀上升的问题。截至 2022 年 11 月，加纳货币赛地兑美元贬值了 25.8%。2022 年 2 月至 9 月，赛地贬值波动相对稳定，但 10 月起贬值幅度加大。赛地对欧元和英镑汇率分别比同期贬值 27.7% 和 28.6%。加纳 2022 年 11 月通货膨胀率为 26.4%，较上月下降 8.8%。与上月

---

① International Trade Administration. Ghana Country Commercial Guide.Agricultural Sectors. (2023-11-26)[2024-01-17]. https://www.trade.gov/country-commercial-guides/ghana-agricultural-sectors.

相比，食品通货膨胀率下降了 12.6%，为 32.2%，非食品类通货膨胀率下降了 21.7%，为 27.7%。从地区来看，西部省份通货膨胀率最高，达到 39.8%，大阿克拉地区的通货膨胀率最低。[①]巨大的融资需求和日益紧缩的融资条件加剧了对债务可持续性的担忧，使加纳无法进入国际市场。大规模资本外流加上发达经济体的货币政策收紧，给加纳汇率带来了巨大压力，再加上为预算赤字提供货币融资，导致了高通胀。受食品价格驱动的通货膨胀率在 2023 年 8 月保持在 40.1% 的高位。其二，加纳贫困率较高。加纳 2022 年的"国际贫困率"估计为 27%，自 2021 年以来增加了 2.2%。加纳家庭一直承受着高通胀和经济增长放缓的双重压力。[②]

① 中华人民共和国驻加纳共和国大使馆经济商务处.加纳 11 月通货膨胀率降至 26.4%.（2023-12-15）[2024-01-17]. http://gh.mofcom.gov.cn/article/jmxw/202312/20231203461163.shtml.

② World Bank Group. The World Bank in Ghana. (2023-10-04) [2024-01-17]. https://www.worldbank.org/en/country/ghana/overview.

浙江省与科特迪瓦合作发展报告

科特迪瓦地理位置优越，是非洲西海岸的交通要道，地区重要贸易、航运中心，也是撒哈拉沙漠以南非洲法语国家第一大经济体。农业是科特迪瓦经济支柱产业，从业人口占全国劳动力人口的50%，可可和腰果产销量全球第一，橡胶、油棕、咖啡、棉花、香蕉等其他经济作物产量也位居非洲前列，农产品收入约占科特迪瓦国民收入的40%。

中国为科特迪瓦援建了议员之家、剧场、格格杜农田水利整治、外交部会议厅、农村学校、加尼瓦医院、国家奥林匹克体育场等项目。1984年和1996年，两国政府签署贸易协定。中国投资开发贸易促进中心于1997年12月在阿比让开业。2023年，双边贸易额为52.8亿美元，同比增长21%，其中中方出口42.1亿美元，同比增长23.9%，进口10.7亿美元，同比增长10.6%。中方主要出口化工产品、钢材、建材等，进口农产品、锰矿石、木材等。[①]

1992年，中科签署文化合作协定。2004年10月，科特迪瓦文化部部长玛兰·梅苏来华出席在上海举行的"世界文化政策论坛部长级年会"，并率科特迪瓦艺术团参加了上海宝山国际民间艺术节。2012年6月，科特迪瓦文化与法语国家事务部部长莫里斯·夸库·班达曼来华出席中非合作论坛–文化部长论坛会议。2013年2月，为庆祝中科建交30周年，中国南京市艺术团赴科特迪瓦访问演出。2016年5月，河北省艺术团赴科特迪瓦访问演出。2018年2月，为庆祝中科建交35周年，河南省艺术团赴科特迪瓦访问演出。2018年8月，中科签署关于互设文化中心的协定。2019年1月，东方歌舞团赴科特迪瓦访问演出。2020年1月，中国煤矿文工团赴科特迪瓦访问演出。中国自1985年起开

---

① 中华人民共和国外交部.中国同科特迪瓦的关系.[2024-01-06]. https://www.mfa.gov.cn/web/gjhdq_676201/gj_676203/fz_677316/1206_677922/sbgx_677926/.

始接收科特迪瓦奖学金留学生。2020—2021 学年，科特迪瓦在华留学生 912 名。2015 年 5 月，阿比让博瓦尼大学孔子学院正式挂牌成立。2020 年，天津理工大学与科特迪瓦国立理工学院共建鲁班工坊举行"云揭牌"仪式。①

一、浙江省与科特迪瓦合作情况

2016 年 5 月 3 日，科特迪瓦总统顾问伯纳德·沙洛梅一行 2 人访问位于杭州的亚太小水电中心，双方就在科特迪瓦和西非国家开展能力建设、技术研发、项目示范和推广等进行洽谈，并达成一致意见。②

2013 年 9 月，科特迪瓦阿比让大区副区长马高内一行先后参观了温州市苍南县的中国礼品城、如意控股集团有限公司、温州曙光正邦纺织有限公司和盛宇集团有限公司，询问了企业的发展历程、管理经验及批发市场的建设思路等，并参观了企业的样品间、生产车间，了解了生产流程、设备使用等细节，并表达了招商意愿。③

2015 年 11 月 24 日，由科特迪瓦政府及企业人士组成的访问团访问嘉兴市嘉善县，访问团参观了歌斐颂巧克力小镇并开展商务洽谈。④

科特迪瓦驻华大使多索·阿达马（Dosso Adama）先后于 2015 年 11 月、2016 年 7 月、2017 年 9 月访问浙江省嘉兴市嘉善县与温州市。

嘉善县设有歌斐颂巧克力小镇，因为可可而与科特迪瓦结缘。科特迪瓦驻华大使主要赴嘉善县考察歌斐颂巧克力小镇。2015 年 11 月 24 日，阿达马大使携考察团队来嘉善考察，实地参观了歌斐颂巧克力小镇。阿达马大使对"浙江首批 37 个特色小镇"之一的歌斐颂巧克力小镇的发展称赞有加，并希望能与歌斐颂巧克力小镇合作建立可可文化展示区，加大双方的合作领域和范围，同时欢迎歌斐颂去科特迪瓦当地合建可可农场、可可加工厂。⑤2016 年 7 月，阿达马再次访问嘉善县，参观了歌斐颂巧克力小镇，并就在歌斐颂巧克力小镇修

① 中华人民共和国外交部.中国同科特迪瓦的关系. [2024-01-06]. https://www.mfa.gov.cn/web/gjhdq_676201/gj_676203/fz_677316/1206_677922/sbgx_677926/.
② 《浙江外事侨务年鉴》编纂委员会.浙江外事侨务年鉴2017.杭州：浙江大学出版社，2018：111.
③ 郭永慧.科特迪瓦官员来龙港三企业参观(图).(2013-09-30)[2023-03-14]. http://news.cnlg.cn/20130930/76917.htm.
④ 中共嘉兴市委 嘉兴市人民政府.科特迪瓦访问团来嘉善县考察.（2015-12-21）[2024-01-06]. https://www.jiaxing.gov.cn/art/2015/12/21/art_1555815_26639103.html.
⑤ 中共嘉善县委 嘉善县人民政府.科特迪瓦代表团实地考察"巧克力甜蜜小镇".（2015-11-27）[2024-01-06]. http://www.jiashan.gov.cn/art/2015/11/27/art_1229268453_57751793.html.

建可可文化展示区进行深入探讨。①

2017 年 9 月 19 日至 20 日，阿达马大使一行三人访问温州。阿达马大使欢迎温州市制造业、纺织业、农产品加工业的企业赴科特迪瓦投资建厂。双方还就科特迪瓦工业部部长访温等事宜进行了磋商。9 月 20 日，阿达马大使赴温州市中非商会座谈。双方就温州市农业"走出去"设立高效农业特色园区、温商进口科特迪瓦农产品便利化、温州大学加强与科特迪瓦大学学术交流等问题进行了探讨，并就组织纺织成衣、食品加工企业赴科特迪瓦考察投资等达成初步意向。阿达马大使还参观了龙湾雅林现代农业园及金帝集团、汇润机电等经开区企业。②

2016 年 5 月，中国食品工业协会糖果委员会偕歌斐颂巧克力小镇集团，应阿达马大使邀请，前往科特迪瓦进行可可种植基地考察，歌斐颂巧克力小镇集团与科特迪瓦政府签订合作协议。经沟通交流、实地了解、洽谈协商，歌斐颂巧克力小镇集团最终与科特迪瓦政府达成战略合作意向，双方签订可可种植和文化展示战略合作协议，同意建立"歌斐颂–科特迪瓦可可种植基地"和建设"歌斐颂–科特迪瓦可可文化区"。③

（一）浙江省与科特迪瓦经贸合作

1. 浙江省与科特迪瓦经贸合作整体情况

2023 年，浙江省与科特迪瓦的进出口贸易总额为 10.74 亿美元，占中国与科特迪瓦双边贸易总额（52.8 亿美元）的 20.34%。2013—2023 年，浙江省与科特迪瓦的进出口贸易总额增长显著，详见表 1。2020 年，浙江省与科特迪瓦的进出口贸易总额达到 5 亿多美元，2021 年达到 8.13 亿美元，2023 年达到 10 亿多美元。

① 中共嘉善县委　嘉善县人民政府.歌斐颂集团牵手"可可王国"科特迪瓦.（2016-07-25）[2024-01-06].http://www.jiashan.gov.cn/art/2016/7/25/art_1229250583_55734301.html.
② 温州市人民政府外事办公室，温州市人民政府港澳事务办公室，温州市人民对外友好协会.科特迪瓦共和国驻华大使一行来温州考察访问.（2017-09-21）[2024-01-06]. http://fao.wenzhou.gov.cn/art/2017/9/21/art_1340368_10947609.html.
③ 中共嘉善县委　嘉善县人民政府.歌斐颂巧克力小镇集团正式实施海外战略布局.（2016-05-06）[2024-01-06].http://www.jiashan.gov.cn/art/2016/5/6/art_1229250583_55738415.html.

表 1　2013—2023 年浙江省与科特迪瓦进出口贸易总额

年份	进出口贸易总额 / 亿美元
2013	2.32
2014	2.50
2015	3.52
2016	3.78
2017	3.39
2018	3.88
2019	4.33
2020	5.84
2021	8.13
2022	8.67
2023	10.74

数据来源：作者根据国研网统计数据查询分析平台（https://www.drcnet.com.cn/）相关数据整理。

2. 浙江省对科特迪瓦的出口及其构成情况

2013—2023 年，浙江省向科特迪瓦出口的主要商品有：鞋靴；钢铁制品；家用电器；除草剂；锁具；电池；餐具；布匹；插头及插座；等等。下文以 2023 年为例说明浙江省对科特迪瓦的出口商品构成及占比情况。

2023 年，浙江省向科特迪瓦出口商品总额 9.07 亿美元，占中国向科特迪瓦出口商品总额（42.10 亿美元）的 21.54%，占浙江省与科特迪瓦进出口总额（10.74 亿美元）的 84.45%。浙江省对科特迪瓦出口的前五大商品主要有：金属及其制品；机电产品；纺织原料及纺织制品；塑料及其制品，橡胶及其制品；化工产品。具体如下：

金属及其制品。2023 年，浙江省向科特迪瓦出口的金属及其制品总额为 1.93 亿美元，占浙江省向科特迪瓦出口商品总额的 21.28%。其中，钢铁制品出口总额为 6021.79 万美元，钢铁出口总额为 5124.44 万美元，金属杂项制品出口总额为 4363.39 万美元，金属工具、器具、利口器、餐匙、餐叉及其零件出口总额为 2281.41 万美元，铝及其制品出口总额为 1281.99 万美元，铜及其制品出口总额为 192.07 万美元。[①]

机电产品。2023 年，浙江省向科特迪瓦出口的机电产品总额为 1.87 亿美

---

① 数据来源：国研网统计数据查询分析平台（https://www.drcnet.com.cn/）。

元，占浙江省向科特迪瓦出口商品总额的 20.62%。

宁波乐惠国际工程装备股份有限公司为全球仅有的两家具备啤酒酿造整厂交钥匙能力的公司之一。2015 年，其海外业务达到了总业务的 65%，全年销售额达 5.80 亿元。2016 年，该公司与东帝汶、柬埔寨、南非、科特迪瓦、缅甸的公司开展项目合作。[①]

正泰电气启动分销渠道下乡策略，开展多层次的市场拓展活动，推进深度分销与有效覆盖。正泰电气首次取得 500kV 高电压等级的变压器订单，220kV 电压等级的变压器首次中标南网统招市场，252kV GIS 产品首次进入国家电网公司，GIS 产品取得了柬埔寨、莫桑比克、科特迪瓦等国际项目。[②]

纺织原料及纺织制品。2023 年，浙江省向科特迪瓦出口的纺织原料及纺织制品的出口总额为 1.30 亿美元，占浙江省对科特迪瓦出口总额的 14.33%。

塑料及其制品，橡胶及其制品。2023 年，浙江省向科特迪瓦出口的塑料及其制品、橡胶及其制品总额为 1.04 亿美元，占浙江省向科特迪瓦出口总额的 11.47%。其中，浙江省向科特迪瓦的塑料及其制品出口总额为 8727.83 万美元，橡胶及其制品出口总额为 1636.16 万美元。

化工产品。2023 年，浙江省向科特迪瓦化工产品的出口商品总额为 4506.54 万美元，占浙江省向科特迪瓦出口商品总额的 4.97%。

3.浙江省从科特迪瓦的进口及其构成情况

2013—2023 年，浙江省从科特迪瓦进口的主要商品有：天然橡胶；锰矿；腰果；药用植物；可可豆；可可膏；木材；等等。下文以 2023 年为例说明浙江省从科特迪瓦进口的商品构成及占比情况。

2023 年，浙江省从科特迪瓦进口的商品总额为 1.67 亿美元，占中国从科特迪瓦进口的商品总额（42.10 亿美元）的 21.54%。浙江省从科特迪瓦进口的主要商品有天然橡胶、腰果与矿产品，这三大类产品占浙江省从科特迪瓦进口商品总额的 96.89%。

天然橡胶。2023 年，浙江省从科特迪瓦进口天然橡胶的商品总额为 1.38 亿美元，占浙江省从科特迪瓦进口商品总额的 82.63%。2018 年 8 月份，宁波

---

① 浙江省科学技术厅.乐惠：勇摘科技创新"皇冠"角逐全球市场.（2016-07-26）[2024-01-17]. http://kjt. zj.gov.cn/art/2016/7/26/art_1228971343_40864394.html.
② 乐清市志办.正泰集团股份有限公司.（2013-12-17）[2024-01-17]. http://www.yueqing.gov.cn/art/2013/12/17/ art_1353795_9286218.html.

口岸自越南和科特迪瓦进口橡胶 1362 吨和 642.60 吨，分别增加 65% 和 1 倍。[1]

腰果。2023 年，浙江省从科特迪瓦进口的腰果总额为 1655.62 万美元，占浙江省从科特迪瓦进口总额的 9.91%。义乌综合保税区是义乌外贸重要枢纽之一，2022 年，从科特迪瓦进口的大约 1300 箱生腰果正是从这里进入国内市场的。[2]

矿产品。2023 年，浙江省从科特迪瓦进口的矿产品总额为 727.61 万美元，占浙江省从科特迪瓦进口总额的 4.35%。其中，进口锰矿 727.61 万美元。

（二）浙江省与科特迪瓦人文交流合作

2023 年 8 月 20 日，科特迪瓦浙江同乡会组织浙江籍同胞，在美丽的阿比让奥林匹克体育馆（Olympic Stadium of Ebimpé）拍摄短视频，共迎 9 月 22 日在杭州举办的第十九届亚运会。奥林匹克体育馆是由中国政府援建，是见证中科两国友谊的标志性建筑物，也见证着中国对科特迪瓦体育事业发展的大力支持。[3]

2023 年 10 月 8 日，科特迪瓦浙江同乡会参加由旅居科特迪瓦的华侨华人举办的"慈善无国界，大爱无疆土"慈善捐赠活动，分享无国界的关爱，前往博努阿的多恩·奥里奥内中心（Centre Don Orione），看望慰问残疾人医疗康复中心的残疾儿童们，赶往位于大巴萨姆的国家女童孤儿院（Orphelinat National de filles），探望孤儿。浙江义乌籍爱心同胞俞国芳女士、科特迪瓦巨象公司特别捐赠物资、奉献爱心。[4]

2022 年 9 月 22 日，台州技师学院、科特迪瓦职业教育部、山东栋梁科技设备有限公司签署合作备忘录，三方将在职业教育领域共同搭建平台，推动合作。台州技师学院将着力做好人才培养方案、课程体系、实训基地建设，开发符合科特迪瓦产业发展的职业技能等级标准，不断提高人才培养水平，真正实

① 宁波海关. 8 月份宁波口岸天然橡胶进口量增价跌.（2018-09-21）[2024-01-17]. http://www.ningbo.gov.cn/art/2018/9/21/art_1229096013_1408607.html.

② 澎湃. 11 天，超 3000 万元.（2022-09-01）[2024-01-17]. https://www.thepaper.cn/newsDetail_forward_19718467.

③ 西非华声. 科特迪瓦：浙江同乡会组织拍摄视频共迎杭州第十九届亚运会.（2023-08-24）[2024-01-17]. https://mp.weixin.qq.com/s?__biz=MjM5NzU1NzE0Nw==&mid=2649656232&idx=1&sn=fda5c1e6981332a762a9bfffd06b2c0f&chksm=bec20d5c89b5844a59305f1c8fdf3636fae4bc9c5f5e8ef9750f7ed3a8b47887af8dd8cb7a77&scene=27.

④ 中国新闻网. 科特迪瓦：众侨团到孤儿院和医疗康复中心捐赠爱心物资.（2023-10-12）[2024-01-17]. https://m.chinanews.com/wap/detail/chs/zw/hm6527a528d53b803cedc59c76.shtml.

现精诚合作、多方共赢。①

二、浙江省与科特迪瓦合作的机遇与挑战

（一）机遇

第一，科特迪瓦经济稳定，是浙江省理想的合作伙伴。科特迪瓦是世界上主要的可可和腰果生产国，是撒哈拉沙漠以南非洲地区 10 多年来经济持续增长最快的国家之一。2012—2019 年，科特迪瓦实际国内生产总值平均增长8.2%，并在 2020 年保持了 2%的增长率。预计 2024—2025 年，科特迪瓦实际平均 GDP 增长率为 6.5%。②在经济学人智库（EIU）发布的《2024 年非洲展望》报告中，科特迪瓦位列 2024 年全球经济预期增长率最高的 20 个经济体行列。③

第二，浙江省与科特迪瓦在交通领域合作潜力巨大。科特迪瓦的城市化率持续升高，从 1960 年的 17.70%飙升至 2018 年的 50%以上。④科特迪瓦的交通基础设施严重不足，这导致科特迪瓦人通勤时间长，成本高。在人口超过 500万的非洲国家中，科特迪瓦是仅次于喀麦隆和加纳的第三大城市化国家。每天有 1000 多万人次前往阿比让，每户平均花费 1075 西非法郎，通勤时间超过 3小时。交通支出在家庭预算中排名第三（仅次于食品和住房），约占 2017 年全国 GDP 的 5%。偏远地区的居民受到的不利影响最大，因为他们的出行时间更长（每次出行 78 分钟，而平均为 33 分钟）。总运输成本可能占到贫困家庭收入的 30%，而仅占最富裕家庭预算的 5%。⑤科特迪瓦的公共交通运输业不发达，非正式交通运输成为科特迪瓦交通的主体。但非正式交通隐藏安全隐患。浙江省发达的交通基础设施建设可为科特迪瓦提供经验。同时，浙江省发达的汽车

① 台州技师学院.迈出国际合作第一步！台州技师学院与科特迪瓦职教部"云签约".（2022-09-26）[2024-01-17]. https://mp.weixin.qq.com/s?__biz=MzIxNzc4NzU5NA==&mid=2247492159&idx=1&sn=92ff237e35d30e70e40983b3f86c3e8c&chksm=97f6df9aa081568c19b2b35a29a8fbcb6c5afcac3af35661f78b13256616c4a2872d91d3c54d&scene=27.

② World Bank Group. The World Bank in Côte d'Ivoire. [2024-01-17]. https://www.worldbank.org/en/country/cotedivoire/overview.

③ 中华人民共和国驻科特迪瓦共和国大使馆经济商务处.科有望成为2024年经济增长率最快经济体之一.（2023-12-02）[2024-01-17]. http://ci.mofcom.gov.cn/article/jmxw/202312/20231203457981.shtml.

④ World Bank Group. Côte d'Ivoire Economic Outlook: Understanding the Challenges of Urbanization in Height Charts. (2019-02-21)[2024-01-17]. https://www.worldbank.org/en/country/cotedivoire/publication/cote-divoire-economic-outlook-understanding-the-challenges-of-urbanization-in-height-charts.

⑤ World Bank Group. Côte d'Ivoire Economic Outlook: Understanding the Challenges of Urbanization in Height Charts. (2019-02-21)[2024-01-17]. https://www.worldbank.org/en/country/cotedivoire/publication/cote-divoire-economic-outlook-understanding-the-challenges-of-urbanization-in-height-charts.

制造业和二手车市场可以在与科特迪瓦的合作中占据优势。浙江省的公共交通经验可以帮助科特迪瓦更好地整合交通系统。浙江省发达的物流业也可以向科特迪瓦提供货物流动管理的经验。①

（二）挑战

其一，科特迪瓦近期外贸出现大幅逆差。2022 年科特迪瓦贸易逆差达到 1.01 万亿西非法郎（约 16.84 亿美元），是 1960 年以来科特迪瓦外贸第三次出现逆差，也是科特迪瓦历史上最大逆差。2022 年，科特迪瓦进口金额大幅攀升 42%，达到 11.21 万亿西非法郎（约 186.98 亿美元），出口增幅达 19.6%，达到 10.21 万亿西非法郎（约 170.13 亿美元）。进口方面，食品价格上涨 163.7%，达到 1.51 万亿西非法郎（约 25.17 亿美元）；石油价格上涨 83.5%，达到 1.5 万亿西非法郎（25.01 亿美元）；化肥上涨 40.4%，达到 1585.2 亿西非法郎（约 2.64 亿美元）。出口方面，可可豆下降 3.2%，约为 2 万亿西非法郎（约 33.25 亿美元）；天然橡胶增加 40.4%，约为 1.16 万亿西非法郎（约 19.32 亿美元）；加工可可增长 18.2%，达到 1.09 万亿西非法郎（18.2 亿美元）；棕榈油增长 70.4%，达到 3149.5 亿西非法郎（约 5.25 亿美元）。②其二，私营部门融资方面存在缺口。小微企业在科特迪瓦难以获得信贷。对于科特迪瓦公民与小微企业来说，获得融资可能是一项挑战。追踪金融普惠和融资渠道的 2017 年全球金融包容性指数数据库显示，只有 41% 的科特迪瓦公民能够获得金融服务。③

---

① 中华人民共和国驻科特迪瓦共和国大使馆经济商务处.科特迪瓦政府通过促进和发展汽车工业白皮书.（2023-12-28）[2024-01-17]. https://zhejiang.investgo.cn/investment/env/detail/459709.
② 中华人民共和国驻科特迪瓦共和国大使馆经济商务处.2022 年科特迪瓦外贸出现大幅逆差.（2023-05-11）[2024-01-17]. http://ci.mofcom.gov.cn/article/c/202305/20230503409355.shtml.
③ World Bank Group. Advancing Digital Entrepreneurship and Financial Inclusion in Côte d'Ivoire. (2022-07-11) [2024-01-17]. https://www.worldbank.org/en/results/2022/07/11/afw-advancing-digital-entrepreneurship-and-financial-inclusion-in-cote-divoire.

浙江省与利比里亚合作发展报告

　　利比里亚是全球第二大船旗国。所谓船旗国，就是船舶悬挂某一国家的国旗即具有该国国籍，这个国家即为该船的船旗国。船舶在公海上只服从国际法和船旗国的法律。数据显示，截至2019年在利比里亚海事局登记的船舶占全球船队载重吨的12%以上，其中最多的是散货船与集装箱船，均达到了总船舶数量的30%。利比里亚海事局在全球拥有超过500个服务点，遍布亚洲、欧洲、非洲等地。船舶在世界任何地方遭遇任何安全问题，利比里亚海事局都能在24小时内赶赴现场提供安全保护服务。[①]

　　中利保持外交关系期间，中国为利比里亚援建了巴里克糖厂、综合体育场、塔佩塔医院、卫生部办公楼、农业技术示范中心等项目。中利互利合作始于1981年，以工程承包和劳务合作为主要方式，项目主要有道路和桥梁建设。中利两国于1979年签订了以现汇支付的贸易协定。2023年，中国与利比里亚双边贸易总额99.2亿美元，同比增长32%，其中，中方出口98.3亿美元，同比增长31.1%，进口0.9亿美元，同比上升472.3%。中国主要向利比里亚出口船舶等，进口铁矿砂和原木等初级原材料。[②]

　　中国与利比里亚曾于1982年5月签署文化合作协定。2007年，中国艺术团组赴利演出。2008年9月，利比里亚文化代表团赴深圳参加"2008非洲文化聚焦"活动。2009年12月，中国武术中心代表团访问利比里亚。2010年8月，利比里亚国家艺术团赴华参加上海世博会利国家馆日活动。2011年2月和2012年2月，北京交通大学和厦门大学学生艺术团分别赴利比里亚访问演出。

---

① 宁波大学新闻网.浙江在线：航运人才跨国培养宁波开先河　不出国便能获外籍船员资格证.（2019-03-22）[2024-01-06]. https://news.nbu.edu.cn/info/1005/35154.htm.
② 中华人民共和国外交部.中国同利比里亚的关系. [2024-01-05]. https://www.mfa.gov.cn/web/gjhdq_676201/gj_676203/fz_677316/1206_677994/sbgx_677998/.

2016 年 2 月，浙江外国语学院艺术团赴利比里亚访问演出。10 月，利比里亚青奥代表团赴华参访，利比里亚武协代表团赴华参加武术节活动。2018 年 11 月，湖南中医药大学艺术团赴利比里亚演出。中国自 1986 年起开始接收利比里亚奖学金留学生。2021—2022 学年，利比里亚在华留学生 1230 人。2008 年 12 月，两国就中方向利派遣青年志愿者签署换文。中方在利比里亚大学设立的孔子学院于 2008 年 9 月开学。中国自 1984 年 7 月向利派遣医疗队。①

一、浙江省与利比里亚合作情况

2019 年 11 月 24 日，中非经贸合作发展论坛绍兴峰会间隙，由利比里亚不管部长克普伊·特劳孔·塔赫洛率领的利比里亚参会代表团与绍兴市领导进行了会谈，双方就进一步加强合作进行了交流。②

（一）浙江省与利比里亚经贸合作

1.浙江省与利比里亚经贸合作整体情况

2023 年，浙江省与利比里亚的双边贸易总额为 27.89 亿美元，占中利双边贸易总额（99.20 亿美元）的 28.11%。2013—2023 年，浙江省与利比里亚的进出口贸易总额呈翻倍式增长，详见表 1。从 2013 年的不足 5 亿美元，发展到 2018 年的将近 6 亿美元，2019 年则突破 10 亿美元大关，2021 年接近 20 亿美元，2022 年达到 28 亿多美元，2023 年下降到不足 28 亿美元。

表 1　2013—2023 年浙江省与利比里亚进出口贸易总额

年份	进出口贸易总额 / 亿美元
2013	4.92
2014	3.33
2015	1.92
2016	3.92
2017	5.54
2018	5.89
2019	10.18

① 中华人民共和国外交部.中国同利比里亚的关系. [2024-01-05]. https://www.mfa.gov.cn/web/gjhdq_676201/gj_676203/fz_677316/1206_677994/sbgx_677998/.
② 绍兴网. 深化交流合作 促进共同发展　盛阅春会见利比里亚代表团.（2019-11-25）[2024-01-05]. https://www.shaoxing.com.cn/zxbd/p/2775231.html.

续表

年份	进出口贸易总额 / 亿美元
2020	14.00
2021	19.57
2022	28.45
2023	27.89

数据来源：作者根据国研网统计数据查询分析平台（https://www.drcnet.com.cn/）相关数据整理。

2. 浙江省对利比里亚的出口及其构成情况

2013—2023 年，浙江省向利比里亚出口的主要商品有：石油；机器零件；船舶；铝合金板；等等。下文以 2023 年为例说明浙江省对利比里亚的出口商品构成及占比情况。

2023 年，浙江省对利比里亚的出口贸易总额为 27.57 亿美元，约占中国对利比里亚出口额（98.30 亿美元）的 28.05%，占浙江省与利比里亚进出口总额的 98.85%。浙江省向利比里亚出口的主要商品有：石油；机电产品；运输工具；金属制品；纺织原料及纺织制品，这五大类商品共占浙江省对利比里亚出口总额的 97.69%。

石油。2023 年，浙江省向利比里亚出口的石油总额为 16.65 亿美元，占浙江省向利比里亚出口总额的 60.39%。

机电产品。2023 年，浙江省向利比里亚出口的机电产品总额为 6.35 亿美元，占浙江省向利比里亚出口商品总额的 23.03%。

船舶。2023 年，浙江省向利比里亚出口的船舶［巡航船、游览船、渡船、货船、驳船及其类似的客运或货运船舶（艘）］总额为 3.46 亿美元，占浙江省向利比里亚出口商品总额的 12.55%。

金属制品。2023 年，浙江省向利比里亚出口的金属制品总额为 2527.89 万美元，占浙江省向利比里亚出口商品总额的 0.92%。其中，钢铁制品的出口总额为 979.54 万美元，钢铁的出口总额为 432.72 万美元，金属杂项制品的出口总额为 429.24 万美元，金属工具、器具、利口器、餐匙、餐叉及其零件的出口总额为 354.05 万美元，铝及其制品的出口总额为 325.52 万美元。[①]

纺织原料及纺织制品。2023 年，浙江省向利比里亚出口的纺织原料及纺织制品总额为 2206.61 万美元，占浙江省向利比里亚出口总额的 0.80%。

---

① 数据来源：国研网统计数据查询分析平台（https://www.drcnet.com.cn/）。

3.浙江省从利比里亚的进口及其构成情况

2013—2023 年，浙江省从利比里亚进口的主要商品有：原木；橡胶；铁矿；船舶用柴油机零件；钢铁制品；等等。下文以 2023 年为例说明浙江省从利比里亚进口的商品构成及占比情况。

2023 年，浙江省从利比里亚进口的商品总额为 3260.35 万美元，约占中国从利比里亚进口总额（0.90 亿美元）的 36.22%。

铁矿砂。2023 年，浙江省从利比里亚进口铁矿砂的商品总额为 2479 万美元，占浙江省从利比里亚进口总额的 76.03%。

原木。2023 年，浙江省从利比里亚进口原木的商品总额为 681.02 万美元，占浙江省从利比里亚进口总额的 20.89%。

橡胶。2023 年，浙江省从利比里亚进口橡胶的商品总额为 70.36 万美元，占浙江省从利比里亚进口总额的 2.16%。

（二）浙江省与利比里亚海洋合作

2018 年，利比里亚海事局的中国技术中心正式入驻宁波国际航运物流产业集聚区。利比里亚海事局中国技术中心以船舶安全技术、公司审核评估、船员培训发证、船级社授权管理等核心业务为基础，广泛开展国际海事公约及提案研究等海事履约立约工作。与此同时，利比里亚海事局也与宁波航运交易所在信息资源共享、海事业界交流、船舶及公司登记等领域开展合作，共同促进航运产业资源的配置与集聚，推动宁波港航服务业的建设与发展。[1]

2019 年，受利比里亚海事主管机关邀请，中利双方在蒙罗维亚就《中华人民共和国政府与利比里亚共和国政府海运协定谅解备忘录》进行磋商会谈，宁波海事局派员参会，并促成宁波市商渔安全示范性工作纳入合作框架。[2]

2020 年，经宁波海事局积极推动，利比里亚海事管理机构正式向其全球挂旗船舶发布新版安全通函，针对宁波舟山沿海水域防范商渔船碰撞问题进行修订和补充提醒，进一步帮助商渔船及时避让、有效沟通。此次利比里亚通函更新内容专门结合了宁波地方商渔船员的建议和需求，通过"港口国—船旗国"

---

① 宁波市人民政府口岸办公室.利比里亚海事局中国技术中心正式入驻甬城.（2018-04-13）[2024-01-06]. http://kab.ningbo.gov.cn/art/2018/4/13/art_1229104354_47146716.html.
② 宁波市机关事务管理局.我市商渔安全经验纳入中利海事合作备忘录框架.（2019-12-25）[2024-01-06]. http://jgswj.ningbo.gov.cn/art/2019/12/25/art_1229047336_48745002.html.

合作机制顺利完成。促成新版通函针对"渔船作业号灯号型使用""帆张网作业方式""灯光诱捕敷网作业方式"等内容进行了修订及补充，以便国际商船进一步掌握宁波舟山沿海渔业密集区域特点，进一步提升商渔船避让及时性及沟通有效性。宁波海事局相关负责人表示，这标志着宁波市商渔安全示范性工作纳入中国与利比里亚两国《中华人民共和国海事局和利比里亚海事局海事合作谅解备忘录》合作框架后，取得了实质性进展，商渔安全信息传递机制开始从"量的增长"向"质的提升"发展。①

2021 年，第二届联合国全球可持续交通大会期间，《中华人民共和国海事局和利比里亚海事局海事合作谅解备忘录》（以下称"《备忘录》"）在北京签署。宁波市商渔安全国际通函、商船安全自律联盟等工作经验被纳入《备忘录》，成为第二届联合国全球可持续交通大会成果，为宁波提升国际竞争力、建设国际一流强港再添"金名片"。②

2018 年 12 月，利比里亚海事局和宁波大学联合签订"国际船员培训认证项目"合作协议，由宁波大学设立利比里亚船员培训基地，实施国际船员培训。由宁波大学设计课程内容并提供教学资源，利比里亚海事局负责授权、评估及发证，这也是浙江省内首个国际船员培训项目。2019 年 3 月，利比里亚国际船员培训项目在宁波大学海运学院授牌，来自大连远洋运输公司的十多名船员成为首批培训班学员。完成学业后，他们将获得利比里亚海事局颁发的从业证书。2018 年 12 月，利比里亚海事局和宁波大学联合签订"国际船员培训认证项目"合作协议，由宁波大学设立利比里亚船员培训基地，实施国际船员培训。由宁波大学设计课程内容并提供教学资源，利比里亚海事局负责授权、评估及发证，这也是浙江省内首个国际船员培训项目。③

（三）浙江省与利比里亚人文交流合作

1.浙江省与利比里亚的安全合作

2016 年，浙江省公安边防总队单独组建中国第 4 支赴利比里亚维和警察防

① 宁波市人民政府.宁波促成利比里亚向其全球挂旗船舶发布新版安全通函.（2020-03-29）[2024-01-06].
http://www.ningbo.gov.cn/art/2020/3/29/art_1229099769_51861574.html.
② 宁波市人民政府.宁波商渔船工作经验成为联合国全球可持续交通大会成果.（2021-10-24）[2024-01-06].
http://www.ningbo.gov.cn/art/2021/10/24/art_1229099769_59039471.html.
③ 宁波市人民政府.航运人才跨国培养宁波开先河.（2019-03-22）[2024-01-06]. http://www.ningbo.gov.cn/
art/2019/3/22/art_1229196405_52495169.html.

暴队（以下简称"防暴队"）。这支防暴队是中国维和警察成功换防利比里亚首都后派出的第一支维和警察防暴队，是 2015 年习近平主席在联合国维和峰会上提出率先组建常备成建制维和警队后，中国派出的第一支维和警察防暴队。防暴队 140 名队员从 2015 年 11 月起，经过 3 个月的强化训练，以全员全科全优成绩顺利通过联合国甄选评估。防暴队 30 名先遣队员已于 2 月 23 日出发前往利比里亚做前期准备，参加出征仪式的 110 名队员于 3 月 10 日从北京出发前往利比里亚首都蒙罗维亚，执行为期一年的维和任务。[①]

2. 浙江省艺术团体赴利比里亚访问演出

2013 年 4 月，浙江师范大学艺术团赴利比里亚访问演出。艺术团先后在利比里亚大学、中国第 14 批赴利比里亚维和部队、蒙罗维亚市政厅举行演出，并与利比里亚总统埃伦·约翰逊–瑟利夫（Ellen Johnson-Sirleaf）合影留念。当地报纸《非洲首页报》（*Frontpage*）和《传播报》（*Informer*）分别以一个版面的篇幅报道了浙江师范大学艺术团的演出。[②]

2016 年 2 月，应驻利比里亚大使馆邀请，受国家汉办、孔子学院总部委派，浙江外国语学院文化艺术巡演团在利比里亚成功进行巡回演出，与利比里亚民众、各国驻利使团与国际组织驻利代表、在利华侨华人共庆中国元宵佳节，充分展示中华优秀传统文化和中国大学生风采，取得良好反响和广泛好评。[③]

3. 浙江省与利比里亚的医疗卫生合作

2015 年，在西非暴发埃博拉疫情期间，鉴于浙江大学医学院附属第一医院和浙江省人民医院在应对公共卫生事件和防控传染病方面的丰富经验，国家卫计委从这两家医院选派了 10 名医护人员在 1 月 13 日和 19 日分两批前往利比里亚，这 10 名医疗队员为唯一由地方派出的救治医疗力量。[④]

① 新华网.中国第四支赴利比里亚维和警察防暴队出征.（2016-03-10）[2024-01-20]. http://www.xinhuanet.com/mil/2016-03/10/c_128790388.htm.
② 新中.我校艺术团赴非开展巡演 利比里亚劲刮"中国风"（图）.（2013-04-20）[2024-01-06]. https://news.zjnu.edu.cn/_t430/2013/0420/c8449a184314/page.psp.
③ 浙江外国语学院.真实亲诚·共圆中非梦——我校巡演团走进西非三国孔子学院.（2016-02-27）[2024-01-06]. https://www.zisu.edu.cn/info/1010/7825.htm.
④ 浙江新闻.浙江 10 位医护人员即将奔赴利比里亚开展医疗救治.（2015-01-07）[2024-01-17]. https://zjnews.zjol.com.cn/system/2015/01/07/020450219.shtml.

二、浙江省与利比里亚合作的机遇与挑战

（一）机遇

第一，利比里亚的营商环境较好。利比里亚是西共体成员国，西共体人口接近 3.5 亿，其中约 60% 为年轻消费者。[①]利比里亚自然资源丰富，拥有黄金、钻石、铁矿石和木材等大量未开发自然资源。利比里亚 2010 年的《投资法》允许投资者将资本和利润汇回国内。此外，利比里亚劳动力成本比较低：正规部门的最低工资为每天 5.5 美元或等值利比里亚元。非正规部门的最低工资约为每天 3.5 美元或等值利比里亚元。利比里亚较好的营商环境有利于浙江省与其开展合作。[②]

第二，利比里亚可投资的领域较多。利比里亚的矿业、农业、林业和金融服务吸引了大量的外国投资。国家投资委员会（National Investment Commission, NIC）还确定了农业加工（橡胶、大米、可可、木薯、油棕和水产养殖）、可再生能源、基础设施、信息和通信技术、港口管理、住房、物流、制造业、旅游业、废物管理（固体废物和医疗废物）、教育和卫生等领域的投资机会。道路、桥梁、海港、机场和仓储设施，以及增加发电量的项目都是重要的投资机会，并与政府的发展平台"扶贫繁荣与发展议程"（Pro Poor Agenda for Prosperity and Development, PAPD）相一致。[③]

油棕是利比里亚种植最广泛的树木作物，约 21% 的家庭种植油棕，约占农业部门就业人数的十分之一。利比里亚政府已将油棕确定为 2018—2023 年"扶贫繁荣与发展议程"第二支柱下促进农业增长和发展的优先作物之一。在内战之前，油棕种植园完全归利比里亚政府所有。油棕的生产由中、小农和特许经营者完成。利比里亚通过国家油棕战略与行动计划（National Oil Palm Strategy and Action Plan, NOPSAP）确定了可持续油棕生产的各种挑战和机遇，以制定指导利比里亚可持续油棕生产的框架，旨在指导参与该部门的公共和私

---

① International Trade Administration. Liberia.Country Commercial Guide. (2022-08-03) [2024-01-17]. https://www.trade.gov/country-commercial-guides/liberia-market-overview.

② International Trade Administration. Liberia.Country Commercial Guide.Market Overview. (2024-06-05) [2024-07-27]. https://www.trade.gov/country-commercial-guides/liberia-market-overview.

③ International Trade Administration. Liberia.Country Commercial Guide.Market Opportunities. (2024-06-05) [2024-07-27]. https://www.trade.gov/country-commercial-guides/liberia-market-opportunities.

营机构、小型到大型生产者、技术和民间社会组织实现共同目标。[①]浙江省是中国棕榈油进口的第二大省。浙江省可以在油棕进口与油棕生产上与利比里亚寻求合作。

（二）挑战

其一，蒙罗维亚自由港是利比里亚主要的对外贸易门户，但其高昂的费用及存在的基础设施不足、行政延误等状况促使一些进口商选择从几内亚的科纳克里港、塞拉利昂的弗里敦港等邻国港口进口商品，并通过陆路运输到利比里亚。[②]其二，利比里亚劳动力素质不强。2017 年，利比里亚 15 岁及以上人口的识字率仅为 48.30%，在西非国家的排名中较低。[③]此外，利比里亚劳动者的劳动技能掌握也不足。其三，利比里亚市场消费能力不足。2014 年，埃博拉疫情暴发和商品价格冲击对利比里亚经济局势造成了挑战，对该国的主要出口（橡胶和矿石）产生了负面影响。这些发展导致其 2019 年经济收缩 2.5%。经济的不景气加剧了利比里亚的贫困状况，人均消费开始收缩，市场消费能力不足。[④]

① UNDP. National Oil Palm Strategy and Action Plan of Liberia (2021–2025). (2022-05-04) [2024-01-17]. https:// www.undp.org/facs/publications/national-oil-palm-strategy-and-action-plan-liberia-2021-2025.
② International Trade Administration. Liberia Country Commercial Guide.Market Challenges. (2024-06-05)[2024-07-27]. https://www.trade.gov/country-commercial-guides/liberia-market-challenges.
③ World Bank Group. Literacy Rate, Adult Total (% of people ages 15 and above) - Liberia. (2024-04-24) [2024-07-27]. https://data.worldbank.org/indicator/SE.ADT.LITR.ZS?locations=LR.
④ World Bank Group. Liberia: Sustaining Prudent Microeconomic Policies and Expanding Fiscal Space. (2021-11-19) [2024-01-17]. https://www.worldbank.org/en/news/feature/2021/11/24/liberia-sustaining-prudent-microeconomic-policies-and-expanding-fiscal-space.

浙江省与马里合作发展报告

　　马里，西非内陆国家，非洲主要的产棉国，棉花对其国民经济贡献达 850 亿至 1230 亿西非法郎，占其国内生产总值的 8%。马里是非洲第四大黄金出口国，黄金是马里第一大出口产品。

　　建交以来，中国为马里援建了纺织厂、糖厂、皮革厂、制药厂、体育场、会议大厦、医院、巴马科第三大桥等项目。中马互利合作始于 1983 年，以工程承包和劳务合作为主要方式。工程承包项目以房建、路桥、打井和农田整治为主。1961 年 2 月，中马签订货物交换和支付协定。1978 年 10 月，两国签订贸易协定。2009 年 2 月，中马签署双边投资保护协定，同年 7 月生效。2023 年，中马双边贸易额 8.8 亿美元，同比增长 32.7%。其中中方出口额 8 亿美元，进口额 0.8 亿美元。中方主要出口机电产品、高新技术产品和茶叶，进口棉花、芝麻等农产品。

　　中马两国政府先后于 1963 年、1981 年和 2004 年三次签订文化合作协定。两国文化艺术团组多次互访。2008 年 11 月，马里文化部部长莫克塔尔访华，双方签署了《中马文化合作协定 2009—2011 年执行计划》。2009 年 10 月，中国艺术团赴马里访问演出。2010 年 10 月，中国安徽省艺术团赴马里演出。2010 年 11 月，新华社巴马科分社在巴马科揭牌。

　　中国自 1965 年起开始接收马里奖学金留学生。2008 年 5 月，中方在马里阿斯基亚中学设立孔子课堂。2018 年 6 月，马里孔子学院在巴马科人文大学正式成立。2019 年 12 月，由天津医学高等专科学校、天津市红星职业中等专业学校和马里巴马科科技大学、巴马科人文大学共同在巴马科人文大学建立的中医技术鲁班工坊揭牌启运。

中国自 1968 年起向马里派遣医疗队。①

一、浙江省与马里合作情况

2012 年 11 月 8 日至 10 日，浙江省卫生代表团拜访马里。2021 年 3 月 24 日至 26 日，马里驻华大使迪迪埃·达科（Didier Dacko）、二等参赞包卡利·包古姆（Bokary Bocoum）等一行 3 人访问绍兴。25 日，迪迪埃·达科大使等一行赴越城区、柯桥区、嵊州市考察了绍兴市李氏纺织品有限公司、浙江新建纺织有限公司、浙江昌祥茶叶有限公司、加佳控股集团有限公司。大使一行还参观了仓桥直街历史街区。②

（一）浙江省与马里经贸合作

1. 浙江省与马里经贸合作整体情况

2023 年，浙江省与马里的进出口贸易总额为 1.23 亿美元，占中国与马里贸易总额（8.8 亿美元）的 13.98%。2013—2023 年，浙江省与马里的进出口贸易总额整体上呈增长的态势，详见表 1。从 2013—2016 年的 4000 多万美元，在 2018 年和 2019 年增长到 5000 多万美元，在 2020 年和 2021 年增长到 6000 多万美元，2022 年则达到 7000 多万美元，2023 年突破 1 亿美元大关。

表 1 2013—2023 年浙江省与马里进出口贸易总额

年份	进出口贸易总额 / 万美元
2013	4609.93
2014	4324.82
2015	4235.68
2016	4230.52
2017	7002.51
2018	5696.97
2019	5027.84
2020	6510.24
2021	6494.70
2022	7602.73

① 中华人民共和国外交部.中国同马里的关系. [2024-01-05]. https://www.mfa.gov.cn/web/gjhdq_676201/gj_676203/fz_677316/1206_678140/sbgx_678144/.
② 绍兴市人民政府.马里驻华大使迪迪埃达科先生等来绍访问.（2021-03-29）[2024-01-05]. https://www.sx.gov.cn/art/2021/3/29/art_1229365055_59249079.html.

续表

年份	进出口贸易总额 / 万美元
2023	12300.00

数据来源：作者根据国研网统计数据查询分析平台（https://www.drcnet.com.cn/）相关数据整理。

2.浙江省对马里的出口及其构成情况

2013—2023 年，浙江省向马里出口的主要商品有：茶叶；鞋靴；服装；电池；纸浆制品；厨房用具；药品；太阳能发电装置；塑料制品；等等。下文以 2023 年为例说明浙江省对马里的出口商品构成及占比情况。

2023 年，浙江省向马里出口的商品总额为 1.12 亿美元，占中国向马里出口的商品总额（8 亿）的 14%。浙江省向马里出口的前五大类商品主要有：茶叶；机电产品；鞋帽、伞类及人造花、叶与果实产品；纺织原料及纺织制品；塑料及其制品，橡胶及其制品。这五大类商品占浙江省向马里出口商品总额的 81.51%。

茶叶。2023 年，浙江省向马里出口茶叶共计 2551.59 万美元，占浙江省向马里出口商品总额的 27.78%。

机电产品。2023 年，浙江省向马里出口机电产品共计 2323.38 万美元，占浙江省向马里出口商品总额的 20.74%。

2013 年，由宁波绿光能源科技有限公司生产的 200 台家用型太阳能发电系统顺利出口马里。这是继该公司前不久 60 台微型太阳能发电系统产品出口摩洛哥后，今年第二批出口的太阳能发电系统。"我们自主研发的产品，都是针对国外一些特定的市场需求，比如非洲的一些偏远、落后的地方。特别是一些没有电力供应的地方，或者是电力供应不稳定的地方。"[1]董事长李豪义介绍说。凭借先进的专业技术、稳定的产品质量和较好的产品性价比，绿光公司已经先后在摩洛哥、马里、阿尔及利亚等国家打开了市场，后续的市场需求越来越多。[2]

鞋帽、伞类及人造花、叶与果实产品。2023 年，浙江省向马里出口的鞋帽、伞类及人造花、叶与果实产品总额为 1292.15 万美元，占浙江省向马里出口商品总额的 11.54%。

---

① 宁波日报先发导刊.绿光公司打开国外市场有诀窍——针对特定市场研发太阳能发电产品.（2013-05-16）[2024-01-17]. http://kjj.ningbo.gov.cn/art/2013/5/16/art_1229589472_58942981.html.

② 宁波日报先发导刊.绿光公司打开国外市场有诀窍——针对特定市场研发太阳能发电产品.（2013-05-16）[2024-01-17]. http://kjj.ningbo.gov.cn/art/2013/5/16/art_1229589472_58942981.html.

纺织原料及纺织制品。2023 年，浙江省向马里出口的纺织原料及纺织制品总额为 1657.3 万美元，占浙江省向马里出口商品总额的 14.8%。

塑料及其制品，橡胶及其制品。2023 年，浙江省向马里出口的塑料及其制品，橡胶及其制品总额为 722.94 万美元，占浙江省向马里出口商品总额的 6.65%。

3. 浙江省从马里的进口及其构成情况

2013—2023 年，浙江省从马里进口的主要商品有：芝麻；原木；腰果；铁矿砂；未锻轧的铝合金；玻璃珠；仿珍珠；仿宝石等小件玻璃制品；等等。下文以 2023 年为例说明浙江省从马里进口的商品构成及占比情况。

2023 年，浙江省从马里进口商品共计 1036.48 万美元，占中国从马里进口总额（0.8 亿美元）的 12.95%。2023 年，浙江省主要从马里进口芝麻与铁矿砂。

芝麻。2023 年，浙江省从马里进口的芝麻总额为 591.81 万美元，占浙江省从马里进口总额的 57.1%。

铁矿砂。2023 年，浙江省从马里进口铁矿总额为 432.89 万美元，占浙江省从马里进口总额的 41.77%。

（二）浙江省与马里投资合作

2012 年 10 月，新安阳光马里有限公司成立，正式开始在马里、布基纳法索、塞内加尔、尼日尔等 9 个国家进行农药产品登记。在药效试验和材料提交的基础上，2013 年 12 月取得首个农药产品 2,4-d 的农药登记证和产品进口资格，2014 年年末又获得 360 克/升草甘膦水剂、480 克/升毒死蜱乳油、2.50% 功夫菊酯乳油等 3 个产品登记证，757 草甘膦颗粒剂的登记也提上了新安阳光马里公司的工作日程。2015 年，新安阳光马里有限公司进入正式的市场运作阶段。[①]

（三）浙江省与马里人文交流合作

1. 浙江省与马里的影视交流合作

2017 年 1 月 5 日，马里私营电视台管理局局长西迪·易卜拉欣（Sidi Ibrahim）一行 4 人在义乌外侨办工作人员的陪同下，赴义乌广播电视台参观交流，还赴新闻频道和商贸频道演播室进行了实地参观。西迪·易卜拉欣一行对

---

① 《新安集团志》编纂委员会. 新安集团志 1965—2014. 北京：方志出版社，2015：239.

义乌市广播电视工作的蓬勃发展和从业人员专业的工作精神表示了赞赏，并表示将进一步帮助推动两地行业间的交流。①

2. 浙江省与马里的医疗合作

2016年6月21日，马里共和国国家公共卫生研究机构诊断与生物研究部主任穆萨·萨科（Moussa Sacko）博士，赴嘉善县惠民街道枫南村螺点进行实地考察，浙江省血防中心、嘉兴市疾控中心、嘉善县卫计局等有关领导陪同考察。在枫南村螺点现场，穆萨·萨科博士详细了解了嘉善县血吸虫防治工作开展情况，同时介绍了非洲血吸虫病防治工作开展情况，双方就血吸虫防治工作进行了深入交流。嘉善县作为中国血吸虫病疫情最严重的县之一，通过30多年的不懈努力，血吸虫病防治工作取得明显成效。2016年3月，顺利通过国家对于维持血吸虫病消除状态复核的考评。②

2017年5月16日，马里共和国马里医院院长马马杜·阿达马·嘎内（Mamadou Adama Kane）到嘉兴市中医院访问，了解并体验中医药文化。参观了嘉兴市中医院名医馆、中药房、针推科、非药物治疗门诊和部分病区。③

二、浙江省与马里合作的机遇与挑战

（一）机遇

第一，马里矿产、农业资源丰富。马里是非洲大陆仅次于南非和加纳的第三大黄金生产国，2019年工业开采量为65.10吨。黄金行业约占马里出口的70%，是其外部收入的首要来源。马里全国有超过350个手工采矿场和多家外国集团。除黄金之外，马里还以铁、铝矾土、煤炭和天然气矿藏而闻名。④

农业活动占马里国内生产总值的三分之一左右，估计有80%的人口从事农业、饲养牲畜或捕鱼。过渡政府将其年度预算的大约12%用于农业部门的

---

① 金华市人民政府.马里客人参观义乌广电台.（2017-01-09）[2024-01-05]. http://swb.jinhua.gov.cn/art/2017/1/9/art_1229168149_58844760.html.
② 中共嘉善县委　嘉善县人民政府.马里共和国血防专家来我县考察血吸虫防治工作.（2016-06-22）[2024-01-05].http://www.jiashan.gov.cn/art/2016/6/22/art_1229268453_57244837.html.
③ 嘉兴市卫生健康委员会.马里医院院长到市中医院访问.（2017-06-01）[2024-01-05]. http://wsjkw.jiaxing.gov.cn/art/2017/6/1/art_1543596_28403208.html.
④ 中华人民共和国驻马里共和国大使馆经济商务处.马里军事政变引发对国民经济前景的担忧.（2020-08-27）[2024-01-17].http://ml.mofcom.gov.cn/article/ddgk/202008/20200802996307.shtml.

发展，并鼓励国内外资本对该部门的投资。①中国对棉花的需求一直十分旺盛。中国内棉花产量尚无法完全满足下游棉纺织业产能需要，为满足国内旺盛的棉花需求，中国每年需从国外进口大量棉花。纺织行业是浙江传统优势产业和重要民生产业，年营业收入已超万亿元，规模居中国第一。②作为纺织业大省的浙江省可与马里在棉花上开展合作，加大对马里的棉花进口。

第二，马里水力发电和太阳能发电前景大。马里的降雨和晴朗的天气为水力发电和太阳能发电创造了有利条件。马里全国通电率不到40%，农村通电率不到20%，过渡政府已将能源基础设施建设列为优先事项，并渴望吸引外国投资来发展该行业。③马里政府正在积极寻求伙伴关系，以开发其未充分利用的可再生资源，包括估计800兆瓦的水力发电，潜在的无限太阳能和超过300兆瓦的生物质能。④浙江省企业的水力发电和太阳能发电的技术较为先进，契合马里多样化发电的需求。

第三，浙江省与马里数字经济合作潜力大。2014年，为推动国家数字化进程，马里政府制定了《数字马里2020》规划，确立了电商经济占GDP比例达到12%、出台4部网络相关法案、使用线上支付企业数量达到500家、直接创造3000个就业岗位、间接创造5万个就业岗位、光纤总长度达4500千米等目标。⑤浙江省与马里在数字经济、数字化专业人才的培养等方面合作潜力大。

（二）挑战

其一，浙江企业在马里难以获得长期贷款，且面临法国企业的竞争。马里当地银行更愿意提供短期贷款，许多基础设施项目需要长期的金融投资。其二，浙江企业在马里会遭遇投资上的不平等。出于语言和文化的联系，在马里

---

① International Trade Administration. Mali Country Commercial Guide.Market Overview. (2024-06-06)[2024-07-27]. https://www.trade.gov/country-commercial-guides/mali-market-overview.
② 浙江省人民政府.每年举办纺织领域对接交流活动100场以上 我省推动纺织业高质量发展.（2024-01-03）[2024-07-27]. https://www.zj.gov.cn/art/2024/1/3/art_1554467_60191745.html.
③ International Trade Administration. Mali Country Commercial Guide.Market Overview. (2024-06-06)[2024-07-27]. https://www.trade.gov/country-commercial-guides/mali-market-overview.
④ International Trade Administration. Mali Country Commercial Guide.Energy. (2024-06-06)[2024-07-27]. https://www.trade.gov/country-commercial-guides/mali-energy.
⑤ 商务部国际贸易经济合作研究院，中国驻毛里塔尼亚大使馆经济商务处，商务部对外投资和经济合作司.对外投资合作国别（地区）指南 马里（2024年版）.[2025-01-27]. https://www.mofcom.gov.cn/dl/gbdqzn/upload/mali.pdf.

经营的法国公司往往比其他国家更具优势。[1]其三，马里基础设施薄弱。截至 2023 年，马里公路总里程为 8.9 万千米，其中国家公路 14102 千米、大区公路 7052 千米、地方公路 28929 千米、乡村道路 38941 千米。只有一条国际窄轨铁路（从达喀尔到巴马科），马里境内长 641 千米。[2]2023 年，马里城乡通电率差距大，城市通电率达 91.2%，农村通电率仅为 15.3%。马里主要依靠水力发电，由于水电站受枯水期影响严重，马里在枯水期电力供应更紧张。[3]

[1] International Trade Administration. Mali Country Commercial Guide.Market Overview. (2024-06-06)[2024-07-27]. https://www.trade.gov/country-commercial-guides/mali-market-challenges.

[2] 商务部国际贸易经济合作研究院，中国驻毛里塔尼亚大使馆经济商务处，商务部对外投资和经济合作司.对外投资合作国别（地区）指南　马里（2024 年版）. [2025-01-27]. https://www.mofcom.gov.cn/dl/gbdqzn/upload/mali.pdf.

[3] 商务部国际贸易经济合作研究院，中国驻毛里塔尼亚大使馆经济商务处，商务部对外投资和经济合作司.对外投资合作国别（地区）指南　马里（2024 年版）. [2025-01-27]. https://www.mofcom.gov.cn/dl/gbdqzn/upload/mali.pdf.

浙江省与毛里塔尼亚合作发展报告

毛里塔尼亚西濒大西洋，海岸线全长 754 千米。毛里塔尼亚国土面积 103.07 万平方千米，北部和中部地区处于撒哈拉沙漠内，占国土面积的四分之三，因而素有"沙漠共和国"之称。因地处马格里布和西非之间，具有阿拉伯和撒哈拉沙漠以南非洲国家的双重属性，毛里塔尼亚自古以来便是连接北部非洲与南部非洲的繁荣商路，也被称为阿拉伯–非洲之桥。

中国继续保持毛第一大贸易伙伴。2023 年，双边贸易总额为 22.5 亿美元，同比增长 7.4%。其中，中国进口 11.9 亿美元，同比增长 1.1%；出口 10.6 亿美元，同比增长 15.5%。中国主要出口到毛里塔尼亚的商品为茶叶、轻纺产品、建材、五金、农机和家电等，从毛里塔尼亚进口铁矿砂和渔产品等。①

中国自 1968 年起向毛里塔尼亚派遣医疗队。2012 年 4 月，中国国际广播电台毛里塔尼亚努瓦克肖特调频 FM95.71 电台正式开播，这是国际台在西亚和北非地区的首家电台。

一、浙江省与毛里塔尼亚合作情况

（一）浙江省与毛里塔尼亚贸易合作

1.浙江省与毛里塔尼亚经贸合作整体情况

2023 年，浙江省与毛里塔尼亚的进出口贸易总额为 6.86 亿美元，占中毛双边贸易总额（22.50 亿美元）的 30.49%。2013—2023 年，浙江省与毛里塔尼亚的贸易合作以 2018 年为界，可以划分为 2013—2018 年与 2019—2022 年两

---

① 中华人民共和国外交部.中国同毛里塔尼亚的关系. [2024-01-05]. https://www.mfa.gov.cn/web/gjhdq_676201/gj_676203/fz_677316/1206_678188/sbgx_678192/.

个阶段。其中，2013—2018 年的 5 年间，浙江省与毛里塔尼亚的进出口贸易总额除了 2015 年略微下降之外，呈整体增长的趋势。2019—2022 年的 4 年间，除了 2021 年略微增长之外，浙江省与毛里塔尼亚的进出口贸易总额呈整体下降的趋势，详见表 1。

表 1　2013—2023 年浙江省与毛里塔尼亚进出口贸易总额

年份	进出口贸易总额 / 亿美元
2013	3.70
2014	4.50
2015	4.38
2016	5.13
2017	5.90
2018	7.19
2019	6.31
2020	5.83
2021	6.76
2022	5.86
2023	6.86

数据来源：作者根据国研网统计数据查询分析平台（https://www.drcnet.com.cn/）相关数据整理。

2. 浙江省对毛里塔尼亚的出口及其构成情况

2013—2023 年，浙江省向毛里塔尼亚出口的主要商品有：茶叶；布匹；蓄电池；鞋靴；厨房用具；洗涤粉；番茄罐头；冷藏箱；等等。下文以 2023 年为例说明浙江省对毛里塔尼亚的出口商品构成及占比情况。

2023 年，浙江省向毛里塔尼亚出口的商品总额为 4.82 亿美元，占中国对毛里塔尼亚出口额（10.6 亿美元）的 45.47%，占浙江省与毛里塔尼亚进出口贸易总额（6.86 亿美元）的 70.26%。浙江省向毛里塔尼亚出口的前五大类商品是纺织原料及纺织制品；机电产品；金属及其制品；塑料及其制品和橡胶及其制品以及鞋帽、伞类及人造花、叶与果实产品，这五大类商品占浙江省向毛里塔尼亚出口商品总额的 77.91%。

纺织原料及纺织制品。2023 年，浙江省向毛里塔尼亚出口的纺织原料及纺织制品总额为 1.80 亿美元，占浙江省向毛里塔尼亚出口商品总额的 37.34%。

机电产品。2023 年，浙江省向毛里塔尼亚出口的机电产品总额为 6864.62 万美元，占浙江省向毛里塔尼亚出口总额的 14.24%。

金属及其制品。2023 年，浙江省向毛里塔尼亚出口的金属及其制品总额为 6059.56 万美元，占浙江省向毛里塔尼亚出口商品总额的 12.57%。其中，钢铁出口总额为 321.39 万美元，钢铁制品出口总额为 3192.86 万美元，金属杂项制品出口总额为 1191.10 万美元，金属工具、器具、利器、餐匙、餐叉及其零件出口总额为 899.06 万美元，铝及其制品出口总额为 391.70 万美元，铜及其制品出口总额为 3243.56 万美元。

塑料及其制品，橡胶及其制品。2023 年，浙江省向毛里塔尼亚出口的塑料及其制品、橡胶及其制品总额为 3865.39 万美元，占浙江省向毛里塔尼亚出口商品总额的 8.02%。

鞋帽、伞类及人造花、叶与果实产品。2023 年，浙江省向毛里塔尼亚出口的鞋帽、伞类及人造花、叶与果实产品总额为 2767.81 万美元，占浙江省向毛里塔尼亚出口总额的 5.74%。

3.浙江省从毛里塔尼亚的进口及其构成情况

2013—2023 年，浙江省从毛里塔尼亚进口的主要商品有：铁矿砂；铜矿砂；饲料用鱼粉；冰冻龙虾、章鱼、鳎鱼等冰冻水产品；等等。下文以 2023 年为例说明浙江省从毛里塔尼亚进口的商品构成及占比情况。

2023 年，浙江省从毛里塔尼亚进口的商品总额为 2.04 亿美元，占中国从毛里塔尼亚进口的商品总额（11.90 亿美元）的 17.14%，占浙江省与毛里塔尼亚进出口贸易总额（6.86 亿美元）的 27.30%。2023 年，浙江省从毛里塔尼亚进口的主要商品有：矿石；水产品；饲料，这三大类产品占浙江省从毛里塔尼亚进口总额的 93.54%。

矿石。2023 年，浙江省从毛里塔尼亚进口的矿石总额为 1.81 亿美元，占浙江省从毛里塔尼亚进口总额的 88.24%。其中，铁矿石的进口总额为 1.22 亿美元，铜矿石的进口总额为 5883.88 万美元，锰矿石的进口总额为 46.85 万美元。

水产品。2023 年，浙江省从毛里塔尼亚进口的鱼、虾等水产品总额为 985.61 万美元，占浙江省从毛里塔尼亚进口总额的 4.82%，其中进口活、鲜、冷、冻、干、盐腌、盐渍、熏制的带壳或去壳软体动物（千克）的进口总额为 890.06 万美元。2018 年 4 月 24 日，124 吨捕自毛里塔尼亚海域的冻舌鳎、冻鱿鱼和冻鲽鱼等海鲜抵达宁波北仑口岸，宁波海关在保证监管的前提下，迅速办结了通关手续，这批进口海鲜也将以最快的速度运往各海鲜市场。

饲料。2023 年，浙江省从毛里塔尼亚进口的饲料总额为 98.07 万美元，占浙江省从毛里塔尼亚进口总额的 0.48%。

（二）浙江省与毛里塔尼亚投资合作

毛里塔尼亚所处的西非沿海拥有世界第二大渔场，有丰富的渔业资源。中国是全世界最大的鱼粉消费国，并且基本依赖进口，而国外鱼粉生产长期由欧美公司垄断。借助于毛里塔尼亚丰富的渔业资源，浙江省在毛里塔尼亚投资建立鱼粉加工厂，不但有助于境内公司的设备、配件出口，也可以充分利用当地丰富的海洋渔业资源，生产鱼粉，从而打破欧美公司的垄断，打开国内市场。如 2012 年 10 月，浙江中塔进出口有限公司投资 311.23 万美元在毛里塔尼亚设立的中塔冷冻加工渔业有限责任公司项目获浙江省商务厅核准，该项目是海宁市也是嘉兴市首个境外渔业资源开发利用项目。[①]宁波远大海洋生物科技有限公司与金鹏贸易有限公司均在毛里塔尼亚投资鱼粉厂项目。

（三）浙江省与毛里塔尼亚人文交流合作

浙江省与毛里塔尼亚的人文交流合作主要表现在浙江省与毛里塔尼亚的教育培训与合作以及浙江企业向毛里塔尼亚捐赠抗疫物资两方面。

1. 浙江省与毛里塔尼亚的教育培训交流与合作

毛里塔尼亚籍留学生在浙江留学或接受培训。2013 年，金华职业技术大学国际商务专业迎来首名学历类留学生，毛里塔尼亚籍留学生大海在金华职业技术大学完成一年的汉语强化学习后，正式成为国际商务专业 121 班的一名成员。为了尽快帮助大海融入专业，金华职业技术大学商务学院在相关部门指导下专门制定了国际商务专业留学生培养方案和个性化课表，并从课程学习、教师辅导、学伴结对、专业实践、社团活动等方面做了细致安排。[②]2013 年，宁波职业技术学院"发展中国家管理官员研修班"的 34 名外国学员到新碶街道芝兰社区民族馆参观，各具特色的民族文化深深地吸引了学员们。台州市建经投资咨询有限公司自 2016 年 1 月开始，已经为肯尼亚、布隆迪、毛里塔尼亚、

---

① 嘉兴市商务局.海宁企业非洲开发渔业　开辟利用境外资源新途径.（2012-10-29）[2024-01-17]. https://www.jiaxing.gov.cn/art/2012/10/29/art_1555540_26829716.html.

② 金华市电子政务中心.金华职业技术学院国际商务专业迎来首名学历类留学生.（2013-09-26）[2024-01-17]. http://swb.jinhua.gov.cn/art/2013/9/26/art_1229168180_52104220.html.

古巴等国家的 43 个援建项目或调研任务提供了经济技术咨询服务。

2.浙江省企业向毛里塔尼亚捐赠抗疫物资

2020 年 4 月 3 日，开化万成茶业有限公司向毛里塔尼亚捐赠医用口罩共 5 万只、医用手套 1.9 万双、医用防护服 50 套，另有护目镜 50 副、体温枪 20 把。这批抗疫物资清点、装车后发往义乌。在义乌，它们将汇总发往北京，并通过专机飞往毛里塔尼亚。①

二、浙江省与毛里塔尼亚合作的机遇与挑战

（一）机遇

第一，毛里塔尼亚营商环境逐渐向好。2009 年 8 月，穆罕默德·阿齐兹（Mohammed Aziz）就任总统后，大力发展农业和工业，积极开发矿产资源，吸引外国投资，加大基础设施建设，致力于改善民生和改变国家落后面貌。2019 年 8 月，穆罕默德·加兹瓦尼（Mohammed Ghazouani）就任总统后，大力改善经济民生。但受新冠疫情及国际原材料价格下跌影响，毛里塔尼亚矿产特别是铁矿石收入减少，导致国家财政吃紧，经济下行压力加大。为推动经济复苏，加兹瓦尼政府推出"优先项目计划""经济腾飞计划"等发展战略，积极寻求外援，努力改善营商环境，以吸引更多外资。近年来，毛里塔尼亚同塞内加尔交界海域发现大型天然气田。②2019 年 8 月，新政府进行了第一次内阁改组，将前经济和财政部分为两个部门：经济部和财政部。2020 年 2 月 20 日，政府成立了一个由总理、商务部部长、经济部部长和私营部门协会组成的部际委员会。该委员会负责改善商业环境和推动投资，由总理担任主席。2021 年 3 月，政府在经济部设立了投资促进机构。这个新机构的全面运营，有利于提高外国投资者在毛里塔尼亚的办事效率。该机构将帮助投资者顺利获得许可和其他各种行政要求。③"优先项目计划""经济腾飞计划"等发展战略的提出有利于浙江省与毛里塔尼亚展开合作。此外，自 2023 年 12 月 25 日起，中国给予毛里

① 开化新闻网.开化这家企业向毛里塔尼亚捐赠：5万个医用口罩、1.9万双医用手套.（2020-04-04）[2024-01-19]. http://www.kaihua.gov.cn/art/2020/4/3/art_1229091261_45541124.html.
② 中华人民共和国驻毛里塔尼亚伊斯兰共和国大使馆经济商务处.毛里塔尼亚概况.（2023-11-20）[2024-01-17]. http://mr.mofcom.gov.cn/article/ddgk/zwjingji/202312/20231203457952.shtml.
③ U.S. Department of State. 2021 Investment Climate Statements: Mauritania. [2024-01-17]. https://www.state.gov/reports/2021-investment-climate-statements/mauritania/.

塔尼亚98%税目产品零关税待遇，这有利于浙江省进口毛里塔尼亚的产品。

　　第二，浙江省与毛里塔尼亚渔业资源合作潜力大。毛里塔尼亚濒临大西洋的海岸线长754千米，海域面积16.35万平方千米，是世界上渔业资源最丰富的地区之一，渔业资源储量预计为400万吨，每年可捕捞约160万吨，2023年捕捞量为100万吨。①毛里塔尼亚重启了中国–毛里塔尼亚渔业混委会会议机制，修订了中毛政府间海洋渔业协定，这些为浙江省与毛里塔尼亚的渔业合作提供了条件。此外，毛里塔尼亚正致力于从海鲜等低附加值原材料出口转向发展制造业，以实现更高的附加值。浙江省在海产品加工方面的经验有益于加深与毛里塔尼亚的海产品加工合作，浙江省先进的海鲜加工船、海洋机械、海产品设备可提升毛里塔尼亚海产品的附加值。

　　第三，浙江省与毛里塔尼亚工业合作机遇多。毛里塔尼亚经济结构单一，基础薄弱。在毛里塔尼亚GDP中，第一产业部门占20%，第二产业部门占36%，第三产业部门占44%。其中，在第二产业部门中，采矿业占24%，制造业占8%，建筑业占4%。②因此，毛里塔尼亚主要进口能源与矿产品、食品与农产品、机械设备和消费品等。浙江省是中国最具活力的经济大省之一，是制造业强省，机电产品是浙江省的主要出口产品之一。

　　第四，浙江省与毛里塔尼亚新能源合作潜力大。毛里塔尼亚太阳能和风能资源丰富。毛里塔尼亚全年平均只有7天是雨天，阳光充足，并且全国各地都有高强度的太阳辐射，是开发太阳能的理想气候类型。毛里塔尼亚政府致力于与国际伙伴合作，开发其太阳能资源促进经济发展，实现其气候目标。浙江省拥有较为完整的光伏产业体系，光伏装机容量位居中国前列，光伏产业规模不断扩大的优势。毛里塔尼亚沿海地区风能资源丰富，浙江省处于长三角地区，是五大海上风电基地重点建设集群之一，地域优势明显，海风资源丰富。截至2023年，浙江全社会风电和光伏发电项目装机容量突破3000万千瓦，占浙江省电源总装机超四分之一。③

---

① 商务部国际贸易经济合作研究院，中国驻毛里塔尼亚大使馆经济商务处，商务部对外投资和经济合作司.对外投资合作国别（地区）指南　毛里塔尼亚（2024年版）.[2025-01-17]. https://www.mofcom.gov.cn/dl/gbdqzn/upload/maolitaniya.pdf.
② International Energy Agency. *Renewable Energy Opportunities for Mauritania*. Paris: International Energy Agency, 2023: 19.
③ 浙江省经济信息中心.海上风电高景气显现　浙江省新能源发展规划更进一步.（2023-04-07）[2024-01-17]. https://zjic.zj.gov.cn/ywdh/nyhj/202304/t20230407_9167110.shtml.

（二）挑战

其一，毛里塔尼亚经济中期前景总体有利，但面临下行风险。2024—2026年，在 2024 年下半年天然气生产启动的支持下，毛里塔尼亚的经济平均增长率应为 4.90%（人均 3.10%）。由于天然气开采项目的第二和第三阶段延迟，外国直接投资（FDI）流入放缓，以及易受气候冲击和地区不安全因素的影响，毛里塔尼亚经济前景不容乐观。① 其二，毛里塔尼亚的极端贫困率较高，劳动者的劳动技能有待提高。根据毛里塔尼亚的人力资本指数（Human Capital Index, HCI），毛里塔尼亚人成年后只能实现其预估生产力的 38%。在卫生和教育方面的公共支出相对较低的背景下，每个孩子平均预期受教育年限为 4.20 年，而 25% 的儿童发育迟缓。② 由于未成年人平均受教育年限短，识字率偏低，劳动者并不具备充分的劳动技能。毛里塔尼亚的贫困人口占总人口的 50% 以上。毛里塔尼亚的文盲率估计在 30%—50%，该国面临着熟练劳动力的短缺，而国际公司的到来（主要是在碳氢化合物领域）和雇佣可用的熟练劳动力加剧了毛里塔尼亚熟练劳动力短缺的问题。③ 其三，毛里塔尼亚城市人口密集度不够，无法实现基本城市规划。城市人口的快速增长却没有使人口和企业在空间上更加密集，这使得毛里塔尼亚无法从规模经济和向农用工业、制造业和服务业转移更有生产力的就业机会中获得重大利益和增长红利。④ 虽然毛里塔尼亚无法改变其城镇之间巨大的地理距离，但它可以围绕城市中心建立交通网络。毛里塔尼亚应该在努瓦克肖特建立一个完善的交通系统，并开展城际交通。城市总体规划在规划城市空间结构、界定土地利用和限制城市扩张方面发挥着关键作用。但是，从一个低密度、庞大的城市转变为一个紧凑、紧密相连的城市，需要的不仅仅是有效的城市规划，更是以奖励性监管为基础，包括对空置土地征收惩罚性税收，以鼓励紧凑和阻止投机。⑤

---

① World Bank Group. The World Bank in Mauritania. [2024-07-27]. https://www.worldbank.org/en/country/mauritania/overview.
② World Bank Group. The World Bank in Mauritania. [2024-07-27] .https://www.worldbank.org/en/country/mauritania/overview.
③ International Trade Administration. Mauritania.Country Commercial Guide. (2023-12-04)[2024-01-17]. https://www.trade.gov/country-commercial-guides/mauritania-market-challeng.
④ World Bank Group. The World Bank in Mauritania. [2024-01-17]. https://blogs.worldbank.org/africacan/mauritanias-future-economic-diversification-and-structured-urbanization.
⑤ World Bank Group. The World Bank in Mauritania. [2024-01-17]. https://blogs.worldbank.org/africacan/mauritanias-future-economic-diversification-and-structured-urbanization.

浙江省与尼日尔合作发展报告

尼日尔位于非洲中西部的撒哈拉大沙漠南部，年平均气温30℃，是世界上最热的国家之一，是联合国公布的最不发达国家之一。尼日尔拥有丰富的铀资源，已探明铀储量42万吨，居世界第6位。截至2023年，尼日尔拥有2座现役铀矿，2022年产量为2193吨，是世界第6大产铀国。此外，尼日尔还有锡、铁、石膏、黄金等矿藏资源。从非金属非能源资源看，尼日尔磷酸盐储量12.54亿吨，居世界第4位，尚未开发。①

1974年至1992年间，中方共承建农业合作、特腊水库、埃尔地区打井、蒂亚吉埃尔下垦区、综合体育场等项目。1996年中尼复交后，中方又完成了恩东加节制闸工程、社会住宅建设、津德尔市政供水工程、尼亚美综合医院、尼日尔河二桥及延长线项目、津德尔市供水项目、尼日尔河三桥项目等。2023年，中尼双边贸易额6.36亿美元，其中中方出口3.24亿美元，进口3.11亿美元。

中国与尼日尔两国政府签订了文化和教育合作协定。自1978年起，中方向尼提供奖学金名额。两国签署了中国向尼日尔派遣医疗队议定书。中国自1976年起向尼日尔派遣医疗队。两国复交后，中方于1996年12月恢复向尼派遣医疗队。2010年8月，中国国际广播电台调频节目在尼日尔马拉迪市、津德尔市和阿加德兹市正式开播。中国尼日尔2018年8月签署关于互免持外交、公务护照人员签证的协定，2018年12月15日正式生效。②

---

① 商务部国际贸易经济合作研究院，中国驻尼日尔大使馆经济商务处，商务部对外投资和经济合作司.对外投资合作国别（地区）指南 尼日尔（2024年版）.[2025-01-06]. https://www.mofcom.gov.cn/dl/gbdqzn/upload/nirier.pdf..
② 中华人民共和国外交部.中国同尼日尔的关系. [2024-01-03]. https://www.mfa.gov.cn/web/gjhdq_676201/gj_676203/fz_677316/1206_678332/sbgx_678336/.

一、浙江省与尼日尔合作情况

位于湖州市长兴县长兴经济技术开发区的德玛克控股集团有限公司长兴分公司是中国少数几家提供PET包装整线解决方案的现代化国家高新技术企业，2018 年 11 月 14 日，尼日尔外贸专员在德玛克控股集团有限公司长兴分公司注塑系统有限公司实地了解高新产品详情。[①]

2023 年 5 月 9 日至 12 日，尼日尔驻华大使加尔巴·塞尼（Garba Seyni）一行在义乌市考察访问。

（一）浙江省与尼日尔经贸合作

1.浙江省与尼日尔经贸合作整体情况

2023 年，浙江省与尼日尔的进出口贸易总额为 5002.44 万美元，占中尼双边贸易总额的（6.36 亿美元）7.86%。2013—2023 年，浙江省与尼日尔的进出口贸易总额除 2018 年外，整体呈增长的趋势，详见表 1。从 2013 年的 504.74 万美元，增加到 2016 年的 1850.16 万美元，在 2020 年达到 3990.59 万美元，2021 年则达到 5139.48 万美元，2022 年继续增长至 5931.77 万美元，增幅达到 15.42%，2023 年下降至 5002.44 万美元，下降了 15.67%。

表 1　2013—2023 年浙江省与尼日尔进出口贸易总额

年份	进出口贸易总额 / 万美元
2013	504.74
2014	1168.09
2015	1850.16
2016	3315.08
2017	4479.77
2018	2615.58
2019	3613.60
2020	3990.59
2021	5139.48
2022	5931.77
2023	5002.44

数据来源：作者根据国研网统计数据查询分析平台（https://www.drcnet.com.cn/）相关数据整理。

[①] 长兴县人民政府.德玛克掘金一带一路.（2018-11-16）[2024-01-03]. https://www.zjcx.gov.cn/art/2018/11/16/art_1229211242_55047057.html.

2. 浙江省对尼日尔的出口及其构成情况

2013—2023 年，浙江省对尼日尔出口的主要商品有：茶叶；电度表；钢铁容器；油烟机；番茄罐头；鞋靴；调味品；布匹；护发品；等等。下文以 2023 年为例说明浙江省对尼日尔的出口商品构成及占比情况。

2023 年，浙江省向尼日尔出口的贸易总额为 3807.53 万美元，占中国对尼日尔出口额（3.24 亿美元）的 11.75%，占浙江省与尼日尔进出口总额（5002.44 万美元）的 76.11%。浙江省向尼日尔出口的五大类商品主要有：茶叶；鞋类；机电产品；纺织原料及纺织制品；金属及其制品。这五大类商品占浙江省向尼日尔出口总额的 68.49%。

茶叶。2023 年浙江省向尼日尔出口的茶叶总额为 1173.75 万美元，占浙江省对尼日尔出口商品总额的 30.83%。

鞋类。2023 年浙江省向尼日尔出口的鞋类产品总额为 427.48 万美元，占浙江省对尼日尔出口商品总额的 11.23%。

机电产品。2023 年浙江省向尼日尔出口的机电产品总额为 407.11 万美元，占浙江省对尼日尔出口商品总额的 10.69%。2014 年 9 月，由宁波方太厨具有限公司生产的一批家用抽油烟机完成检验，启程运往非洲。与一般贸易不同的是，这批物资是中国政府援助尼日尔医疗队的住房项目，价值为 3.14 万美元。

纺织原料及纺织制品。2023 年浙江省对尼日尔的纺织原料及纺织制品出口总额为 405.60 万美元，占浙江省对尼日尔出口商品总额的 10.65%。

金属及其制品。2023 年浙江省向尼日尔出口的金属及其制品的总额为 193.84 万美元，占浙江省向尼日尔出口总额的 5.09%。其中，钢铁出口总额为 17.78 万美元、钢铁制品出口总额为 162.47 万美元，金属杂项制品出口总额为 4.30 万美元，金属工具、器具、利口器、餐匙、餐叉及其零件出口总额为 7.13 万美元，铝及其制品出口总额为 2.087 万美元。[1] 位于象山县的龙元建设集团股份有限公司下属单位——浙江大地钢结构有限公司已将钢结构制作和安装工程拓展到了尼日尔。

3. 浙江省从尼日尔的进口及其构成情况

2013—2023 年，浙江省从尼日尔进口的主要商品有：芝麻；服装半成品；生姜；铜矿砂；聚碳酸酯；等等。下文以 2023 年为例说明浙江省从尼日尔进口

---

① 数据来源：国研网统计数据查询分析平台（https://www.drcnet.com.cn/）。

的商品构成及占比情况。

2023 年，浙江省从尼日尔进口的商品总额为 1194.92 万美元，占浙江省与尼日尔进出口总额（5002.44 万美元）的 23.89%。2023 年，浙江省从尼日尔进口的主要商品是：芝麻。浙江省从尼日尔进口的芝麻总额为 1194.31 万美元，占浙江省从尼日尔进口总额的 99.95%。

（二）浙江省与尼日尔人文交流合作

1.尼日尔人在义乌经商并融入义乌社区

2011 年，尼日尔青年丁恩来到义乌，在义乌经营外贸公司。除了经营自己的外贸公司，丁恩还是在义非洲社团的负责人，经常组织社团做公益，包括无偿献血，为社区无偿翻译，慰问防疫工作人员，在社区参与一线抗疫工作等。他表示，义乌给了他们良好的经商环境和安全便利的生活，身为新义乌人，他们要为义乌做出自己的贡献。①

2.尼日尔木雕艺术家来浙江交流创作

2019 年，来自多哥、马里、尼日尔及中非的 11 位木雕艺术家与两位中国艺术家一起动手，在原木材料上刻下宝贵的第一刀。这预示着 2019 非洲国家木雕艺术家创作交流活动在艺创小镇正式拉开帷幕。值得一提的是，13 位艺术家在 29 天内共同创作，围绕着"共同的家园"这一主题，合力完成一件代表中非友谊的木雕作品。这件作品于同年 9 月中下旬，在艺创小镇举办的非洲木雕艺术家师生木雕作品联展上展出。

3.尼日尔与浙江的体育交流合作

2019 年 8 月 6 日，尼日尔的 20 多位乒乓球教练员和运动员来到杭州，进驻国际乒联杭州培训中心参加为期两个月的集训。集训之余，他们还专门走访了杭州湖畔快乐乒乓球俱乐部，与小区球友展开了一场跨国友谊赛。比赛当天一早，原本就热闹的杭州湖畔花园活动中心更是人声鼎沸，参赛的、观赛的、摄影的乒乓球爱好者们像过节一样开心。虽然言语不通、肤色各异，但是对于这场友谊赛的认真劲儿，大家有目共睹。尼日尔国家乒乓球队领队乌瑟尼表

① 义乌外事.在义外国友人佳话 | 日久他乡变故乡（尼日尔丁恩）.（2022-09-22）[2024-01-03]. https://www.yw.gov.cn/art/2022/9/22/art_1229663288_59388517.html.

示："相信这样的交流友谊赛可以帮助我们培养出更多的高水平运动员。"①

2019 年 9 月 27 日，尼日尔羽毛球和乒乓球国家队教练员与运动员一行来到杭州市陈经纶体育学校参观交流，陈经纶体校校长吴璐琪陪同。在体育场馆内，尼日尔运动员们与体校的运动员们进行技艺切磋，观众们不时报以热烈掌声，叫好声不断，气氛十分活跃。②

二、浙江省与尼日尔合作的机遇与挑战

（一）机遇

第一，尼日尔拥有大量未开发的矿产资源。尼日尔虽然有丰富的矿产资源，但只对油、煤矿、石灰岩、石膏等进行了小部分的开发，已开发的资源所占比例非常小。这是尼日尔想吸引外国投资的原因。尼日尔总理提出采取一系列措施大力开发矿产资源，尼日尔希望通过与中国开展更多资源合作，不断加快尼日尔经济发展，使其更具活力，从而促进尼日尔及整个非洲大陆的发展。

第二，尼日尔营商环境逐渐向好。尼日尔的外国直接投资在过去十年中有所增加。尼日尔政府渴望吸引外国直接投资，并已采取缓慢而慎重的步骤，通过寻求经济自由化、鼓励私有化和建立新的出口加工区的改革来改善其商业环境和吸引外国投资者。穆罕默德·巴祖姆（Mohamed Bazoum）总统在执政的第二年把经济增长和发展放在首位，并积极鼓励外国投资。2022 年的一年里，巴祖姆总统在正式出访期间（包括 2022 年 12 月的美国-非洲领导人论坛）重申了吸引外国直接投资的必要性，并主持了几场商业论坛，鼓励欧盟和土耳其等国际伙伴的投资。尼日尔的农业、石油、基础设施和采矿业等部门吸引了大量投资。③尼日尔政府对外国投资的积极态度及逐渐向好的营商环境有利于浙江省与其开展合作。

第三，尼日尔通货膨胀率较低。世界银行报告称，尼日尔的年均通货膨胀

---

① 浙江省体育局.杭州小区乒乓球俱乐部来了群非洲球友磋球技.（2019-08-06）[2024-01-03]. http://tyj.zj.gov.cn/art/2019/8/6/art_1347214_36420620.html.

② 杭州市体育局.尼日尔羽毛球和乒乓球国家队一行来陈经纶体育学校参观交流.（2019-09-27）[2024-01-03]. http://ty.hangzhou.gov.cn/art/2019/9/27/art_1693536_38704392.html.

③ U.S. Department of State. 2023 Investment Climate Statements: Niger. [2024-01-17]. https://www.state.gov/reports/2023-investment-climate-statements/niger/.

率从 2021 年的 3.80% 上升到 2022 年的 4.20%，达到 10 年来的最高水平。^①然而，尼日尔的通货膨胀率在西非经济货币联盟地区是最低的。较低的通货膨胀率有利于浙江省与其开展合作。

（二）挑战

其一，尼日尔工业基础薄弱，结构单一，以炼油业为主。"2021 年尼日尔工业增加值 28 亿美元，占国内生产总值的 20.8%，主要包括石油化工业、电力业、纺织业、采矿业、农牧产品加工业、食品业、建筑业和运输业等。"^②其二，浙江省企业在尼日尔开矿需要向尼日尔政府分摊公司股份。尼日尔政府要求任何获得采矿许可证的私营公司，无论是外国的还是国内的，都必须向政府提供公司至少 10% 的股份。政府还保留权利，要求采掘业公司向政府提供至多 33% 的尼日尔业务股份。^③

---

① 商务部国际贸易经济合作研究院，中国驻尼日尔大使馆经济商务处，商务部对外投资和经济合作司.对外投资合作国别（地区）指南　尼日尔（2024年版）. [2025-01-06]. https://www.mofcom.gov.cn/dl/gbdqzn/upload/nirier.pdf.
② 商务部国际贸易经济合作研究院，中国驻尼日尔大使馆经济商务处，商务部对外投资和经济合作司.对外投资合作国别（地区）指南　尼日尔（2024年版）. [2025-01-06]. https://www.mofcom.gov.cn/dl/gbdqzn/upload/nirier.pdf.
③ U.S. Department of State. 2023 Investment Climate Statements: Niger. [2024-01-17]. https://www.state.gov/reports/2023-investment-climate-statements/niger/.

浙江省与尼日利亚合作发展报告

尼日利亚是非洲第一人口大国，2023 年总人口 2.24 亿，占撒哈拉以南非洲总人口的 18%；也是非洲第一大经济体，2023 年尼日利亚国内生产总值 5506.5 亿美元。同时，尼日利亚是西共体总部所在地，对西非其他国家及全非洲具有很强的辐射力。①

尼日利亚是中国在非洲的第一大工程承包市场、第二大出口市场、第三大贸易伙伴和主要投资目的地国。2023 年，中尼双边贸易额 225.6 亿美元，同比下降 3.2%（人民币计价同比增长 2.2%），其中中方出口额 201.8 亿美元，同比下降 7.1%；进口额 23.8 亿美元，同比增长 49.3%。中国向尼日利亚出口商品主要为机电产品和纺织服装、进口原油和液化天然气等。截至 2022 年底，中国企业在尼日利亚累计签订承包工程合同额 1522.40 亿美元，主要承包企业有中土公司、中地海外、华为、中兴等 20 余家，主要涉及铁路、公路、房屋建设、电站、水利、通信、打井等领域。2018 年 4 月，中国人民银行与尼日利亚央行在北京签署了中尼（日利亚）双边本币互换协议。2021 年 5 月，续签三年。2019 年 7 月，中尼双方签署尼日利亚饲用高粱输华植物检疫要求议定书。②

2010 年，中央电视台第 4 套和第 9 套节目在尼日利亚落地。2012 年 3 月，中尼签署互设文化中心的协定。5 月，尼日利亚文化中心在北京设立。2013 年 9 月，中国文化中心在尼日利亚首都阿布贾设立。③

---

① 商务部国际贸易经济合作研究院，中国驻尼日利亚大使馆经济商务处，商务部对外投资和经济合作司.对外投资合作国别（地区）指南 尼日利亚（2024年版）. [2025-01-04]. https://www.mofcom.gov.cn/dl/gbdqzn/upload/niriliya.pdf.
② 中华人民共和国外交部.中国同尼日利亚的关系. [2024-01-02]. https://www.mfa.gov.cn/web/gjhdq_676201/gj_676203/fz_677316/1206_678356/sbgx_678360/.
③ 中华人民共和国外交部.中国同尼日利亚的关系. [2024-01-02]. https://www.mfa.gov.cn/web/gjhdq_676201/gj_676203/fz_677316/1206_678356/sbgx_678360/.

中国自 1964 年起向尼日利亚提供中国政府奖学金名额，截至 2023 年共接收政府奖学金生 1701 名。2021—2022 学年尼日利亚在读学生共计 5664 人，其中奖学金生 331 人。2010 年以来，先后有 20 名中国大学生或研究生赴尼日利亚巴耶鲁大学等高校短期学习豪萨语或进行非洲问题研究。苏州大学和拉各斯大学已作为合作伙伴入选中国教育部"中非大学 20 + 20 合作计划"。2008 年，中国在尼日利亚纳姆迪·阿克韦大学和拉各斯大学分别开设 2 所孔子学院，中国累计派出中文教师 231 人，志愿者 108 人。[①]

一、浙江省与尼日利亚合作情况

2015 年 10 月 29 日，尼日利亚标准局局长约瑟夫·L.奥杜莫杜一行五人在中国检验认证集团（China Certification & Inspection Group, CCIC）负责人的陪同下，赴宁波鄞州纺织实验室进行考察交流，实地参观了中国国家纺织服装检测重点实验室，就实验室的技术优势、业务范围、检测能力、科研水平等方面进行了交流，并就今后的合作方向开展了深入探讨。尼日利亚标准局是尼日利亚负责制定和执行进口商品和本国制造产品质量标准的政府机构。[②]

2017 年 6 月 12 日，尼日利亚夸拉州政企代表团一行 11 人访问长兴。考察浙江中山化工集团股份有限公司、浙江盛邦化纤有限公司等企业，并与浙江万格实业有限公司签订中尼工业园项目协议。

2019 年 3 月 3 日，尼日利亚翁多州州长一行 8 人考察安吉竹产业。其间，考察团一行还考察了浙江永裕竹业股份有限公司和浙江佶竹生物科技有限公司，详细了解了竹资源、竹市场、竹地板及竹家具生产等竹产业发展情况，并就竹产业发展中需要攻克的一些技术难题进行了咨询。[③]

2020 年 1 月 22 日，尼日利亚卡诺州华人酋长张光宇一行访问浙江省商务厅，交流中非经贸合作论坛及对非投资事宜。[④]

2014 年 3 月，宁波市侨办代表团在尼日利亚开展侨情调查，并考察了尼日

---

① 中华人民共和国外交部.中国同尼日利亚的关系. [2024-01-02]. https://www.mfa.gov.cn/web/gjhdq_676201/gj_676203/fz_677316/1206_678356/sbgx_678360/.

② 宁波出入境检验检疫局.尼日利亚标准局赴鄞州纺织实验室考察交流.（2015-11-02）[2024-01-21]. http://kab.ningbo.gov.cn/art/2015/11/2/art_1229104354_47155172.html.

③ 湖州市人民政府外事办公室，湖州市人民政府港澳事务办公室.做"竹"文章，尼日利亚翁多州州长来安吉县考察竹产业.（2019-03-04）[2024-01-21]. http://wqb.huzhou.gov.cn/art/2019/3/4/art_1229207131_54645461.html.

④ 浙江省商务厅.盛秋平厅长会见尼日利亚卡诺州张光宇酋长.（2020-01-23）[2024-01-21]. http://zcom.zj.gov.cn/art/2020/1/23/art_1401755_41973530.html.

利亚李氏集团旗下拖鞋厂、塑料厂、炼钢厂、水泥厂、面包厂、皮革厂等 13 家企业。[①]

（一）浙江省与尼日利亚经贸合作

1.浙江省与尼日利亚经贸合作整体情况

2023 年，浙江省与尼日利亚的进出口贸易总额为 50.82 亿美元，占中尼贸易总额（225.6 亿美元）的 22.53%。2013—2023 年，浙江省与尼日利亚进出口贸易总额除 2015 年和 2016 年外，呈增长的趋势，详见表 1。2022 年，浙江省与尼日利亚进出口贸易总额达到 52.23 亿美元，同比增长 6.88%，2023 年下降至 50.82 亿美元，下降了 2.70%。

表 1　2013—2023 年浙江省与尼日利亚进出口贸易总额

年份	进出口贸易总额 / 亿美元
2013	28.82
2014	31.26
2015	28.02
2016	22.86
2017	27.33
2018	32.12
2019	38.95
2020	37.08
2021	48.87
2022	52.23
2023	50.82

数据来源：作者根据国研网统计数据查询分析平台（https://www.drcnet.com.cn/）相关数据整理。

2.浙江省对尼日利亚的出口及其构成情况

2013—2023 年，浙江省向尼日利亚出口的主要商品有：染色布；印花布；瓷制卫生设备；鞋靴；发动机；钢铁制门窗；电缆；除草剂；光电池；等等。下文以 2023 年为例说明浙江省对尼日利亚的出口商品构成及占比情况。

2023 年，浙江省向尼日利亚出口的商品总额为 48.67 亿美元，占中国对尼日利亚出口额（201.8 亿美元）的 24.12%，占浙江省与尼日利亚进出口贸易总

---

① 中国新闻网.宁波市侨务考察团在尼日利亚开展侨情调查.（2014-03-04）[2024-01-21]. https://www.chinanews.com/zgqj/2014/03-04/5909720.shtml.

额（50.82 亿美元）的 95.77%。浙江省向尼日利亚出口的主要商品有：纺织原料及纺织制品；机电产品；金属及其制品；化工产品；塑料及其制品，橡胶及其制品。这五大类商品占浙江省向尼日利亚出口商品总额的 83.28%。

纺织原料及纺织制品。2023 年浙江省向尼日利亚出口的纺织原料及纺织制品总额为 17.39 亿美元，占浙江省向尼日利亚出口商品总额的 35.73%。

浙江省纺织品进出口集团公司设在尼日利亚的海外仓于 2015 年获准成为浙江省跨境电商尼日利亚公共海外仓，且陆续获得"浙江省跨境电子商务公共海外仓""浙江省外贸创新发展示范单位""2019 年度浙江省省级公共海外仓"等荣誉。①

在位于湖州长兴林城镇的浙江环悦纺织有限公司车间内，工人们正在码布机前打包布料。一箱箱缤纷绚丽的蜡染布打包完成后被放置在托盘上，等待着运输车辆的到来。不久后，它们将随轮船远渡重洋，融入尼日利亚人民的日常生活中。2015 年，环悦纺织从山东迁至长兴后，借助长兴得天独厚的区位优势和一系列优惠政策，对非业务开展顺利。公司主要出口尼日利亚、科特迪瓦、肯尼亚等国家，生产的产品超 70% 销往非洲，2018 年累计对非出口总额已达4000 余万元。②

机电产品。2023 年浙江省向尼日利亚出口的机电产品总额为 9.79 亿美元，占浙江省向尼日利亚出口商品总额的 20.12%。

2018 年 12 月，杭州汽轮动力集团股份有限公司尼日利亚机组已完成空负荷试车，整齐地排列在车间里，成为杭汽轮高峰论坛上的一道别致的风景。2016 年初，尼日利亚兴建的炼油厂——莱基丹格特年产 2450 万吨石油炼化厂，预计投产后，炼油加工能力将达到约 40 万桶每日。该炼油厂首期将配备四台 31MW 汽轮发电机组。③

尼日利亚作为非洲第一人口大国，是世界上发电机需求量最大的国家之一。发电机几乎是当地家家户户的标配。2014 年，金华永康市益远机电制造有

---

① 浙纺集团. 公司介绍. [2023-03-14]. http://www.sinotexes.com/about.html.
② 长兴县人民政府. 长兴外贸企业大力开展对非业务. （2018-09-06）[2024-01-21]. http://www.zjcx.gov.cn/art/2018/9/6/art_1229211238_55050273.html.
③ 杭州市人民政府国有资产监督管理委员会. 杭汽轮尼日利亚机组整装待发. （2018-12-29）[2024-01-21]. http://gzw.hangzhou.gov.cn/art/2018/12/29/art_1689495_38391173.html.

限公司每个月销往尼日利亚的水泵和发电机就有 6000 台。①

金属及其制品。2023 年浙江省向尼日利亚出口的金属及其制品（包括钢铁、铜、铝、锌、锡等）总额为 6.69 亿美元，占浙江省向尼日利亚出口商品总额的 13.75%。其中，钢铁的出口总额为 9986.61 万美元，钢铁制品的出口总额为 3.20 亿美元，金属杂项制品的出口总额为 1.10 亿美元，金属工具、器具、利口器、餐匙、餐叉及其零件的出口总额为 5710.12 万美元，铝及其制品的出口总额为 7399.74 万美元。②

宁波天翼石化重型设备制造有限公司为丹格特炼油厂生产世界最大常压塔。2019 年，随着一声汽笛长鸣，直径 12 米、长度约 112 米、重约 2300 吨、全球整体制造完工的最大常压塔，从象山港西泽码头启运尼日利亚。该特种设备由位于蛟川街道的宁波天翼石化重型设备制造有限公司建造，刷新了国内出口常压塔直径最大、长度最长、单台设备重量最重三项纪录。"这个常压塔的体积相当于约 1000 辆汽车的体积，历时逾一年，近百名工人参与制造。"③ 常压塔将从太平洋西岸直达大西洋东岸，运抵非洲西部尼日利亚的拉各斯州，用于正在建设的尼日利亚丹格特炼油厂项目。该炼油厂设计原油处理能力达每天 65 万桶，单条生产线生产能力目前位居世界第一。④

化工产品。2023 年浙江省向尼日利亚出口的化工产品总额为 2.03 亿美元，占浙江省向尼日利亚出口商品总额的 4.64%。

在涉及出口非洲的外贸企业中，浙江中山化工集团股份有限公司是开展业务较早的一批。中山化工是中国数一数二的农药生产商，非洲主要种植玉米、棉花、可可等农作物，对除草剂和杀虫剂需求量十分可观。中山化工主要出口尼日利亚、埃塞俄比亚、坦桑尼亚、肯尼亚和南非等国家，占公司出口份额的 15%—20%。⑤

宁波融禾进出口有限公司主营农药贸易出口。"现在公司出口的农药非洲市场主要有尼日利亚、乌干达、坦桑尼亚、肯尼亚及塞内加尔这五个国家，其

① 金华市人民政府外事办公室，金华市人民政府港澳办公室，金华市人民对外友好协会.益远借外力拓展亚非外贸市场.（2014-04-04）[2024-01-21]. http://swb.jinhua.gov.cn/art/2014/4/4/art_1229168181_52110083.html.
② 数据来源：国研网统计数据查询分析平台（https://www.drcnet.com.cn/）。
③ 宁波市镇海区人民政府.镇海建造！2300 吨世界最大常压塔启运尼日利亚.（2019-07-30）[2024-01-21]. https://www.zh.gov.cn/art/2019/7/30/art_1229033700_46647668.html.
④ 宁波市镇海区人民政府.镇海建造！2300 吨世界最大常压塔启运尼日利亚.（2019-07-30）[2024-01-21]. https://www.zh.gov.cn/art/2019/7/30/art_1229033700_46647668.html.
⑤ 长兴县人民政府.长兴外贸企业大力开展对非业务.（2018-09-06）[2024-01-21].http://www.zjcx.gov.cn/art/2018/9/6/art_1229211238_55050273.html.

中尼日利亚占了一大半。"①

塑料及其制品，橡胶及其制品。2023 年浙江省向尼日利亚出口的塑料及其制品、橡胶及其制品总额为 4.40 亿美元，占浙江省向尼日利亚出口总额的 9.04%。其中，塑料及其制品的出口总额为 3.68 亿美元，橡胶及其制品的出口总额为 7103.38 万美元。

3.浙江省从尼日利亚的进口及其构成情况

2013—2023 年，浙江省从尼日利亚进口的主要商品有：原油；矿产品；木炭；原木；天然橡胶；生姜；花生油；皮革；等等。下文以 2023 年为例说明浙江省从尼日利亚进口的商品构成及占比情况。

2023 年，浙江省从尼日利亚进口的商品总额为 2.15 亿美元，占中国从尼日利亚进口总额（23.8 亿美元）的 9.03%，占浙江省与尼日利亚进出口贸易总额（50.82 亿美元）的 4.23%。浙江省从尼日利亚进口的主要商品有：矿产品；石油；木制品；生牛皮及皮革；等等。

矿产品。2023 年浙江省从尼日利亚进口的矿产品总额为 1.25 亿美元，占浙江省从尼日利亚进口商品总额的 58.14%。其中，矿砂、矿渣及矿灰的进口总额为 5633.74 万美元。矿物燃料的进口总额为 3722.06 万美元。盐，硫磺，泥土及石料，石膏料、石灰及水泥的进口总额为 3110.97 万美元。

石油。2023 年浙江省从尼日利亚进口的石油总额为 3722.06 万美元，占浙江省从尼日利亚进口商品总额的 17.31%。

木制品。2023 年，浙江省从尼日利亚进口的木制品总额为 226.46 万美元，占浙江省从尼日利亚进口商品总额的 0.11%。

生牛皮及皮革。2023 年，浙江省从尼日利亚进口的生牛皮及皮革总额为 42.27 万美元。

（二）浙江省与尼日利亚投资合作

宁波中策动力机电集团有限公司与尼日利亚最大的华人财团李氏机构合作，共同建设的尼日利亚宁波工业园区一期项目在 2010 年投产，这是宁波企业在非洲的第一个工业园区。尼日利亚宁波工业园区占地 3.30 平方千米，总投

① 宁波市商务局.宁波农药出口　迎来新市场.（2019-09-06）[2024-01-21]. http://swj.ningbo.gov.cn/art/2019/9/6/art_1229051964_47405997.html.

资 20 亿元，园区厂房在 5 年内陆续建成。该园区规划建设尼日利亚和非洲紧缺的柴油机、发电机组、机械制造、船舶修造、电气等工厂，实现非洲本土化生产、销售、再出口，增强竞争优势。同时，和国内企业合作共同建设一些非洲紧缺、国内饱和的工厂，如水泥厂、摩托车生产厂等。①

在中策尼日利亚宁波工业园刚开门招商时，宁波航煦滚塑科技有限公司、宁波耐吉高压开关有限公司等一批企业就签约入驻。②

温州尼鑫贸易有限公司是一家跨领域、多范围经营的外贸企业，已在尼日利亚、加纳等国家投资布局包装、陶瓷等产业，截至 2022 年累计境外投资额超 20 亿元，实现年贸易总额 50 亿元以上。③

（三）浙江省与尼日利亚安全合作

浙江省与尼日利亚的安全合作主要有：尼日利亚政府官员到海门派出所参观交流、浙江省民警赴尼日利亚开展联合执法行动。

2014 年 4 月，在浙江警察学院研修交流学习犯罪防控的 26 名尼日利亚政府官员赴台州市海门派出所，参观该所预防犯罪中心和市民安防直通车，并与该所防范专家阮林根交流探讨预防犯罪经验。④2022 年 6 月 24 日，金华市局领导到磐安县公安局看望慰问赴尼日利亚开展联合执法行动凯旋民警张伟、金增和，并传达了公安部、省公安厅领导批示精神，充分肯定两位民警在尼工作期间取得的成绩，祝贺他们顺利凯旋并送上鲜花。⑤

（四）浙江省与尼日利亚人文交流合作

浙江省与尼日利亚往来源远流长，双方在人文交流领域交流密切，有着广阔的发展空间。浙江省与尼日利亚的人文交流合作主要表现在浙江省与尼日利亚的艺术交流合作与浙江师范大学非洲研究院与尼日利亚高校、智库之间的交

① 宁波市科学技术局.中策集团深耕非洲建"宁波园".（2013-07-02）[2024-01-21]. https://kjj.ningbo.gov.cn/art/2013/7/2/art_1229589472_58943192.html.
② 宁波市人民政府发展研究中心，宁波决策资讯网.宁波累计批准境外机构突破2000家　分布在111个国家和地区.（2014-09-30）[2024-01-21]. http://fyzx.ningbo.gov.cn/art/2014/9/30/art_1229052028_48647186.html.
③ 温州市投资促进局.尼鑫国际总部项目签约仪式圆满举行.（2022-09-14）[2024-01-21]. http://tzcjj.wenzhou.gov.cn/art/2022/9/14/art_1220532_58918151.html.
④ 椒江区人民政府.阮林根：新时代"平安家园"的耕行者.（2019-09-29）[2024-01-02]. https://www.jj.gov.cn/art/2019/9/29/art_1311043_38539268.html.
⑤ 金华市局领导叶旭池迎接赴尼日利亚开展联合执法行动民警凯旋.（2022-07-01）[2024-01-02]. http://gaj.jinhua.gov.cn/art/2022/7/1/art_1229180941_59009329.html.

流合作两方面。

1.浙江省与尼日利亚的艺术交流合作

2020年1月9日至1月10日，浙江婺剧艺术研究院（浙江婺剧团）陈美兰新剧目创作团队在尼日利亚首都阿布贾市空军礼堂进行了两场演出。尼日利亚文旅部门的代表齐聚阿布贾空军礼堂，欣赏了精彩的婺剧演出，尼日利亚联邦信息和文化部的文化官员内里库玛·拉德因（Inerikuma Ladein）看完演出后激动地说："非常棒，感谢你们带来的精彩演出！"[①]尼日利亚媒体对演出给予了极大的关注，尼日利亚国家电视台专程对浙婺的民乐合奏、变脸等节目进行了直播。[②]

2021年，以非洲人宝拉游历金华为主题，用镜头记录金华独具特色的新时代景象和风土人情的纪录片《最金华》在尼日利亚播出。

2.浙江师范大学非洲研究院与尼日利亚高校、智库之间的交流合作

浙江师范大学非洲研究院成立于2007年，是国内研究非洲的重要智库之一。尼日利亚是该智库研究关注的重要国别之一。浙江师范大学非洲研究院刘鸿武院长曾在1998年在尼日利亚拉各斯大学留学，是国内最早留学尼日利亚的学者之一，他的《从部族社会到民族国家：尼日利亚国家发展史纲》《尼日利亚建国百年史》是国内系统研究尼日利亚国别史的重要成果。

浙江师范大学非洲研究院是"中非智库10+10合作伙伴计划"中方成员之一，与尼日利亚国家级智库尼日利亚国际问题研究所结成合作伙伴。在"10+10合作伙伴"之下，双方召开了一系列关于中非关系、中国与尼日利亚关系的研讨会、推动学者之间的互访与合作。尼日利亚国际问题研究所的伊法穆·乌比研究员曾在浙江师范大学非洲研究院访学研究一年。浙江师范大学非洲研究院的武卉与郭东东也曾赴尼日利亚国际问题研究所访问学习一年。

浙江师范大学非洲研究院在2017年成立了国内第一家尼日利亚国别研究中心——浙江师范大学非洲研究院尼日利亚研究中心。该中心与尼日利亚重要智库尼日利亚古绍研究所合作，截至2023年已经连续举办了4届"阿布贾论坛"。"阿布贾论坛"以中非双方关注的核心问题为会议主题，邀请非洲国家前政要就中非关切的核心问题发表主旨演讲，邀请中非学者、企业家、媒体人士

---

① 金华市文化广电旅游局.浙婺"文化盛宴"香飘非洲三国.（2022-07-01）[2024-01-02]. http://wglyj.jinhua. gov.cn/art/2020/1/23/art_1229166440_53313011.html.

② 金华市文化广电旅游局.浙婺"文化盛宴"香飘非洲三国.（2022-07-01）[2024-01-02]. http://wglyj.jinhua. gov.cn/art/2020/1/23/art_1229166440_53313011.html.

就中非政治、经济、安全与文化合作展开讨论，会议成效明显，已经在非洲国家产生了一定的影响。

截至 2023 年，浙江师范大学非洲研究院已经与尼日利亚的伊巴丹大学、拉各斯大学、尼日利亚大学（恩苏卡）、阿布贾大学、乔斯大学、尼日利亚国际问题研究所、尼日利亚古绍研究所、尼日利亚白墨战略研究所、尼日利亚通讯社等 20 余家尼日利亚高校、智库以及媒体签署了合作协议。

在人才培养方面，浙江师范大学获批国家留学基金委"非洲学创新型人才国际合作培养项目"，每年向伊巴丹大学派遣若干名硕博士研究生与青年教师。截至 2023 年 12 月，浙江师范大学非洲研究院已先后向伊巴丹大学派出了 10 名硕博士研究生。为了更好地向尼日利亚介绍中国发展经验，更好地促进中尼发展合作，浙江师范大学非洲研究院将在伊巴丹大学、尼日利亚大学（恩苏卡）开设"中国发展学专业"硕士研究生项目。

为了满足尼日利亚学者、民众了解中国文化的热情，促进中尼文化交流合作，浙江师范大学非洲研究院于 2023 年 10 月，在尼日利亚大学（恩苏卡）筹建了中国文化博物馆，这是在非洲高校中建立的首家中国文化博物馆。

二、浙江省与尼日利亚合作的机遇与挑战

（一）机遇

第一，尼日利亚实施监管改革效果显著。世界银行在其《2020 年营商环境报告》中将尼日利亚排在世界第 131 位，相较于 2019 年（146 位）上升了 15 位，得分 56.90（满分 100 分）。世界银行在其报告中指出，尼日利亚是在实施监管改革后改善最显著的 10 个经济体之一，这些改革包括企业注册、处理建筑许可证、改善电力供应、财产登记、跨境贸易和合同执行。尼日利亚政府对《2020 年金融法》《公共采购法》和《财政责任法》进行了一些监管修订，并实行了其他经济和财政改革，这些将改善尼日利亚的治理和营商环境，吸引新的投资。[①] 尼日利亚的银行业也有改观。2022 年 12 月，尼日利亚银行业不良贷款率从 2022 年 9 月的 4.90% 下降至 4.20%，持续低于 5% 的监管标准。尼日利亚央行官员表

---

① KPMG. Investment in Nigeria. [2024-01-17]. https://assets.kpmg.com/content/dam/kpmg/ng/pdf/investment-in-nigeria-guide-8th-edition-may-2021.pdf.

示，不良贷款率的下降主要得益于贷款重组和银行健全的信用风险管理。①实施监管改革后，尼日利亚的政策更加透明，政府行政效率更加高效，有利于浙江省与其开展合作。

第二，浙江省与尼日利亚在交通基础设施领域的合作前景巨大。自 1960 年独立以来，尼日利亚的基础设施一直受到历届政府的忽视。例如，铁路运输系统过时，公路网有限，而且大多年久失修。为了扭转这一趋势，该国需要使其铁路系统现代化，扩大公路网并修复现有道路。②浙江省可凭借成熟的交通基础设施建设经验与尼日利亚开展合作。

第三，尼日利亚市场庞大，劳动力充足，提努布政府的改革方案前景可观。尼日利亚拥有 2 亿多人口，劳动力充足，同时也拥有非洲最大的市场。尼日利亚三大产业的发展较为均衡，均有一定的市场。2000 年至 2014 年，得益于有利的全球环境、宏观经济和第一阶段结构性改革，尼日利亚经济实现了年均 7% 以上的持续增长。在 2023 年 5 月政府换届后，尼日利亚正处于十字路口，拥有重返可持续和包容性增长道路的独特机会。新政府认识到有必要改变路线，因此采取了关键改革措施，取消汽油补贴，统一并大幅放开汇率，以恢复宏观经济稳定。这些改革，加之全球油价保持在历史平均水平以上，预计将减轻尼日利亚政府的财政压力，并实现经济的增长。得益于已实施的改革、农业和服务业的复苏，以及随着时间的推移，政府发展支出范围的扩大，预计在 2023—2025 年，经济将以平均 3.40% 的速度增长。如果能保持改革势头，齐心协力巩固财政和货币政策，减少不安全感，加强公共服务，改善商业环境和贸易开放，就能促进投资和生产率，使尼日利亚重返高增长道路。③浙江省积极践行"一带一路"倡议，一直以来都高度重视与尼日利亚的贸易与合作。尼日利亚是浙江在非洲的第二大贸易伙伴。鉴于提努布政府的改革措施及尼日利亚庞大的市场，浙江省可以继续与尼日利亚保持密切的合作。

---

① 中华人民共和国驻尼日利亚联邦共和国大使馆经济商务处. 2022 年 12 月尼日利亚银行业不良贷款率降至 4.2%.（2023-03-17）[2024-01-17]. http://nigeria.mofcom.gov.cn/article/jmxw/202303/20230303396606.shtml.

② KPMG. Investment in Nigeria. [2024-01-17]. https://assets.kpmg.com/content/dam/kpmg/ng/pdf/investment-in-nigeria-guide-8th-edition-may-2021.pdf.

③ World Bank Group. The World Bank in Nigeria. [2024-01-17]. https://www.worldbank.org/en/country/nigeria/overview.

（二）挑战

其一，尼日利亚货币贬值，国内通货膨胀严重。自 2015 年以来，尼日利亚中央银行对几种产品类别实施外汇管制，并继续干预市场，以防止官方奈拉汇率贬值。虽然已采取步骤统一汇率，但市场上仍然存在多种汇率。进入市场的企业面临的最严峻挑战之一是无法获得外汇，从而降低了进口必要投入和设备以及偿还外债的能力。外汇由央行严格控制，必须由企业申请。请求通常只能得到一小部分或根本得不到满足，这迫使许多公司从平行市场寻找更昂贵的外汇替代来源。①尽管 2022 年二季度该国实际 GDP 同比增长 3.54%，但 28 个经济部门生产值下滑，实际 GDP 环比萎缩 634.90 亿奈拉（约合 1.51 亿美元）。尤其对制造业来说，由于通货膨胀和外汇稀缺，制造业的 13 个子行业中只有 3 个在本季度实现增长。尼日利亚的整体营商环境对大多数投资者来说也非常具有挑战性，中小企业尤其容易受到当前宏观经济的冲击，导致中小企业的死亡率很高。受通胀飙升的影响，尼日利亚民众的购买力下降，生活陷入贫困泥潭。②奈拉贬值严重，尼日利亚国内出台新奈拉政策。由于尼日利亚货币奈拉目前对美元的汇率远高于公允价值，奈拉持续走弱。继黎巴嫩镑和阿根廷比索后，奈拉成为全球表现最差的货币之一。2023 年 12 月 28 日，1 美元可兑换 1043 奈拉。尼日利亚奈拉可能在 2024 年继续贬值。受新版奈拉政策影响，尼经济中超过 70% 的现金被清空，损失达 20 万亿奈拉。尼私营企业中心主任优素福表示，这些损失主要是由经济贸易的停滞、农业和农村经济的萎缩以及由此产生的就业下降所造成的，长期严重的现金匮乏不仅使经济活动陷入瘫痪，而且对民众生计造成重大风险，数百万人因此陷入贫困。③其二，尼日利亚政府对石油和天然气以及信息和电信行业都有严格的本国企业的要求。根据 2010 年尼日利亚石油和天然气行业内容发展法案，在关键的石油和天然气领域的所有项目中，必须优先考虑尼日利亚的产品和服务。该法规规定的本地采购要求适用于石油和天然气行业在建筑、电信、金融和专业服务中使用的物理材料。④

① International Trade Administration. Nigeria Country Commercial Guide.Market Challenges. (2023-06-05) [2024-01-17]. https://www.trade.gov/country-commercial-guides/nigeria-market-challenges.

② 中华人民共和国驻尼日利亚联邦共和国大使馆经济商务处.驻尼日利亚联邦共和国大使馆经济商务处.（2022-09-02）[2024-01-17]. http://nigeria.mofcom.gov.cn/article/jmxw/202209/20220903345223.shtml.

③ 中华人民共和国驻尼日利亚联邦共和国大使馆经济商务处.驻尼日利亚联邦共和国大使馆经济商务处.（2022-12-19）[2024-01-17]. http://nigeria.mofcom.gov.cn/article/jmxw/202212/20221203374393.shtml.

④ International Trade Administration. Nigeria Country Commercial Guide.Market Challenges. (2023-06-05) [2024-01-17]. https://www.trade.gov/country-commercial-guides/nigeria-market-challenges.

浙江省与塞拉利昂合作发展报告

　　塞拉利昂濒临大西洋，面积 7.17 万平方千米。塞拉利昂属于热带季风气候国家，土壤有机质含量较高，适合开展稻米、木薯、棕榈和橡胶等粮食作物和经济作物种植。目前，塞拉利昂适合耕种的 536 万公顷土地中仅有 22.40% 得到了利用，农业发展潜力较大。塞拉利昂地质构造独特，铁矿石、金红石、铝矾土和钻石等矿产资源丰富。铁矿石储量尤其巨大，唐克里里铁矿探明储量约 128 亿吨，截至 2023 年是世界上最大的单体磁铁矿。

　　建交以来，中国为塞拉利昂援建了稻谷种植技术推广站、公路桥、体育场、蔗糖生产联合企业办公楼、水电站、博城体育场、中塞友谊路等项目。中塞之间的投资合作始于 1981 年。2023 年，双边贸易额 16.3 亿美元，同比增长 23.9%，其中中方出口额 6.1 亿美元，进口额 10.2 亿美元。中方向塞拉利昂主要出口机电产品、金属制品等，进口原木、矿产品等。[①]

　　中塞两国于 1981 年 4 月签订了文化合作协定，两国文化代表团曾多次互访。2011 年 7 月，深圳艺术团赴塞拉利昂访问演出。中国自 1976 年起开始接收塞拉利昂奖学金留学生。2020—2021 学年，塞在华留学生 768 人。中国从 1973 年 3 月起向塞派遣医疗队。2014 年埃博拉疫情暴发后，中国率先行动，紧急驰援，先后向包括塞在内的疫区国家提供了四轮援助，派出大批抗疫医护专家，在塞设立了移动检测实验室、留观和诊疗中心、固定生物安全实验室，为塞开展公共卫生培训，赢得塞各界广泛赞誉。1984 年和 2010 年，塞首都弗里敦市分别与安徽合肥市和江西赣州市结为友好城市。[②]

[①]　中华人民共和国外交部.中国同塞拉利昂的关系. [2024-01-02]. https://www.mfa.gov.cn/web/gjhdq_676201/gj_676203/fz_677316/1206_678380/sbgx_678384/.

[②]　中华人民共和国外交部.中国同塞拉利昂的关系. [2024-01-02]. https://www.mfa.gov.cn/web/gjhdq_676201/gj_676203/fz_677316/1206_678380/sbgx_678384/.

一、浙江省与塞拉利昂合作情况

（一）浙江省与塞拉利昂经贸合作

1.浙江省与塞拉利昂经贸合作整体情况

2023 年，浙江省与塞拉利昂的进出口贸易总额为 3.46 亿美元，占中塞贸易总额（16.30 亿美元）的 21.23%。2013—2023 年，浙江省与塞拉利昂的进出口贸易总额除 2014 年和 2017 年外，整体呈增长的态势：从不到 1 亿美元，增加到 1.16 亿美元，再增长到 3.46 亿美元，详见表 1。

表 1　2013—2023 年浙江省与塞拉利昂进出口贸易总额

年份	进出口贸易总额 / 亿美元
2013	0.88
2014	0.71
2015	0.83
2016	0.96
2017	0.67
2018	0.70
2019	1.16
2020	1.15
2021	2.05
2022	2.75
2023	3.46

数据来源：作者根据国研网统计数据查询分析平台（https://www.drcnet.com.cn/）相关数据整理。

2.浙江省对塞拉利昂的出口及其构成情况

2013—2023 年，浙江省向塞拉利昂出口的主要商品有：船舶；鞋靴；柴油；塑料制餐具及厨房用具；箱包；文具用品；印花布；机器零部件；瓷砖；调味品；等等。下文以 2023 年为例说明浙江省对塞拉利昂的出口商品构成及占比情况。

2023 年，浙江省向塞拉利昂出口的商品总额约为 1.89 亿美元，占中国向塞拉利昂出口商品总额（6.10 亿美元）的 30.98%，占浙江省与塞拉利昂进出口商品总额（3.46 亿美元）的 54.62%。浙江省向塞拉利昂出口的主要商品有：机电产品；金属及其制品；鞋帽类；纺织原料及纺织制品；塑料及其制品，橡胶及其制品。这五大类产品占浙江省向塞拉利昂出口商品总额的 64.87%。

机电产品。2023 年浙江省向塞拉利昂出口的机电产品商品总额为 2982.33 万美元，占浙江省向塞拉利昂出口商品总额的 15.78%。浙江利欧集团股份有限公司生产的水泵出口到塞拉利昂。金华磐安企业生产的平板拖车等产品都是浙江出口到塞拉利昂的机电产品。

金属及其制品。2023 年浙江省向塞拉利昂出口的金属及其制品总额为 3161.56 万美元，占浙江省向塞拉利昂出口商品总额的 16.72%。其中，钢铁出口总额为 957.28 万美元，钢铁制品出口总额为 1124.62 万美元，金属杂项制品出口总额为 677.68 万美元，金属工具、器具、利口器、餐匙、餐叉及其零件出口总额为 341.74 万美元，铝及其制品出口总额为 54.86 万美元。

鞋帽类。2023 年浙江省向塞拉利昂出口的鞋帽类总额为 2187.99 万美元，占浙江省向塞拉利昂出口商品总额的 11.57%，其中，鞋类出口总额为 2018.96 万美元，帽类出口总额为 89.36 万美元。

纺织原料及纺织制品。2023 年浙江省向塞拉利昂出口的纺织原料及纺织制品总额为 2281.84 万美元，占浙江省向塞拉利昂出口商品总额的 12.40%。

塑料及其制品，橡胶及其制品。2023 年浙江省向塞拉利昂出口的塑料及其制品、橡胶及其制品的总额为 1588.68 万美元，占浙江省向塞拉利昂出口商品总额的 8.40%。其中，塑料及其制品出口总额为 1393.73 万美元，橡胶及其制品的出口总额为 194.95 万美元。

3. 浙江省从塞拉利昂的进口及其构成情况

2013—2023 年，浙江省主要从塞拉利昂进口矿产品、原木、可可粉等商品。下文以 2023 年为例说明浙江省从塞拉利昂进口的商品构成及占比情况。

2023 年，浙江省从塞拉利昂的进口总额为 1.57 亿美元，占中国从塞拉利昂进口总额（10.20 亿美元）的 15.39%，占浙江省与塞拉利昂进出口总额（3.46 亿美元）的 45.38%。浙江省从塞拉利昂进口的主要商品有矿产品。

矿产品。2023 年，浙江省从塞拉利昂进口的矿产品总额为 1.57 亿美元，占浙江省从塞拉利昂进口总额的 100%，其中，进口铁矿砂 1.56 亿美元，钛矿砂 8.3 万美元，铌、钽、钒或锆矿砂 61.37 万美元。

（二）浙江省与塞拉利昂投资合作

2013 年，来自塞拉利昂的客商首次在绍兴市设立商业企业，从而使投资该县的国别和地区增加到 63 个。①

（三）浙江省与塞拉利昂人文交流合作

浙江省与塞拉利昂的人文交流合作主要表现在，来中国研修的塞拉利昂学员赴浙江省湖州市、杭州市、宁波市参观访问；塞拉利昂记者在当地媒体报道其义乌之行，塞拉利昂官员、民间人士来浙江出席会议与浙江企业向塞拉利昂捐赠配方奶粉。

1.来中国研修的塞拉利昂学员访问浙江

2018 年 7 月 20 日至 24 日，中国农业农村部安排的 2018 年发展中国家可持续农业发展与智慧农业官员研修班在浙江省的湖州和杭州举行。来自津巴布韦、塞拉利昂、阿塞拜疆、埃及、巴基斯坦和博茨瓦纳的农业官员一行 25 人参加了培训。代表团参加了浙江省全球重要农业文化遗产、生态循环农业发展、互联网+和IT技术在农业中应用等主题的培训，并参观了浙江省重要农业文化遗产保护点湖州桑基鱼塘系统和德清淡水珍珠传统养殖和利用系统；考察了生态循环农业南浔区庆渔堂农业科技有限公司和民当村生态渔业养殖基地；参观了IT技术农业应用示范点萧山农科所等，学员们对浙江省现代农业发展现状、经验和举措有了更深的了解，纷纷表示将努力加强和促进与浙江省农业领域的交流合作。②

2018 年 10 月 23 日至 29 日，来自亚美尼亚、南非、塞拉利昂等 13 个国家的中国社科院发展中国家研修班 60 余名学员走进宁波奉化乡村参观学习。学员们先后考察了山区古村溪口镇岩头村、全球生态 500 佳、世界十佳和谐乡村萧王庙街道滕头村，以及省级森林公园裘村镇黄贤村，感受当地文化。③

2.塞拉利昂记者在当地媒体上报道其义乌之行

2016 年 5 月 6 日，塞拉利昂《阿沃克报》记者阿尔哈吉·卡马拉报道：义乌国际商贸城占地面积 550 万平方米，拥有 75000 个商位，被联合国和世界银行称为全球最大的商品批发市场。卡马拉和几位非洲同仁深夜抵达义乌后，在

---

① 浙江省商务厅.绍兴县三产服务业利用外资创历史新高.（2013-10-12）[2024-01-22]. http://zcom.zj.gov.cn/art/2013/10/12/art_1384592_12919762.html.

② 农业农村部国际交流服务中心.2018年可持续农业发展与智慧农业官员研修班顺利举行.（2018-08-02）[2024-01-22]. http://www.cicos.agri.cn/gzdt/201808/t20180802_6206467.html.

③ 宁波市奉化区人民政府.奉化乡村旅游迎来13国学员考察学习.（2018-11-06）[2024-01-22]. http://www.fh.gov.cn/art/2018/11/6/art_1229037549_46959637.html.

好奇心的驱使下外出打探，并发现了一条长长的夜市，在这里，大多数小商品都很划算。中国商贩有的把商品摆放在衣服和桌子上，有的干脆用手拿着，积极地向消费者进行兜售。夜市另一边有很多酒吧和娱乐场所。[①]

3.塞拉利昂官员、民间人士来浙江出席会议

2023年12月，塞拉利昂共和国外交与国际合作部前部长戴维·弗朗西斯访问浙江师范大学并出席浙江省第四届"一带一路"智库论坛。

2021年10月17日，由中国人民对外友好协会主办，浙江省人民对外友好协会、中共嘉兴市委承办的"中非未来领袖数字合作座谈会"在嘉兴市举办。塞拉利昂中国联谊会创始人玛利亚代表参访团致谢，她表示此次参访收获颇丰，她们一定会将从中国学到的这些智慧和理念，尤其是数字经济的应用与发展带回我们各自的国家，也相信会有更多的中国企业选择投资非洲，进一步加强中非合作。[②]

4.浙江企业向塞拉利昂捐赠配方奶粉

2017年10月11日，为响应国家"一带一路"倡议，加强中塞传统友好，来自浙江的中国婴童食品企业贝因美在塞总统府举行捐赠仪式，向该国捐赠配方奶粉，为当地2万余名1—5岁儿童、哺乳期母亲补充营养。这是贝因美的第一个非洲捐赠项目。[③]

二、浙江省与塞拉利昂合作的机遇与挑战

（一）机遇

第一，塞拉利昂鼓励私营经济发展，为浙江私营企业提供了投资机遇。多年来，塞拉利昂在简化开办企业的过程方面进行了重大改革，包括建立一站式公司注册服务。2020年，世界银行将该国的营商环境在190个国家中排名第58位，在开办企业的过程中得分为91%，这是评估商业环境的十个指标之一。政府还实施了贸发会议ASYCUDA世界系统，这是一个加强跨境贸易的在线系

---

① 人民网.义乌之行——商品的海洋、购物者的天堂.（2016-06-12）[2024-01-22]. http://world.people.com.cn/n1/2016/0612/c404824-28426397.html.

② 嘉兴市人民政府外事办公室.中非未来领袖数字合作座谈会在我市举办.（2021-10-18）[2024-01-22]. https://wb.jiaxing.gov.cn/art/2021/10/18/art_1603284_58715448.html.

③ 李琰.中国企业向塞拉利昂儿童送健康.（2017-10-14）[2024-01-22]. https://world.chinadaily.com.cn/2017-10/14/content_33245239.htm.

统。塞拉利昂通过其与科特迪瓦、几内亚和利比里亚组成的马诺河联盟（Mano River Union）的成员身份，进入了一个拥有 5000 多万人口的市场；通过其西非国家经济共同体的成员身份，进入了一个拥有 4 亿多人口的市场。2018 年，塞拉利昂还加入了非洲大陆自由贸易协定，该协定将 54 个非洲国家聚集在一个单一的大陆商品和服务市场，总人口超过 10 亿。塞拉利昂还获准免税进入大型市场，如欧盟的"除武器外一切皆可"倡议和美国的"非洲增长与机会法案"。[①]外国投资者可以从事农业、农业综合企业、渔业和旅游业，并可以在能源（包括可再生能源）、制造业、建筑业、通信和交通等基础设施以及教育、金融、卫生和自然资源等其他部门进行投资。[②]民营企业发达的浙江省可寻求与塞拉利昂在上述领域的合作。

第二，塞拉利昂矿产资源丰富。塞拉利昂矿产资源丰富，已开发利用的矿藏主要有金刚石（钻石）、金矿、铝矾土、金红石、铁矿。塞拉利昂其他已探明的矿藏有铂矿（白金）、锡矿、铌矿、钽铁矿、高岭土、石材、霞石正长岩、石棉，部分矿藏有少量开采。其中，金红石产量占世界第四位，储量约 1 亿吨，品位 1.20%—1.30%。塞拉利昂金红石开采和出口均由塞拉利昂金红石有限公司（Sierra Leone Rutile Limited）经营。2016 年 12 月 7 日，澳大利亚矿砂公司艾璐卡（Iluka）投资 2.90 亿美元正式收购塞拉利昂金红石，并计划在未来 5 年投资 1.60 亿美元用于扩大生产。2018 年 1 至 9 月，该公司金红石产量为 9.34 万吨。[③]

第三，塞拉利昂旅游资源丰富，旅游业发展空间较大。塞拉利昂有各种灵长类动物、鸟类和其他野生动物等丰富的生物多样性资源、拥有美丽的海滩与山脉等自然风光资源，历史与文化资源丰厚。塞拉利昂是英语国家，是赴非洲旅游的欧洲游客的停留地。塞拉利昂政府正在改善政策和法律环境，并发展相关的基础设施。2022 年，塞拉利昂旅游收入相较于 2021 年翻了一番，塞拉利昂新机场在 2023 年初投入运营。[④]塞拉利昂独特的旅游资源契合浙江省推动中非旅游合作的愿望。

---

① International Trade Administration. Sierra Leone Country Commercial Guide.Market Opportunities. (2021-09-14) [2024-01-17]. https://www.trade.gov/country-commercial-guides/sierra-leone-market-opportunities-1.
② International Trade Administration. Sierra Leone Country Commercial Guide.Market Opportunities. (2021-09-14) [2024-01-17]. https://www.trade.gov/country-commercial-guides/sierra-leone-market-opportunities-1.
③ 中华人民共和国驻塞拉利昂共和国大使馆经济商务处.塞拉利昂各行业简介.（2021-09-16）[2024-01-17]. http://sl.mofcom.gov.cn/article/ztdy/202109/20210903199712.shtml.
④ 中华人民共和国驻塞拉利昂共和国大使馆经济商务处.塞拉利昂旅游业面临的机会和挑战.（2023-01-31）[2024-01-17]. http://sl.mofcom.gov.cn/article/ztdy/202301/20230103381301.shtml.

第四，浙江省与塞拉利昂渔业互补性强。塞拉利昂渔业资源丰富，主要有邦加鱼、金枪鱼、黄花鱼、青鱼和大虾等，水产储量约 100 万吨。浙江省的海疆面积超过 26 万平方千米，海岸线和海岛岸线达 6000 多千米，中国第一。海洋是浙江经济社会发展的优势所在。浙江是远洋渔业创始省份之一，拥有农业农村部远洋渔业资格企业 43 家，企业数量和产业规模约占中国的四分之一。2021 年远洋捕捞产量 60 余万吨，其中鱿鱼产量约占 65%，居中国首位。浙江水产品畅销全球。近年来浙江水产品贸易总额稳中有升，2021 年水产品出口额 18.50 亿美元，位居中国第二。①

（二）挑战

其一，浙江省企业在塞拉利昂购置土地比较困难。外国投资者在塞拉利昂在首都以外地区投资时，需特别关注当地社区的土地权属要求，这一领域深受传统领袖的影响力与权威制约。塞拉利昂实行双重土地权属制度：涵盖首都弗里敦在内的西部地区采用永久业权制，而西部以外省份则实行租赁制，当地社区始终保留土地的最终控制权。无论哪种制度，外国投资者均无法获得土地所有权，但可通过租赁方式获取土地，其中农业用地最大租赁面积为 1.5 万公顷，矿业用地为 1 万公顷，租期最长不超过 50 年。在各省份，土地委员会行使土地监管职责，投资者须严格遵循《2022 年传统土地权益法案》规定的流程与程序进行土地投资。②其二，塞拉利昂的贫困率较高，消费力不足。根据塞拉利昂官方公布的数据，2018 年塞拉利昂的贫困人口占全国人口总数的 57%。塞拉利昂全国各地的贫困人口分布不均匀，弗里敦的贫困率为 23%。弗里敦以外的其他地区，城市贫困率为 49%，农村贫困率为 74%。③其三，塞拉利昂劳动者素质有待提高。熟练劳动力的短缺影响到该国最具生产力的经济部门和整个经济。多达 88% 的劳动力从事低生产率就业或自营职业，其中 55% 是无技能和失业青年。④

---

① 浙江省农业对外合作中心.农业贸易百问 | 浙江水产品缘何畅销全球？ [2024-09-17]. http://www.mczx.agri. cn/mybw/202206/t20220629_7867856.htm.

② International Trade Administration. Sierra Leone Country Commercial Guide.Market Challenges. (2024-04-17) [2024-07-17]. https://www.trade.gov/country-commercial-guides/sierra-leone-market-challenges.

③ World Bank Group. Sierra Leone Country Commercial Guide. (2022-12-15)[2024-01-17]. https://www.worldbank. org/en/news/press-release/2022/12/15/sierra-leone-has-opportunity-to-increase-growth-but-faces-challenges-in-improving-citizens-welfare.

④ World Bank Group. The World Bank in Sierra Leone. [2024-01-17]. https://blogs.worldbank.org/africacan/demand-led-skills-training-one-answer-sierra-leones-human-capital-crisis.

浙江省与塞内加尔合作发展报告

　　塞内加尔位于非洲西部凸出部位的最西端，是西非人口较稠密的国家之一，据世界银行统计数据，2023年塞内加尔人口总数约为1786万，位居非洲大陆第15位。该国人口密度达到91人/平方公里。[①]塞内加尔是西非主要的花生、棉花生产国，是西非工业较发达的国家之一。

　　中塞建交及复交以来，中国为塞内加尔援建了友谊体育场、阿菲尼亚姆水坝、国家大剧院、黑人文明博物馆、国家竞技摔跤场等项目。2023年，两国双边贸易额为55.7亿美元，同比增长33.3%。其中中方出口额52.3亿美元，进口额3.4亿美元。中方主要出口茶叶、生活用品、建材等，进口农渔产品、矿砂等。[②]中国已经成为塞内加尔第二大贸易伙伴国、第一大花生进口国和最大融资来源国。

　　中塞两国于1981年签署文化合作协定。两国文化代表团曾多次互访。2009年9月，塞内加尔文化部部长塞里涅·马马杜·布索·莱耶访华。2011年4月，中国残疾人艺术团赴塞内加尔访问演出。中国自1973年起开始接收塞内加尔奖学金留学生。2012年12月，达喀尔大学孔子学院正式成立。中国自1975年起向塞内加尔派遣医疗队。[③]

---

① World Population Prospects 2023, ANSD Senegal. [2025-05-29]. https://www.ansd.sn/sites/default/files/recensements/autres_produits/Projections-demographiques_2023-2073-.pdf.

② 中华人民共和国外交部.中国同塞内加尔的关系.[2024-01-02]. https://www.mfa.gov.cn/web/gjhdq_676201/gj_676203/fz_677316/1206_678404/sbgx_678408/.

③ 中华人民共和国外交部.中国同塞内加尔的关系.[2024-01-02]. https://www.mfa.gov.cn/web/gjhdq_676201/gj_676203/fz_677316/1206_678404/sbgx_678408/.

一、浙江省与塞内加尔合作情况

2018 年 9 月 6 日，塞内加尔总统麦基·萨勒（Macky Sall）在参加中非合作论坛北京峰会期间，赴杭州专门听取了浙江省城乡规划设计研究院关于塞内加尔首都达喀尔新城加姆尼亚久绿化景观项目的汇报。加姆尼亚久新城作为"塞内加尔振兴计划"的核心内容之一，是塞方积极对接中方"一带一路"倡议的重点项目。通过中塞两国项目各方的共同努力，加姆尼亚久新城将成为塞内加尔振兴计划的实施工程、绿色生态发展的示范工程、城市化工业化互动推进的配套工程、塞方政府的惠民政绩工程、中塞及中非合作的友谊工程。①

2023 年 11 月 12 日至 17 日，塞内加尔吕菲斯克市代表团访问舟山。该代表团先后考察了城市展示馆、舟山博物馆、沈家门渔港小镇、国际水产城、远洋渔业基地以及部分舟山远洋渔业企业，了解舟山市城市发展、经济、文化、生态环境等各方面发展情况，探索了与舟山市远洋渔业捕捞、加工贸易、渔船境外维修补给等合作事宜，并与浙江海洋大学探讨教育交流合作意向。②

2016 年 5 月，首届中国投资者论坛在塞内加尔首都达喀尔举行，浙江省义乌市政府代表团以及百余名中塞私营企业界代表参加。在中国义乌经商十余年的塞内加尔人苏拉是论坛的发起者，他表示，创办中国投资者论坛，目的就是帮助在塞内加尔的中国商人更好地融入当地社会，了解当地的投资环境和优惠政策，以便使他们更敢于和更愿意在塞投资。③2017 年 11 月 17 日至 18 日，义乌市举办塞内加尔投资环境推介会，来自中塞两国的企业家负责人齐聚义乌，寻求机遇、共谋商机。在义期间，与会者还实地参观了国际商贸城，深入了解义乌经济、商贸、旅游等发展情况。④2016 年 4 月 22 日，由安吉县人民政府、安吉县商务局、米奥兰特公司共同举办的"Go China 品质浙货·全球采购·走进安吉现场会"在美林度假村举行。本次活动邀请来自黎巴嫩、塞内加尔、伊朗、阿曼、沙特等全球 33 位采购商参加，安吉县共有来自家具企业的 80 余名

---

① 浙江省住房和城乡建设厅. 省城乡规划设计研究院积极参与"一带一路"建设.（2018-09-21）[2024-01-17]. http://jst.zj.gov.cn/art/2018/9/21/art_1569971_35416816.html.
② 舟山市人民政府外事办公室，舟山市人民政府港澳事务办公室.塞内加尔吕菲斯克市代表团访问舟山.（2023-12-05）[2024-01-01]. http://zswsb.zhoushan.gov.cn/art/2023/12/5/art_1228964809_58827428.html.
③ 国际在线.塞内加尔举办首届中国投资者论坛　助力中塞合作互利双赢.（2016-05-04）[2024-01-17]. http://www.yw.gov.cn/art/2016/5/4/art_1229129707_54413354.html.
④ 金华市投资促进中心.塞内加尔投资环境推介会在义乌举办.（2017-11-21）[2024-01-01]. http://tzcjzx.jinhua.gov.cn/art/2017/11/21/art_1229166261_53532767.html.

企业代表参与。据统计，现场达成的意向订单数约 2500 万美元。①

（一）浙江省与塞内加尔经贸合作

1.浙江省与塞内加尔经贸合作整体情况

2023 年，浙江省与塞内加尔的进出口贸易总额为 17.26 亿美元，占中塞进出口贸易总额（55.70 亿美元）的 30.99%。2013—2023 年，浙江省与塞内加尔的进出口贸易总额，除 2017 年外，逐年增长，详见表 1。2021 年，浙江省与塞内加尔的进出口贸易总额突破 10 亿美元大关，达到 10.94 亿美元。2023 年，浙江省与塞内加尔的进出口贸易总额为 17.26 亿美元，相较于 2022 年增长了 4.59 亿美元，增长率为 36.23%。

表 1　2013—2023 年浙江省与塞内加尔的进出口贸易总额

年份	进出口贸易总额 / 亿美元
2013	3.28
2014	4.13
2015	5.69
2016	6.80
2017	6.17
2018	6.86
2019	7.37
2020	8.99
2021	10.94
2022	12.67
2023	17.26

数据来源：根据国研网统计数据查询分析平台（https://www.drcnet.com.cn/）相关数据整理。

2.浙江省对塞内加尔的出口及其构成情况

2013—2023 年，浙江省对塞内加尔出口的主要商品有：茶叶；布匹；鞋靴；塑料制品；厨房用具；瓷制餐具；灯具及照明装置；摩托车零配件；等等。下文以 2023 年为例说明浙江省对塞内加尔的出口商品构成及占比情况。

2023 年，浙江省向塞内加尔出口的商品总额为 17.03 亿美元，占中国向塞内加尔出口总额（52.30 亿美元）的 32.56%，占浙江省与塞内加尔进出口贸易

---

① 湖州市商务局.Go China 品质浙货·全球采购·走进安吉现场会成效显著.（2016-04-25）[2024-01-22].
　　http://swj.huzhou.gov.cn/art/2016/4/25/art_1229206928_54933181.html.

总额（17.26 亿美元）的 98.67%。浙江省向塞内加尔出口的主要商品有：纺织原料及纺织制品；金属及其制品；机电产品；鞋制品；陶瓷制品。这五大类商品占浙江省对塞内加尔出口总额的 65.27%。

纺织原料及纺织制品。2023 年浙江省向塞内加尔的纺织原料及纺织制品出口总额为 4.30 亿美元，占浙江省向塞内加尔出口总额的 25.25%。

金属及其制品。2023 年浙江省向塞内加尔出口的金属及其制品总额为 2.74 亿美元，占浙江省向塞内加尔出口商品总额的 16.09%。其中，钢铁出口总额为 4801.57 万美元，钢铁制品出口总额为 1.16 亿美元，金属杂项制品出口总额为 5694.64 万美元，金属工具、器具、利口器、餐匙、餐叉及其零件出口总额为 3995.87 万美元，铝及其制品出口总额为 847.11 万美元，铜及其制品出口总额为 441.54 万美元。

机电产品。2023 年浙江省向塞内加尔出口的机电产品总额为 2.88 亿美元，占浙江省向塞内加尔出口商品总额的 16.91%。如宁波中策动力机电集团有限公司为塞内加尔某陶瓷厂建造的 14MW 重油发电站于 2019 年 9 月 15 日顺利交付，该电站为工厂提供 24 小时持续供电。[①]

鞋制品。2023 年浙江省向塞内加尔出口的鞋制品总额为 6780.27 万美元，占浙江省向塞内加尔出口商品总额的 3.92%。

陶瓷产品。2023 年浙江省向塞内加尔出口的陶瓷产品（主要包括建筑用陶瓷）总额为 5275.38 万美元，占浙江省向塞内加尔出口商品总额的 3.10%。

3. 浙江省从塞内加尔的进口及其构成情况

2013—2023 年，浙江省主要从塞内加尔进口花生、花生油、冻鱼、未锻轧的铝合金、锰矿砂等商品。下文以 2023 年为例说明浙江省从塞内加尔进口的商品构成及占比情况。

2023 年，浙江省从塞内加尔进口的商品总额为 2284.93 万美元，占中国从塞内加尔进口总额（3.4 亿美元）的 6.71%，占浙江省与塞内加尔进出口贸易总额（17.26 亿美元）的 1.32%。浙江省从塞内加尔进口主要商品有：花生及花生油、冻鱼等产品，这两类产品占浙江省从塞内加尔进口总额的 86.85%，具体如下。

---

① 宁波中策动力机电集团有限公司. 塞内加尔重油电站顺利交付.（2019-12-20）[2024-01-22]. https://www.ningdong.com/news/newsd?id=2145&lang=cn.

花生及花生油。2023 年，浙江省从塞内加尔进口的花生及花生油总额为1533.37 万美元，占浙江省从塞内加尔进口商品总额的 67.11%。

冻鱼。2023 年，浙江省从塞内加尔进口的冻鱼总额为 200.92 万美元，占浙江省从塞内加尔进口商品总额的 8.75%。

（二）浙江省与塞内加尔人文交流合作

1.浙江广厦建设职业技术大学赴塞内加尔开展志愿服务活动

2019 年 6 月 28 日，塞内加尔"助力郊区"志愿项目推介动员会在浙江广厦建设职业技术大学召开。塞内加尔"助力郊区"志愿项目是中国人民对外友好协会主办的首个对非公益慈善合作项目，项目内容主要是组织中国志愿者赴塞内加尔协助塞方优化校舍环境，改善教育基础设施，增进中塞青年友谊，促进中非民心相通。经过报名选拔，浙江广厦建设职业技术大学 11 名建筑专业的学生，于 2019 年 7 月 15 日至 9 月 15 日赴塞内加尔开展为期两个月的"助力郊区"志愿服务活动。①

二、浙江省与塞内加尔合作的机遇与挑战

（一）机遇

第一，浙江省在农业生产上的优势契合塞内加尔实现粮食自给自足的目标。塞内加尔农业科学院院长莫马尔·塔拉·塞克（Momar Talla Seck）宣布，塞政府计划在未来五年内将小麦进口量减少 40%。2023 年，塞每年进口约 70 万吨小麦，价值约 1200 亿西非法郎，极大地影响了该国的贸易平衡。塞政府已在 2023—2024 年农业规划中纳入"小麦特别计划"，力求提高小麦产量。塞农科院近年来已批准 8 个小麦品种，正在自研高产品种，同时向农民发放进口自埃及的高产麦种（产量可达 6 吨每公顷）。塞政府还将加大对圣路易大区塞内加尔河流域小麦种植的支持，如加强农业技术培训，减少收获损失等。②2023年，农业部门对塞内加尔国内生产总值的贡献率达到 9.80%。在塞内加尔新兴

---

① 金华市人民政府办公室.塞内加尔"助力郊区"志愿项目推介动员会在东阳召开.（2019-06-28）[2023-03-27]. http://swb.jinhua.gov.cn/art/2019/6/28/art_1229168149_58846334.html.

② 中华人民共和国驻塞内加尔共和国大使馆经济商务处.塞内加尔计划在 5 年内减少 40% 小麦进口.（2023-11-04）[2024-10-17]. http://senegal.mofcom.gov.cn/article/ztdy/202311/20231103451263.shtml.

计划（PSE）框架下，政府推出农业新兴计划，以加快塞内加尔农业发展步伐。通过与中国进行技术合作，塞内加尔近年来在多项农业生产领域取得了重大进展，包括粮食、水果和蔬菜产量提升。塞内加尔致力于在 2028 年之前实现粮食自给自足，尤其是稻米、小米等。为了实现这一目标，塞将实施一系列规划，包括改良超过 16 万公顷农田等。①浙江省可在农业生产、基础设施建设、农村生活水平改善等方面与塞内加尔展开合作。

第二，塞内加尔的经济较为稳定。2014—2020 年，塞内加尔经济持续增长，年增长率保持在 6% 以上，是撒哈拉沙漠以南非洲表现最好的国家之一。

第三，塞内加尔投资自由度高。外国公司和投资者在农业、纺织业、新兴产业、渔业、旅游业、采矿业等部门均可投资，并且可百分百控股。②

第四，浙江省先进的发电技术契合塞内加尔寻求能源多样化的需求。根据"新兴塞内加尔计划"，政府能源部门的首要优先事项是实现能源多样化和现代化。目标包括通过多样化能源来源降低能源成本，增加发电能力以满足日益增长的需求，与新兴的区域能源网络相结合，从重质燃料油转向国内天然气，以及增加农村地区的能源获取。由于 90% 的发电依赖昂贵的液体燃料，塞内加尔是非洲发电成本最高的国家之一。发电成本从每千瓦时 34 美分到 38 美分不等，而消费者每千瓦时只需支付 24 美分左右，差额由政府补贴。③浙江省着力推进清洁能源示范省建设，省内各地政府相继出台政策，鼓励企业、居民积极参与以光伏、风电为代表的新能源发电项目，与此同时，浙江加强新能源资源分析评估，科学引导新能源发展规模和布局，截至 2023 年底，浙江省内发电总装机 13077 万千瓦，其中光伏装机 3357 万千瓦，风电装机 584 万千瓦，风光等新能源装机占全省发电总装机比例首超三成。④浙江省在发电，尤其是在光伏、风电等新能源发电方面的技术契合塞内加尔通过多样化能源来源降低能源成本的需求。此外，浙江省在省内山区 26 县推行"光伏富裕"工程，挖掘

---

① 中华人民共和国驻塞内加尔共和国大使馆经济商务处.中塞合作助力塞内加尔实现粮食自给自足——专访塞农业、乡村设施和粮食安全部部长桑巴·恩迪奥贝纳·卡.（2023-11-24）[2024-10-17]. http://senegal.mofcom.gov.cn/article/ztdy/202311/20231103456307.shtml.

② LLOYDS Bank. Investment Framework and Opportunities in Senegal. [2024-10-17]. https://www.lloydsbanktrade.com/en/market-potential/senegal/investment-environment.

③ International Trade Administration. Senegal Country Commercial Guide.Energy. (2023-02-02)[2024-01-17]. https://www.trade.gov/country-commercial-guides/senegal-energy.

④ 林光耀.浙江新能源发电装机占比首超三成.（2024-01-12）[2024-08-17]. https://www.gov.cn/lianbo/difang/202401/content_6925732.htm。

农村地区光伏、风电等能源资源的经验有助于帮助塞内加尔农村地区实现光伏发电，风电发电。

（二）挑战

其一，西非法郎对美元的贬值进一步增加了政府财政的压力，同时提高了以美元计价的进口商品的价格。① 虽然塞内加尔的宏观经济环境总体保持稳定，但为应对新冠疫情的经济影响而采取的积极措施和不断上涨的大宗商品成本将公共债务推高至GDP的近70%，达到西共体的内部债务困境门槛。② 其二，烦琐的税收管理、复杂的海关手续、效率低下的司法系统、不畅通的融资渠道与僵化的劳动力市场、高昂的房地产和能源成本，以及高投入的制造业成本，也阻碍了塞内加尔对外资的吸引力。

---

① International Trade Administration. Senegal Country Commercial Guide.Market Challenges. (2023-02-02)[2024-01-17]. https://www.trade.gov/country-commercial-guides/senegal-market-challenges.
② International Trade Administration. Senegal Country Commercial Guide. (2023-02-02) [2024-10-17]. https://www.state.gov/reports/2022-investment-climate-statements/senegal/.

浙江省与布基纳法索合作发展报告

布基纳法索是西非内陆国，工业基础薄弱，资源较为贫乏，经济以农牧业为主。棉花是布基纳法索的主要经济作物和出口创汇产品。

1973—1994 年，中国向布基纳法索提供经济援助，建成了医院、政府办公楼、体育场等项目。两国复交后，中国向布方派出农业技术专家组和职业培训专家组，并向布方提供紧急粮食援助。两国于 2018 年 5 月建立经贸联委会机制，2019 年 4 月举行经贸联委会首次会议。2023 年，中布贸易额 5.94 亿美元，其中，中方出口额 5.38 亿美元，进口额 0.57 亿美元。①

中布农业合作是两国民生合作的优先领域和方向之一，截至 2023 年，布基纳法索是中方唯一派遣两支农业技术合作项目专家组的非洲国家，充分印证了中布在农业合作领域的高质量和高水平。2018 年以来，中布两国农业专家以促进布粮食安全、缓解民生困境为目标，开展了大量卓有成效的工作。下一步，中国将继续致力于帮助布稳产增产，提高粮食自主供应水平，增强应对外部冲击的能力。中国援布基纳法索小米种植示范技术援助项目是由中国与布基纳法索政府合作开展的一项为期 3 年的农业技术项目，该项目于 2019 年 4 月 15 日启动，于 2022 年 4 月 14 日结束，旨在协助布建立谷子良种保障体系，持续培育、生产优质良种，满足布国小米未来长期生产需要。②

从中布建交到 1994 年中止外交关系期间，中国共向布基纳法索派遣 9 批 163 名医疗队员，接收 23 名布留学生。自 2018 年中布恢复外交关系以来陆续

---

① 中华人民共和国外交部.中国同布基纳法索的关系. [2023-12-30]. https://www.fmprc.gov.cn/web/gjhdq_676201/gj_676203/fz_677316/1206_677462/sbgx_677466/.

② 中华人民共和国驻布基纳法索大使馆.小荷才露尖尖角——记中布农业合作小米项目.（2020-06-09）[2023-12-30]. http://bf.china-embassy.gov.cn/zjbjnfs/202006/t20200609_5844945.htm.

向布基纳法索派遣了援布医疗队，在布开展援外医疗工作。[①]中布2018年8月签署了互免持外交、公务护照人员签证协定，2018年11月起生效。

一、浙江省与布基纳法索合作情况

（一）浙江省与布基纳法索经贸合作

1.浙江省与布基纳法索经贸合作整体情况

2023年，浙江省与布基纳法索的进出口贸易总额为8181.07万美元，占中国与布基纳法索贸易总额（5.94亿美元）的13.77%。2013—2023年，浙江省与布基纳法索的进出口贸易总额呈现出增长的态势，详见表1。2020年，浙江省与布基纳法索的进出口贸易总额达到4014.26万美元，2023年达到8181.07万美元，相较于2013年增长了6353.64万美元，增幅达到347.68%。

表1　2013—2023年浙江省与布基纳法索进出口贸易总额

年份	进出口贸易总额 / 万美元
2013	1827.43
2014	1889.87
2015	1207.42
2016	2158.80
2017	2121.94
2018	2450.42
2019	3384.59
2020	4014.26
2021	4806.67
2022	6199.13
2023	8181.07

数据来源：作者根据国研网统计数据查询分析平台（https://www.drcnet.com.cn/）相关数据整理。

2.浙江省对布基纳法索的出口及其构成情况

2013—2023年，浙江省向布基纳法索出口的主要商品有：鞋靴；文具；太阳能电池；摩托车零配件；印花布；家用电器；电表；调味品；棉线；医用家具及其零件；等等。下文以2023年为例说明浙江省对布基纳法索的出口商品构成及

---

① 中华人民共和国驻布基纳法索大使馆.驻布基纳法索大使卢山会见中国援布医疗队新老医疗队员.（2022-08-27）[2023-05-30]. http://bf.china-embassy.gov.cn/zxyw/202208/t20220827_10756623.htm.

占比情况。

2023 年，浙江省向布基纳法索出口的商品总额为 8078.46 万美元，占中国向布基纳法索出口商品总额（5.38 亿美元）的 15.01%，占浙江省与布基纳法索进出口贸易总额（8181.07 万美元）的 98.75%。浙江省向布基纳法索出口的主要商品有：机电产品；鞋、帽、伞、杖、鞭及其零件，已加工的羽毛及其制品，人造花；金属及其制品；纺织原料及纺织制品；塑料及其制品、橡胶及其制品。这五大类产品占浙江省向布基纳法索出口商品总额的 72.27%，具体如下。

机电产品。2023 年，浙江省向布基纳法索出口的机电产品总额为 2927.91 万美元[①]，约占浙江省向布基纳法索出口商品总额的 36.24%。其中，电机、电气设备机器零件，录音机出口总额为 1544.490 万美元。锅炉、机器、机器械具及零件的出口总额为 1383.42 万美元。[②]

纺织原料及纺织制品。2023 年，浙江省向布基纳法索出口的纺织原料及纺织制品总额为 940.69 万美元，占浙江省向布基纳法索出口商品总额的 11.64%。

鞋、帽、伞、杖、鞭及其零件，已加工的羽毛及其制品，人造花。2023 年，浙江省向布基纳法索出口鞋、帽、伞、杖、鞭及其零件，已加工的羽毛及其制品，人造花总额为 708.50 万美元，占浙江省向布基纳法索出口商品总额的 8.76%，其中，鞋靴、护腿类似品及其零件出口总额为 701.37 万美元；雨伞及阳伞出口总额为 3.18 万美元；用人造花、叶或果实制成的物品出口总额为 0.93 万美元。[③]

金属及其制品。2023 年，浙江省向布基纳法索出口的金属及其制品总额为 769.45 万美元，占浙江省向布基纳法索出口商品总额的 9.52%。其中，钢铁制品出口总额 247.59 万美元，钢铁出口总额 360.49 万美元，铝及其制品出口总额 75.85 万美元，金属工具、器具、利口器、餐匙、餐叉及其零件出口总额 41.50 万美元，金属杂项制品出口总额 43.08 万美元。[④]

塑料及其制品，橡胶及其制品。2023 年，浙江省向布基纳法索出口的塑料及其制品、橡胶及其制品共计 494.52 万美元，占浙江省对布基纳法索出口总额的 6.11%。其中，塑料及其制品出口 405.80 万美元，橡胶及其制品出口 88.73

---

① 数据来源：国研网统计数据查询分析平台（https://www.drcnet.com.cn/）。
② 数据来源：国研网统计数据查询分析平台（https://www.drcnet.com.cn/）。
③ 数据来源：国研网统计数据查询分析平台（https://www.drcnet.com.cn/）。
④ 数据来源：国研网统计数据查询分析平台（https://www.drcnet.com.cn/）。

万美元。

3.浙江省从布基纳法索的进口及其构成情况

2013—2023 年，浙江省从布基纳法索进口的商品主要有棉花、草制篮筐及其他编织品、木质家具、木刻品、服装半成品等。2023 年，浙江省从布基纳法索进口的商品总额为 102.61 万美元，主要进口商品为棉花。2023 年，浙江省从布基纳法索进口的棉花总额为 97.54 万美元，占浙江省从布基纳法索进口商品总额的 95.06%。[1]

（二）浙江省与布基纳法索人文交流合作

浙江省与布基纳法索的人文交流合作主要有，浙江省与布基纳法索的教育合作，主要是浙江省承办布基纳法索研究班，布基纳法索研究班赴浙江省考察调研，温州医科大学赴布基纳法索开展"光明行"活动以及浙师大非洲研究院学者在布基纳法索当地媒体上发文。

1.浙江省与布基纳法索的教育合作

2019 年 8 月 19 日，布基纳法索经济社会发展研修班及中非高校智库研修班赴物产中大旗下物产云商进行考察调研，调研访问团此行还参观了员工文化墙，"物产天地"园区、大数据中心、纱线测试中心、热选 365 物产天地示范门店等。[2]

2019 年 10 月 29 日，由中国商务部主办、浙江师范大学承办、浙江师范大学体育学院承担培训任务的"2019 年布基纳法索教育发展研修班"开班仪式在学院第一会议室举行，本次研修为期 21 天，学员将通过参加专题讲座、现场教学、交流座谈、文化体验、参观考察等方式，对中国的教育进行全方位、多角度的深入了解，从而为该国教育事业的发展提供参考和借鉴。[3]

2.温州医科大学赴布基纳法索开展"光明行"活动

2018 年，受国家卫健委的派遣，由温州医科大学组建的 10 人"光明行"医疗队，在布基纳法索顺利完成了 146 例免费白内障手术，术后患者摆脱了黑

---

[1] 数据来源：中华人民共和国海关总署｜海关统计数据在线查询平台（http://stats.customs.gov.cn/）。
[2] 物产中大.物产中大迎来布基纳法索经济社会发展研修班及中非高校智库研修班学员.（2019-08-24）[2024-01-17]. http://gzw.zj.gov.cn/art/2019/8/27/art_1229430737_17129.html.
[3] 体院·援外｜2019 年布基纳法索教育发展研修班在浙江师范大学体育与健康科学学院顺利开班.（2019-10-30）[2024-01-01]. http://swb.jinhua.gov.cn/art/2019/10/30/art_1229168149_58846627.html.

暗的困扰，重返光明。医疗队在布期间还同时开展了带教当地医生、学术交流等活动。[①]

3.浙师大非洲研究院学者在布基纳法索当地媒体上发文

2020 年 4 月 5 日，浙师大非洲研究院非洲法语国家研究中心执行主任约罗·迪亚洛（Yoro Diallo）在布基纳法索主流媒体 *TingaNews* 上发表 "Lutte contre le covid-19: la Chine manifeste sa solidarité agissante envers le monde entire"（《战"疫"——中国向世界展现团结的力量》）一文。约罗认为，自新冠疫情暴发以来，一些国家怀疑中国应对这场危机的实力和能力，这正暴露了某些人对中国历史文化和政治制度的无知。约罗说，在中国共产党领导下，在爱国主义思想的引领下，中国人民万众一心、迅速行动，大批的志愿者涌入受疫情影响最为严重的湖北地区，在这场抗疫斗争中取得了积极成效。中国也正向世界其他国家和地区分享经验、提供援助，践行其对构建人类命运共同体的承诺。[②]

二、浙江省与布基纳法索合作的机遇与挑战

（一）机遇

第一，布基纳法索的营商环境总体向好。布基纳法索欢迎外国投资，并积极吸引外国投资者。它已经部分建立了必要的法律和监管框架，以确保公平对待外国投资者，包括设立一个商业纠纷处理机构，简化许可证的发放和公司注册要求。[③]布基纳法索提供了开发西非庞大法语市场的潜力。西非货币和经济联盟的总部设在布基纳法索的瓦加杜古。布基纳法索的货币是西非法郎，由法国财政部担保的西非法郎与欧元以固定汇率进行交易，并可完全自由兑换。黄金开采领域的外国投资推动布基纳法索成为非洲第四大黄金生产国。从事采矿设备制造、金融和投资、测绘和咨询的公司将从布基纳法索采矿业的复兴中受益。在 2020 年世界银行"营商环境"报告中，布基纳法索被列为第 151 位最佳经商地。自 2010 年起，布基纳法索将企业所得税税率从 30% 降至 27.5%。

---

① 温州医科大学.温州新闻：温医大医疗队在非洲布基纳法索开展援布"光明行"活动.（2019-01-06）[2024-01-17]. https://news.wmu.edu.cn/show/45/25707.html.

② 金华外事.浙师大非洲研究院学者约罗在布基纳法索媒体 TingaNews 撰文《战"疫"——中国向世界展现团结的力量》.（2020-04-09）[2024-01-01]. http://swb.jinhua.gov.cn/art/2020/4/9/art_1229168149_58847014.html.

③ International Trade Administration. Burkina Faso Country Commercial Guide.Investment Climate Statement. (2022-11-30)[2024-01-17]. https://www.trade.gov/country-commercial-guides/burkina-faso-investment-climate-statement.

股息税从 15% 提高到 12.5%。投资和矿业法规允许将全部利润汇回国内，允许 100% 的外资拥有公司，并允许免税。价格具有竞争力的必需品，如非专利药品、化肥、运输服务、电机、燃料、谷物和与棉花有关的服务也处于进入市场的有利地位。[①]

第二，浙江省与布基纳法索工业互补性强。浙江省在锂电池正负极材料、动力锂电池等方面具有产业基础和优势。锂电池的生产离不开锰，锰矿在中国是紧缺的矿种，而布基纳法索则多产锰矿。浙江省同布基纳法索在矿产领域加强合作，有利于自身锂电池产业的发展。布基纳法索市场需求量大。化工和化肥市场需求旺盛，销售强劲；采矿部门、医疗部门和道路建设行业都对电机有很高的需求。布基纳法索没有自己的石油生产体系。从运输发动机到发电厂，许多类型的机械都需要进口燃料。中国对产于布基纳法索的 97% 税目产品进口实施零关税。布基纳法索对用于加工、制造或组装成品的进口原材料给予正常临时入境待遇。布基纳法索还对为维护、试验或展览而临时进口的产品，以及打算再出口的空包装材料、研究材料和用于公共工程的所有机器给予特殊临时入境许可。[②]

第三，浙江省与布基纳法索农业合作潜力大。布基纳法索每年进口大量谷物，主要是大米、小麦和玉米。大米和小麦的进口是潜在的投资领域。[③]浙江省是中国高产综合性农业区，粮食加工业也较为发达。浙江省的农副产品出口存在出口市场过于集中，开发力度不够的问题。浙江省可将布基纳法索作为农副产品再加工后的出口市场。

（二）挑战

其一，布基纳法索是西非经济和货币联盟中通货膨胀率最高的国家，从而加剧了粮食不安全。在 2021 年 GDP 实现 6.9% 的强劲增长之后，2022 年 GDP 增长放缓至 2.5%（相当于人均 GDP 收缩 0.1%），主要原因是矿山关闭导致采矿活

① International Trade Administration. Burkina Faso Country Commercial Guide.Market Opportunities. (2022-11-30) [2024-01-17]. https://www.trade.gov/country-commercial-guides/burkina-faso-market-opportunities.

② International Trade Administration. Burkina Faso Country Commercial Guide.Prohibited & Restricted Imports. (2022-11-30)[2024-01-17]. https://www.trade.gov/country-commercial-guides/burkina-faso-prohibited-restricted-imports.

③ International Trade Administration. Burkina Faso Country Commercial Guide.Agricultural Sectors. (2022-11-30) [2024-01-17]. https://www.trade.gov/country-commercial-guides/burkina-faso-agricultural-sectors.

动下降 13.7%。全年平均通货膨胀率达到 14.1%，食品价格平均上涨 23.4%。①

其二，布基纳法索的能源成本高，水电周期性短缺。在布基纳法索的瓦加杜古，只有 60% 的人口连接到布基纳法索电力公司（SONABEL）的电网，剩下 40% 的潜在客户依赖于离网解决方案。布基纳法索对电力的需求很高，特别是在 2 月、3 月和 4 月的炎热季节，家庭和机构需要电力来冷却。需求的激增加上供应的不足往往导致一些地区的电力被切断。由于布基纳法索近 70% 的电力来自昂贵的热能，能源成本很高。布基纳法索中等电力消费家庭的电费为 0.52 欧元/千瓦时，这使得布基纳法索的电价成为非洲最高的电价之一，是肯尼亚电力成本的三倍，是撒哈拉沙漠以南非洲国家平均电力成本的两倍。瓦加杜古与国家电网相连的家庭每月需要支付 4 万西非法郎或约 72 美元的电费。②

其三，布基纳法索的交通基础设施落后。布基纳法索铁路全长 622 千米。全国 45% 的进出口货物依靠铁路运输。由于管理不善等原因，铁路运营状况不佳。为摆脱困境，1994 年布基纳法索政府同科特迪瓦政府和法国公司决定共同组建非洲铁路运输公司，实行私有化，布基纳法索和科特迪瓦分别占有 15% 的股份，1995 年 8 月正式运营。2001 年，布基纳法索与科特迪瓦共同设立铁路投资基金，计划每年投资 20 亿西非法郎用于改善铁路基础设施和火车提速。2001 年，布基纳法索铁路货运量达 31.3 万吨。2002 年 9 月科特迪瓦危机爆发后，科布边界关闭，铁路停运，2003 年 9 月恢复运行。布基纳法索公路总长约 1.4 万千米，其中，沥青路 2300 千米，国家级公路 3299 千米，省级公路 1446 千米，地区级公路 1524 千米。瓦加杜古和博博－迪乌拉索各有一个可起降波音 747 等大型飞机的国际机场。布基纳法索有一家合资航空企业"布基纳航空公司"，现有一架福克 28 型飞机和一架空客 A319。法国航空公司每周三有航班从巴黎飞往瓦加杜古。当前布基纳法索国家的基础设施大部分依赖国际援助，急需规划、修复和重新建设。③

① World Bank Group. Burkina Faso: Recent Trends and Outlook for the Economy and Poverty-Building Financial Resilience to Climate Risks. (2023-06-12) [2024-01-17]. https://www.worldbank.org/en/news/press-release/2023/06/12/burkina-faso-recent-trends-and-outlook-for-the-economy-and-poverty-building-financial-resilience-to-climate-risks.

② Africa Enterprise Challenge Fund. Private Sector Off Grid Solutions: Bridging Grid Electricity Supply Gap in Ouagadougou. [2024-01-17]. https://www.aecfafrica.org/private-sector-off-grid-solutions-bridging-grid-electricity-supply-gap-in-ouagadougou/.

③ 河北省自然资源厅人事处. 布基纳法索矿业开发现况与投资环境分析. （2018-12-26）[2024-01-17]. https://zrzy.hebei.gov.cn/heb/gongk/gkml/kjxx/gjjl/201545462004414.html.